《キャリアデザイン選書》

# キャリアデザイン学のすすめ

仕事, コンピテンシー, 生涯学習社会

笹川孝一

法政大学出版局

# はじめに

揺れ動く社会，揺れ動く人々と私

21世紀に入り，社会の変動はますます大きくなっている。

気候と生態系の変動，経済や文化のグローバル化。東アジア共同体や環太平洋パートナーシップ協定，BRICSの台頭，政策による為替・株式相場の操作。東日本大震災と福島第一原発のメルトダウン・水素爆発事故など。これらは，私たち1人1人の，日々の生活に大きな影響を与えている。

人の生きざま・生き方にも大きな変化がある。自殺の高止まり現象，いじめ，ワーキングプア，「無縁社会」化，名ばかり管理職，過労死などの否定的状況が一方にある。他方，明るい材料も少なくない。団塊シニアの地域活動，女性の社会進出，世界各地で技術を磨き地元で信頼を得て働いている若者たち。日本・琉球列島の文化を豊かにしている「外国人」たち。地元の課題を解決するために智慧を集め，絆を強めている「ご近所」の人たちなどである。

自然と社会と生きざまの変化の中で，私たち1人1人も，個々の家族，事業所，地方自治体，国家，そして国際社会も，揺れながら針路と具体的行動を選んでいる。明るさと暗さ，可能性と不確実性の交錯の中で，私たちは1人で，または恋人，友人や家族とともに，働き，遊び，祈り，学び，意味づけをする。その日々の営みは，何のために，どこに向かっているのか。チャレンジしては，成功・失敗，挫折・再起して，死んでゆく。先立つ世代から何を受け継ぎ，死後に何を遺すのか。外に向かって奮闘し，内面で葛藤する。出会い，結びつき，別れ，距離を保ちつつ，誰もが生きて人生を積み重ねている。

「キャリアデザイン」に託された人々の願い

21世紀に入ってから，「キャリア」「キャリアデザイン」「キャリア形成」「キャリア教育」などの言葉が，日本の社会に浸透してきた。それは，変動する社会の中で主体的に生きたいと願う，私たちの意識の表れである。また，家族をはじめとするさまざまな組織のもつ伝統を引き継ぎながら，時代の変化の中で，より適切にそれぞれのミッションを実現させようとする人々の認識の反映でも

ある。そして「キャリア」という言葉の多義性がそれを促している。

「キャリア」には，人生やさまざまな経験の積み重ねとしての経歴，出世など多様な意味がある。「キャリア」を「人生」とみることによって，全体的な「私＝ ego」に時間の光があたる。「キャリア」を「経歴」とみることによって，人生の多面的な経験の積み上げや，家族や地域，事業所などの組織の経歴を扱うことができる。そして，「キャリア」には外に対する奮闘＝ struggle と内側での葛藤＝ struggle という，行動と意識をつなぐ機能もある。これらの組み合わせによって，「私＝ ego」の全体と各側面，内と外，他の「私＝ ego」である人々との関係性，組織・社会や自然との関係（「socio ＝絆」）を，必要に応じて組み立てられる。つまり「キャリア」で「ego ＝私」と「socio ＝絆・社会」をつなぐことができる。さらに，「キャリア」＋「形成」＝「キャリア形成」で，キャリアの客観的なでき方を，「キャリア」＋「デザイン」＝「キャリアデザイン」で，自分で「キャリア」を制御する主体性を，「キャリア」＋「教育」＝「キャリア教育」で，キャリアデザインのサポート行為を，表現することができる。

揺れ動く現代で，自分や他の人々，地球や地域の自然とのかかわりを大切にしながら，自分自身の人生と自分にかかわる組織の未来を，客観的かつ主体的に設計したいという人々の願いが，「キャリア」や「キャリアデザイン」には託されている。

### 日本・アジア発のキャリアデザイン学への期待

この願いを反映して，日本での経験を整理するために，「日本発のキャリアデザイン学」の創造と展開を望む声が強まっている。

そこには3つの理由があると考えられる。第1は，アメリカで発達したとされる「キャリア研究」の成果から学ぶさいに，市場経済・契約社会という現代の普遍的性格とともに，地域の気候やその上に成り立ってきた文化伝統・価値観という各地の特殊性も考慮に入れる必要がある，ということである。

第2は，レビンソン『ライフサイクルの心理学』，エリクソン『老年期』『アイデンティティ，その完結』，中西信男『ライフ・キャリアの心理学』などが指摘している，アメリカ社会における「老いという言葉に対して我々が抱く過度のマイナスイメージ」に関わっている。彼らは，「年老いた人たちに対する……嘲り……侮蔑の言葉……激しい嫌悪」が，「米国のような老人を蔑視す

る傾向の強い国」での「『老齢拒否』の傾向」を生み出し、「高齢者の自己概念」にマイナスの影響を与えている、と憤りさえ示している。そしてその原因が「わが国のような経済機構」における「飽くことのない利潤の追求」にあり、それが、高齢者と子どもたち、孫たちとの間の「世代の連続性といった、他の価値より優先している」（エリクソン）と述べてもいる。もしもこのことが事実だとした場合、現代アメリカの「キャリア論」として紹介されているものが、老人蔑視へとつながるのかどうかを吟味する必要がある。

　第3は、東洋、日本のキャリア形成の再評価の必要性である。エリクソンは東洋や仏教などには、老人を尊敬し大切にする文化があること、老人には「宇宙の精神との神秘的交信」という「老年的超越」の能力への着目の伝統があることに、ヨーロッパの老年学者が注目していると言う。事実『論語』や『風姿花伝』などには、老人であるがゆえに到達できる境地が積極的にのべられている。そうだとすれば、「仕事でひと皮むける」（金井壽宏）ことへの着目も含めて、キャリア形成とキャリアデザイン研究についての東洋的伝統の再評価と発信は、アメリカも含む世界のキャリアデザイン学に対する、大きな貢献となろう。

　この日本・アジア発のキャリアデザイン学を創るうえで必要と思われる要素とその関係性について、私が実践と研究にかかわってきた「リテラシー」、「コンピテンシー」、「生涯学習」の視点から構成し、叙述した1つの呼びかけともいうべき試論が、本書である。そのさい、「仕事」の概念を吟味した。「仕事」を職業に限定する狭い解釈が、さきの利潤を生み出さない老人への差別とも関係して人々の願いを狭めていると考えられるからである。管見の限りでは、『キャリアデザイン学』という書物は少ない。本書のタイトルを『キャリアデザイン学のすすめ——仕事、コンピテンシー、生涯学習社会』としたのはそうした理由による。忌憚のない批評をいただき、率直な議論をふまえた『キャリアデザイン学』という書物が今後多く刊行され、「日本・アジア発のキャリアデザイン学創造」の道筋に弾みができることを期待したい。

　　2014年3月11日

　　　　　　　　　　　　　　　　　　　　　　　　　　　　著　者

# 目 次

はじめに iii

## I キャリアデザインの時代

### 第1章 人はなぜ，意味づけをしながら生きるのか？ ……… 2

1. もともとの意味はない人生を意味づける　2
   - (a) 過去と未来の間にある現在　2
   - (b) 意味づけと「人生」　3
   - (c) 自然史の一過程としての人生　4

2. ヒトという動物と自己家畜化　4
   - (a) 地球上の生命体——いのちの営みとバトンタッチ　4
   - (b) 動物としての人間の暮らし　6
   - (c) 利便性の追求と「人の自己家畜化」　11

3. 「仕事」と「遊び」が意味づけを求める　12
   - (a) 「仕事」の世界　12
   - (b) 「遊び」の世界　19
   - (c) 意味づけ，学習，アート，知識化，愛すること　21

### 第2章 キャリアデザインの時代 ……… 26

1. キャリアデザインの思想　26
   - (a) 東アジアの伝統思想　26
   - (b) 18世紀以後の欧米での議論の活発化　27
   - (c) 日本における議論と自伝　29

2. 市民社会と近代的個人の登場とキャリアデザインの時代　30
   (a) 世界市場，近代化と市場経済　30
   (b) 契約を活かすための能力　34

3. 近代的個人の矛盾がキャリアデザインの時代を拓く　38
   (a) 近代的個人の矛盾——形式的自由と実質的不自由　38
   (b) 近代的個人のキャリアデザイン　39
   (c) キャリアデザインとstruggleと生涯学習　45

4. グローバリゼーションがキャリアデザインの時代を鍛える　47
   (a) グローバリゼーションによる地球規模でのキャリアデザイン　47
   (b) グローバリゼーション下でのキャリアデザインの成熟　50
   (c) キャリアデザイン学を支える「構造的暴力・積極的平和」論　55

# 第3章 「キャリア」と「キャリアデザイン」を自分で定義する……57

1. 「キャリア」という言葉の意味　57

2. エリートのキャリアから「凡ての人」のキャリアへ　59
   (a) 「キャリア組」＝出世組の時代——エリート男性の職業キャリアの時代　59
   (b) 「キャリア・ウーマン」の時代——1980年代　60
   (c) 「キャリア開発」の時代——1990年代　62
   (d) 「キャリアデザイン」の時代——21世紀　64

3. 「キャリア」と「キャリアデザイン」の定義　66
   (a) 論争的な「キャリア」と「キャリアデザイン」　66
   (b) キャリアデザインの論点　66
   (c) 「キャリア」「キャリアデザイン」は自分で定義する　68
   (d) キャリアデザイン不全症候群と定義の問題　70

# II 学習のパラドックスと<br>リテラシー，コンピテンシー，生涯学習実践

## 第1章 キャリアデザインにおける「もう1人の私」 …………… 76

### 1.「もう1人の私」の役割　76
(a) 司令塔としての「もう1人の私」　76
(b) 「もう1人の私」の世界を豊かにする　77
(c) 認識装置の整備と時代の中での作品作り　81

### 2. 自己意識の落とし穴　83
(a) 「対象を認識する自分」と「自分を認識する自分」との分裂　83
(b) 思い込みと一面的評価，過小評価と過大評価　84
(c) 「就職のための自己分析」の落とし穴と部分的有効性　86

### 3.「自己イメージ」の功罪と生涯学習の役割　87
(a) 2種類の「自己イメージ」と2種類のズレ　87
(b) 2種類のズレが，キャリア＝人生を支えたり，殺したりする　88
(c) 自己イメージ修正のための生涯学習　89

## 第2章 学習のパラドックスとリテラシー ……………………… 94

### 1.「学習」は無条件に「よい」ものか？　94
(a) 「学習」のパラドックス――「学習」の場に関連して人が傷つき，死んでいく　94
(b) 人を傷つけ，殺す「学習」もある　97
(c) マスメディア等による世論操作　99

### 2. 学習のパラドックスの根源としてのリテラシーとその矛盾　102
(a) リテラシー・識字の落とし穴　102
(b) リテラシーの社会的な関係性が「学習のパラドックス」を激化させる　108

3. リテラシーと正しく付き合う方法——批判的・機能的識字　113
    (a) リテラシー・識字——その効用と2種類の機能　113
    (b) リテラシー・識字の範囲　114
    (c) 批判的思考を伴う機能的識字　118

# 第3章　「学問」「学習」「学力」とコンピテンシー ……………… 122

1. リテラシーを生かす「学問」「学習」　122
    (a) 「学習」と「学問」　122
    (b) 「学問」——疑問をもちながら学ぶ，より良い方法を求めて学ぶ　123
    (c) 「勉強」に対する「勉学」の復権　123

2. 「学問」の構造，「学力」，コンピテンシー　125
    (a) 「学問」の構造——「道理」を知る　125
    (b) 「学力」と「受験学力」「学力論争」　137
    (c) 臨機応変の能力・協働力としてのコンピテンシー　145

3. 研究集会，自分史，キャリア教育
      ——コンピテンスを育てるツール　154
    (a) コア・コンピテンスを豊かにするための学問・学習・研究ツール　154
    (b) コア・コンピテンスツールの事例——「研究集会」活動・ワークショップ　154
    (c) 自分についての「知識」創造を軸に世界を広げる——自分史　160
    (d) 人物研究　167
    (e) カタログづくりと隣り町研究　169
    (f) 自分と社会をつなぐ「キャリア教育」　173
    (g) 「キャリア教育」の導入過程　177
    (h) キャリア教育をめぐる論点と方向性　180

# 第4章　生涯学習実践としてのキャリアデザイン実践 ……………… 185

1. 生涯学習・社会的教育実践とキャリアデザイン実践　185
    (a) 生涯学習実践としてのキャリアデザイン実践　185

(b)　生涯教育実践としてのキャリアデザイン実践　185
　(c)　社会的教育実践としてのキャリアデザイン実践　186

2. いわゆる「生涯学習」「生涯教育」「社会教育」との関係　187
　(a)　成人の自己教育を軸とする学への期待　187
　(b)　「教育」という行為の構造を明らかにする教育学への期待　188
　(c)　教育実践の学としての「キャリアデザイン学」への期待　189

3. 社会的教育学としての生涯学習学の苦闘と展望　190
　(a)　課題が残されてきた歴史的理由　190
　(b)　「社会教育＝社会的教育」論の成立　192
　(c)　「社会教育＝社会的教育」論の否定と「社会教育＝地域教育」論の成立　195
　(d)　「社会教育＝地域教育」論がもたらしたその後の困難　196

4. キャリアデザイン実践＝生涯教育実践＋社会的教育実践の構造　200

## III　生涯学習社会

### 第1章　生涯学習社会　204

1. 伝統型生涯学習社会　204
　(a)　職住接近の学習社会——働くこと，学ぶことの意味が鮮明な社会　204
　(b)　生涯学習・教育を組み込んでいた社会　205
　(c)　ネットワークと階層・性別等の分離——伝統型生涯学習社会の問題点　206

2. 伝統型の解体再編　207
　(a)　近代化と職住分離社会，家族や地域組織の専門分化　207
　(b)　リテラシーと「国民」の共通教養普及のための「学校」　208
　(c)　教育の場としての家庭，学校，職場，地域の独自の展開　209

  (d) 独自展開の弊害——連携の弱さ，教育目標の抽象化・形式化　211

 3. 現代型生涯学習社会の構築　213
  (a) 分化を前提とした統合の論理としての「生涯学習」　213
  (b) 学校を含む年齢階梯制の再創造　214
  (c) 「国民」「東アジア人」「アジア太平洋人」「世界市民」の重層的な共通教養　214

# 第2章　生涯学習社会を支える制度と政策 　215

 1. 法制度とその運用　215

 2. 学習権の承認と実質化　216
  (a) 「杉本判決」と堀尾・兼子の「学習権論」，発達権論　216
  (b) 国際人権規約とユネスコ「学習権」宣言　217
  (c) 生活権・労働権・キャリア権　220
  (d) 主権者の育成　220
  (e) 国際化のメリットとその活用　224
  (f) エリアにおける交流と協力　227

 3. 生涯学習政策の現状と今後　228
  (a) ラングラン・レポートとジェルピ　228
  (b) 臨時教育審議会答申——「生涯学習体系への移行」と学習権の未承認　229
  (c) 政策修正の視点　230

 4. 私たちの生涯学習政策　231
  (a) 人間という動物としての能力を充実させる　231
  (b) 世代間交流と家族，地域，職場，学校，国際社会とのつながりの充実　231
  (c) コンピテンス形成，「人格の完成」を基盤とする産業や社会へ　234

## 第3章　生涯学習における国際協力と東アジア・太平洋学習権共同体 ……………………………… 237

1. 生涯学習における国際協力と東アジア　237
   - (a) 生涯学習に関する「国際化」の歴史　237
   - (b) 中華帝国としての「大日本帝国」「大東亜共栄圏」の反省　238
   - (c) 「大東亜共栄圏」の崩壊，対米従属と「アジアの時代」　243

2. アジアからのメッセージと東アジア共同体・アジア太平洋共同体　247
   - (a) 水と生命の思想，自然の中の人間，「愛」　247
   - (b) リテラシーの活用と「学問」伝統　248
   - (c) 東アジア共同体と ASEAN，APEC，ASEM とアジアからの発信　248

3. 東アジア・太平洋学習権共同体　249
   - (a) 世界の中での東アジア・太平洋地域で生きていくこと　249
   - (b) 東アジア・太平洋人の共通基礎教養 (basic common sense) を作る　250
   - (c) 共通の取り組み　250
   - (d) 東アジア・太平洋学習権共同体のイメージ　252

## 補論　大学におけるキャリアデザイン学の伝統と展開の可能性 …… 255

1. 法政大学キャリアデザイン学部開設と展開　255

2. 法政大学の伝統とチャレンジ　257

3. キャリアデザインに関する教育・研究の広がりの可能性　260

4. キャリアデザイン学，キャリアデザイン研究の可能性　262

参考文献　267
あとがき　273

# I

# キャリアデザインの時代

# 第1章
# 人はなぜ，意味づけをしながら生きるのか？

## 1. もともとの意味はない人生を意味づける

### (a) 過去と未来の間にある現在

　私たちは，日々，「意味づけ」によって自分を律して生きている。「将来のために学ぼう」「子どもたちのために暮らしやすい社会を作ろう」など，眼の前にはない「将来」のために，現在の自分を意味づけ，行動を制御する。

　現在との関係で，過去を意味づけ直すこともある。「失恋のおかげで男女のつきあい方が分かった」「父が音楽好きだったので，自分たち兄弟姉妹はみな音楽好きになった」などである。「過去」はもう眼の前にはないが，現在の自分の記憶や身体，作品，人々とのつながりの中に生きている。「過去があったので，今の自分や家族，仲間との世界がある」，と過去を意味づけ直して納得する。

　過去との関係で，未来を律することもある。

　　「人ごみに流されて　変わって行く私を　あなたはときどき　遠くでしかって
　　　あなたは私の青春そのもの」　　　　　　　　　　（荒井由美「卒業写真」）

　　「勿論　今の私を悲しむつもりはない　確かに自分で選んだ以上　精一杯生きる　そうでなきゃ　あなたにとても　とてもはずかしいから」
　　　　　　　　　　　　　　　　　　　　　　　　　（さだまさし「主人公」）

　「あなた」との充実した日々を思い出し，「あなた」に「叱って」もらう。「恥ずかしい」日々を送らないために，「自分で選んだ」道を「精一杯生きる」と決意して，今と未来を律する。

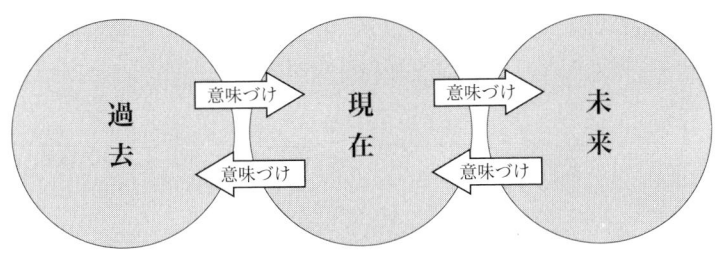

図1 「意味づけ」によって現在を律する

(b) 意味づけと「人生」

　しかし,「心を落ち着けなきゃ」と思っても,意味づけできない時もある。失恋,身近な人の死,倒産や失業,国家の崩壊などの場合,現実を受け止めきれず,混乱する。時間をかけて,身体と心で受け止めることが大事な局面である。
　周囲の価値観が強迫観念となり,現在の自分の行動を意味づけきれずに揺れることもある。「自分の親類家族は医者だらけ。自分が看護師になると言ったら『なんでそんな馬鹿なものになるのか』と言われた。それ以来,親戚づきあいもあまりしていない」などのように。家族,友達,恋人,地域のつながり,学校,職場,ゼミ,サークル,趣味など,人生は多面的だが,時間や体力・気力には限度があり,「あちらを立てれば,こちらが立たず」になりやすい。そうならないためには,優先順位をつけて,生活を組み立て直すことが必要となる。
　優先順位の設定には,「こだわり」などの美意識が,大きな意味を持つ。それは,生まれた時代や場所,組織の中での行動を通じて,前の世代から受け継ぎ,自分なりの工夫を加味して作られる。「親切であれ」「自然を大切に」「仕事をやりとげる」「誰もが主人公」「いき」「伊達」など,個人レベルの行動基準である。喜びや悲しみ,成就や困難に出会い,希望や絶望や不安を抱え,人に聞いてもらう。書物を読み,芝居や映画を見て,日記を書き,さまざまな表現手段で自己対話をおこない,発信する。そうして,仕事や遊びを含めた人生でのこだわりや「座右の銘」ができる。それは生き方の錨という意味で,「どうしてもあきらめたくない」「キャリア・アンカー」(エドガー・シャイン) とも呼ばれる。
　「人生ってなんだろう？」という問いは,「物心ついた」人には,誰にも現れる。自分の身体の変化や恋を感じ始めた思春期。進学や就職などの進路選択に直面する青年期の若者たち。結婚や子育て,職場で人の幸せを願いつつ喜び,現実

との矛盾にとまどうおとなたち。体力や気力の衰えを感じ，社会や次世代の心配をする熟年期の人たち。みんな，現実と向きあいながら，人生について考える。

### (c) 自然史の一過程としての人生

しかし，「人生の意味づけ」は，ときに空回りする。その原因の1つは，「自然史の一過程としての人間＝私」という根本的事実を忘れることにある。人としてこの世に生まれることも，生きることも，死ぬことも，自然史の一過程である。だから，人生それ自体には，もともとの目的も意味もない。「気がついたら人間として生まれていた」「生まれたから生きている」のである。これを忘れると，「無い物ねだり」になって，「人生の意味づけ」は空回りする。

「太陽系」の8つの惑星の中で，私たちが棲む「地球」にだけ，適度な水と大気がある。46億年のその歴史の中で，生命体が生まれ，500万年前に霊長類の一種としてヒトが誕生し，20〜30万年前にホモサピエンス（賢い人）が登場した。

しかし，この私たちの「太陽系」は，宇宙の中の平凡な「天の川銀河」の1つにすぎず，宇宙での物質の接触・衝突の中で，今から約60億年後には，死滅する。太陽の膨張に伴い，地球の温度は上がり，水は蒸発して，現在の地球上の生命体はそのままでは生きられない事態が来る，と予測されている。

これまで，恐竜やマンモスなどが，体が巨大になり気候変動に適応できなかったりして滅びた。ホモサピエンスも，やがては，環境変化等に対応できずに滅びるとされる。有限な太陽系・地球の，有限な種としてのホモサピエンスという現実は，私たちの意思では変えられない。私たちの人生は，やがて滅びる地球上の多様な生命展開の1コマでしかない。有限の地球で，私たちは生まれ，生き，死んでゆく。そういう「今」の集積である「人生」を私たちは意味づけながら生きている。それは，人間が「仕事」をする動物だからである。

## 2. ヒトという動物と自己家畜化

### (a) 地球上の生命体——いのちの営みとバトンタッチ

哲学者イマヌエル・カントは，こう言った。人類の有限性を思うと私は絶望

する。しかし，有限性の認識が人間に固有だと思うとき，人間であることに誇りを感じる。こういう意味づけなしには，やがては滅びる人類の一員としての私たちは自分を支えてゆけない。

　人生の前提となる「いのち」とは，「細胞」の集合体としての個体である。細胞は，水や栄養などの循環＝「代謝」活動によって維持され，一定の期間で老化・死滅する。しかし，「いのち」は自分自身の体内で，同型の細胞を作り，個々の細胞の維持可能期間よりも長く，自らを維持する。個体のいのちが細胞を新たに作り出す機能も，次第に鈍くなって終わり，個体のいのちは死ぬ。しかし，いのちは，自分の外に，自分のコピーとして別の個体のいのちを作り出す。それによって，種としてのいのちが一定期間続く。

　約40億年前の地球にできた「海」で，「いのち」が誕生した，という。そして，地上生命体の共通祖先が，①真正細菌，②古細菌，③動植物のように，細胞核をもつ真核生物に分化・展開した。5億年前のカンブリア爆発で生物の多様化が起こり，4億年前に植物や両生類が上陸，3億年前に昆虫や恐竜が増え，2億年前に哺乳類と鳥類が現れた。そして，500万年前にヒトが，およそ20～30万年前にホモサピエンスが現れた。これら地球上の「いのち」たちは，発生・滅亡しては遺伝子情報を伝え，今日に至っている。

　「いのち」たちは，必要なエネルギー源などの物質を，相互にやりとりする。バクテリアなどが動植物の死骸を分解し，植物がそれを吸収し，動物が植物を食べ排泄し，大型動物が小型動物を食べ，その死骸を微生物が分解する。この生態系 (ecosystem) の中で，ヒトを含むすべての生物が，個体として生まれ，生き，死に，再生する。

　地球上の生命体は，①個体生命の維持，②次世代形成，③共同体形成，ときに④意思疎通をおこなう。細胞の維持・再生のため，多くの動植物は，水や光，温度，栄養素を求める。松の木は太陽に向かって枝を広げ，栄養分の多い土の方向に根を伸ばす。アリは死骸を求め，ライオンはシマウマの狩りをする。

　いのちは次世代を作る。雌蕊・雄蕊がある花は，風や虫の力を借りて受粉する。雌雄異体の動物の多くは，発情期に受精する。魚類は水中での産卵時に，また昆虫や哺乳類などは交尾による。タンポポは風の力で種を飛ばし，柿は目立つ色と甘さのある果肉で種子を覆い，鳥や動物に食べさせ，移動と排泄・排便によって，生育範囲を広げる。アリは地下に巣を作って卵を守り，ライオン

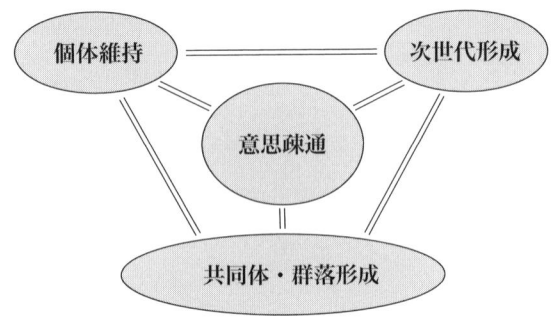

図2　動植物の生活の4要素

などは子どもに狩りを教える。

　多くの菌類・植物・動物が個体群を作る。キノコやミズバショウ，スミレなどは群落を作る。勢力圏を広げ，生育しやすい場所で，種を保存する。動物も群れる。アリは何千匹の単位で生息し，女王，女王と交尾するオス，食料確保や幼虫の世話をする働きアリ，他の個体群と戦う兵隊アリなど，役割分担をする。海では，イワシが球状に群れて泳ぐ。シャチに狙われるクジラ，ライオンに狙われるシマウマなどは，防御のためにも群れをつくる。

　動物たちは，群れの内部で意思疎通する。アリは，獲物を巣に持ち帰るときに，交信しあう。ニホンザルも，鳴き声などで危険を知らせあい，クジラは，個体群に独特な信号で意思疎通する。宮崎県幸島のニホンザルの群れでは，ある若いサルが海水でサツマイモを洗い，塩味をつけて食べ始めた。それが群れ全体に広がり，世代を越えて受け継がれている。偶発的行動が「学習」され，世代を越えて継承されて文化＝生活様式となってゆく。

　そして，ヒトもまた，地球上の生命体の1つとして，このような動植物と同じ側面を持っている。

### (b) 動物としての人間の暮らし

　「人間は万物の霊長」，地球上の生物界の頂点に位置する生命体であり，ヒトの遺伝子の中には，地球の生命体の歴史が刻まれている。寝返り，這い這い，一時的な直立二足歩行，手＝前足で物をつかむこと，母親による授乳，柔らかい皮膚などは，脊椎動物，哺乳類，霊長類が，何億年もかけて獲得してきた能

力である。その上に，恒常的な直立二足歩行というヒトに独自な能力が加わって，さきの生命体の4要素の人間バージョンが展開した。

### 道具や装置を使う生命維持の活動

人間は，個体・いのちの維持のために，食べ物を調達し，快適な居住空間を作ってきた。水や塩の近くに住み，山菜やキノコ，魚介類，鳥や獣などをとって食べた。道具が発達し，植物を植えて収穫する農業を始め，牧畜や魚の養殖も広がった。衣服や家屋を作って暑さ寒さから身を守り，水道で水の安定供給を確保し，食品加工のために機械やバイオテクノロジーも使う。そして，これを基盤に青年期が出現し，老年期が延長された。

### 次世代育成の文化

人も次世代育成のために，「魅力的な」相手とペアを作る。「みっか，みつき，さんねん」というが，ヒトの男女がオス・メスとして関心を持ちあう期間は3年程度とされる。しかし，子どもが一人前になるには10〜30年かかり，親としての男女には，3年を超えて夫婦であることが求められる。そこで，関心の持続のために「男女交際の文化」が作られてきた。キスや抱擁，会話や物語や詩歌，ダンスや音楽，旅や共通の趣味，贈り物などで，一緒に楽しむ。長所を発見して褒めあい，思い出話を楽しんで，カップルであることに意味づけをする生活様式＝文化が培われてきた。

養育システムも変化した。家族や血縁・地縁関係による子育てを基礎に，農村共同体の年齢階梯制，職人・商人の世界での徒弟制度が作られた。そこでは，「為すことによって学ぶ」ことが基礎だった。そして，工業化や契約・市民社会化が進むと，文字や記号の読み書き・活用が普く必要となり，家や地域・職場での教育・訓練を補完するために，「学校」が整備された。

### 共同体づくり

人間は，家族とそれを越えた共同体を組織する。日本の農村の家族は，歴史的には，子どもたち，父母，祖父母などの3〜4世代，10〜20名程度で構成されていた。それは，本家・分家などの親戚，姻戚を含む血縁共同体の一部だった。また，地縁共同体が家族・血縁共同体を補完して村の生活を支えた。冠

婚葬祭，田植えや稲刈り，屋根の葺き替え，道路や堤防・潟の「普請」，神社の神事・清掃管理，租税の代理徴収，農業技術研修などを担っていた。

都市部では，ギルド・株仲間などの同業者組合が展開した。工業化の時になると，それらは被雇用者による労働組合や，経営者団体，消費生活協同組合などへと展開した。

社会に余裕ができると，楽しみのネットワークも広がった。富士講，伊勢講など，信仰と結びついた登山や旅の組織，川柳・俳諧，狂歌・端歌，箏・三味線，華道・茶道，剣術・柔術。朱子学・蘭学・国学のネットワークなどが，多様に作られた。

外交や戦争，徴税・治安維持をおこなう国家が拡大すると，法律による共同体統治が始まる。近代化が進み，国民主権の観念と制度が普及し，政策を掲げる政党，市民ネットワークも作られた。政府の各省庁や地方自治体，非政府組織（NGO），学術団体等も，政策を作り，学者たちもこれにかかわる。

19世紀半ば以後，国家の枠を超えた国際連携が進み，赤十字・赤新月，League of Nations（国際連盟），United Nations（国際連合），ILO（国際労働機関），WHO（世界保健機関）などの機関が作られた。また，EU（European Union＝ヨーロッパ連合）やASEAN（Association of South East Asian Nations＝東南アジア諸国連合）のような地域連合も動き出し，「東アジア共同体（East Asian Community）」も検討されている。APEC（Asian Pacific Economy Cooperation＝アジア太平洋経済協力機構），ASEM（Asian European Meeting＝アジア・ヨーロッパ会合）など，国家群を超えた連携もある。

意思疎通ツールの創造――意味づけのさまざまな形式

人は意思疎通のために，コトバ，絵画や彫刻や音楽，祈り・祀り，泣き・笑いなど，多様な表現形式を創ってきた。個別経験から教訓を引き出し，長所を増やし短所を減らす自己訓練，次世代に引き継ぐ教育をしてきた。そして，一定の地域で一定の人々によって共有され，世代を超えて受け継がれて展開している行動様式＝文化を創ってきた。また，それらを一般化して蓄積する「学問」などにより，意味づけの基準や体系を創り出した。

人間の意思疎通ツールの1つは，コトバである。声帯の振動による音＝「声」を組み合わせて意味を示す「単語」を基礎として，単語の配列で「文」を，文

の組み合わせで「文章」を作る。そして，時空を超えて，コトバを定着させるために「文字・記号」を使う。コトバは，人間の身体の一部でありつつ，身体とは相対的に独自な側面ももつ「道具」である。話し言葉の基本は，20万年前のホモサピエンスの時代に作られたとされ，文字・記号は約5000年前に始まり，最近200年間で多くの人が使用するようになった。

　コトバを用いて「名づける」ことで，眼の前にはない特定の物事を指し示し，共通の話題を設定できる。コメの実物と「ko-me」という音，「米」という文字を対応させて，1000年前のコメ，今年収穫予定のコメ，イタリアのコメなど，時空を超えたコメを，共通の話題にできる。人間の観察や分析が進むと，「インディカ米」「ジャポニカ米」など，「コメ」を分類する単語群，「穀物」「食料」「植物」など，抽象度の高い単語群もできた。そして，具体化と抽象化という概念操作によって，物事と物事との「関連づけ」をおこなう。それによって，「知識」の創造・集積，その活用による複雑な思考・意思疎通と合意形成が可能となった。

　絵画，造形なども生まれた。獲物・食料である動物や，死者の生前の生活環境等を描くアルタミラや高松塚古墳の壁画，亀ヶ岡遺跡の遮光土偶など。これらは，豊穣や繁栄の祈りと結びついていたとされる。狩りや戦争や田植えなどの協働作業に際して人々を鼓舞し，神聖な儀式や儀式後の祝宴などの雰囲気作りのために，音楽が発生した。また，神に感謝し神と共に喜ぶために，声や楽器にあわせて手足や体を動かす踊りも展開した。

　人だけが笑い，泣く。緊張の続く作業が山場を越えたとき，悲しいとき，嬉しいときに，人は笑ったり泣いたりする。人生を振り返り，「しみじみと」泣く。放心状態になって，緊張のエネルギーが放散され，精神的余裕を回復し，「心機一転」もできる。一緒に笑い，泣くことで，互いの警戒を解き，親しくなる。だから，人は笑いや泣く場面を，意識的に作り出す。駄洒落や掛け言葉，笑い話や冗談，喜劇や悲劇を作り演じ，共感しあって助け合いの精神的基盤を作る。儀式でも，涙ぐみ笑う場面が演出される。野外での演技を楽しむために，人々は草原に座る，つまり芝居する。皆が交代で演じるが，やがて恐山のイタコなどの巫女，泣き女，道化などの専門的演者も現れる。

　人間は，神仏に祈り，自然の精霊や神仏を祀ってきた。水や食料などの恵みをもたらす神・仏への感謝と畏怖を表し，自分たちと神を結びつけて集団の結

束も高めてきた。ヒトの力を超えた能力を持ちヒトに恵みをもたらす存在が「天」「神（カミ・カムイ）」「仏」であり，人に災いをもたらす超能力者が「鬼」である。ヒトがその「職分」を尽くせば，天や神仏は恵みを与え，逆に職分を尽くさず神の領分を蹂躙すると，「荒ぶる神」となって，人に「天罰」を与える。そこで，天や神仏に従って暮らし，感謝し恐れ，人と人が支えあうことを誓う儀式＝祀りがおこなわれてきた。

「祀り」は，天と人との具体的接点＝「際（きわ）」として，水や花や動物の肉や酒などを供える「祭り」を伴っている。コトバによる祝詞（のりと）・経文などによる儀式が済むと，神楽を捧げ，神と一体化するために，供え物を神と分かち合う。同じ釜の飯を食い，酒を酌み交わしてトランス状態を作り出し，集団の結束を強めるなかで，男女のカップリングもおこなわれてきた。

祈りと祀り・祭りの中に込められた「意味づけ」が，物語として作品化されてきた。自然や宇宙の中に神や人間が生まれ，私たちの祖先が，自然や神と共におこなったチャレンジなどが，ギリシャ神話，『旧約聖書』，『古事記』，『ユーカラ』，『おもろさうし』などとして受け継がれている。物語は現在も作られている。手塚治虫『火の鳥』，宮崎駿『風の谷のナウシカ』，中沢啓二『はだしのゲン』などの漫画・アニメ作品，NHK『プロジェクトX』などのドキュメンタリー番組は，現代の「英雄叙事詩」ともいえる。自分たちの物語である「自分史」「家族史」「地域史」「社史」「学校史」「団体史」も夥しい数にのぼる。

現在を起点として過去と未来とをつなぐ物語の一表現として，計画がある。計画も，個人，家族，企業・団体，地域，国家，地域国家，世界，地球と重層的になる。主題についての過去と現在の物語を踏まえ，個人から地球にいたる全体的な構図を視野に入れることで，計画は有効なものとなる。

計画には設計図が要る。まず概念図が作られ，プロジェクトの目的や時間的・空間的展開についての粗削りなイメージが示される。それから個々の図や表が作られる。平面図で，建物などの構造を示す。材料やその加工，組み立て方法などを検討し，頭の中のイメージを紙面やコンピューター画面上に移す。設計図には，時間的計画を示す工程表も含まれる。そこでは，個人の作業の順番と共に，チーム内での分担と協力も示される。創造のための計画や設計図作成には，空間軸と時間軸の想像力が必要である。

これらの一連の行為を繰り返し習慣化することで，脳内の神経系統システム

が展開し，とくに言語等を司る大脳が発達した。このシステムは，偶発的な出来事の発生に際して，事柄の性質と対処方法を瞬間的に分析・判断し，適切な行動を導く智慧として現れる。

　動物としての身体とその上に成り立つ人間の生活様式をしっかりと身につけることがキャリアデザインの基盤である。

### (c)　利便性の追求と「人の自己家畜化」

　上記のようにしてヒトは，自然界のものを変化させて「便利な生活」を実現し，人口を増やし寿命を延ばしてきた。商品を生産し流通を促し，どこにいても「金さえあればたいていのものは手に入る」システムを作ってきた。しかし「便利な生活」には，動物としての人の能力を低下させる危険が伴う。

　「食べやすいから」と柔らかいものばかりを食べると，顎が萎縮し，歯並びが悪くなり，咀嚼能力や脳の働きも低下する。清潔で冷暖房完備の居住環境ばかりに居ると，免疫力が低下する。必要以上に炭水化物や脂質をとると，肥満・高脂血症・糖尿病などの生活習慣病になる。化粧品などを通じた，妊婦による過度な女性ホルモンの摂取が胎児や赤ちゃんの生殖機能に悪影響を与え，発泡スチロール製食器などの環境ホルモンが，若年男性の精子を不活発にし，セックスレスや不妊の原因になる，という指摘もある。

　「便利な生活」は，仕事や遊びの能力も低下させる。食べ物の採集，栽培・収穫や調理などの経験が減り，自身の身体を使って必要なものを作る能力，道具を使いこなす身体器官の制御能力，工程イメージ能力などが低下する。ケガや手当の経験も減り，リスク覚悟で必要な挑戦をする「勇気」，リスク回避の工夫，危機に際しての「臨機応変」の行動訓練機会を減らす。その結果，ある制約下で，条件を生かして状況を拓く，創造的行動能力が育ちにくくなる。

　動物としてのヒトはもともと，具体的な物事と取り組んで生きるように作られている。備わった身体的・感性的・知的能力を十分に発揮することで，「スッキリ感」「力を出し切った感」が生まれる。だから，「便利な生活」では，「スッキリしない」「不満はないが楽しくない」というモヤモヤした感情が溜まる。それは，些細なことで他人を「いじめ」，自分自身を傷つける行為にもつながる。

　人間にとって都合よく飼いならされた動物を家畜という。その労働力や肉や

毛皮など，人間に都合のよいものを一面的に提供するために，本来備わっている寿命や多面的な能力の発揮を制限された状態で，家畜は「生きて」いる。

骨のない魚を食べ，機械に仕事をさせ，お金で商品を手に入れ，コンピューターで家や生活環境，財産や結婚相手などを管理する「便利な生活」では，お金と記号操作能力の入手が目的化されやすい。それは，自然に働きかけ，人々とぶつかりあい，泣きながら笑いながら働き遊ぶ，アナログな機会を減らす。そして自分の能力発揮を自ら制限した生活，「人生の滋味」の薄い生活がもたらされる。このような生活を人間自らが作り出したことは，「人間の自己家畜化」と呼ばれている。自己家畜化を極限まで追求すれば，衣食住のすべてをロボット＝コンピューターが用意し，ロボットが用意したプログラムに沿って人間は「生きる」ことになるだろう。そして，そのロボットもロボットが作ることになれば，人間は不要になる。

この自己家畜化現象は，キャリアデザインの基盤を掘り崩しているので，キャリアデザインやキャリア教育を語る際には，自己家畜化からの脱皮が議論の根底に据えられることが大切である。

「便利な生活」は避けられないが，自己家畜化は避けられる。そのためには，ヒトとしての野生の記憶を取り戻し，自分の身体を使い，感じ，工夫し，アナログで具体的な生活を基礎に据える必要がある。その上に，補助的なものとして便利な生活を加えることが重要である。「アウトドア」「スローライフ」「スローフード」などを生活の基本に据えて，「なにごとも　じぶんでするが　かんじん」（大道あや『こえどまつり』）なのである。そしてここから，生命を生む女性の視点を社会に生かそうとするフェミニズムの重要性も，浮かび上がってくる。

## 3. 「仕事」と「遊び」が意味づけを求める

### (a) 「仕事」の世界

人間はなぜ「意味づけ」をするのか？　それは人間が，時間軸の中でのみ成立する「仕事」をする動物だからである。「仕事」とは，「自分もしくは他の人々のために，ある物事を作り変え，あるいは組み替える作業」である。そこには3つの要素がある。第1は，仕事の工程をイメージし，新しく素材を選び，また既存の素材の性質を吟味すること。第2は，働きかける側の技や智慧によっ

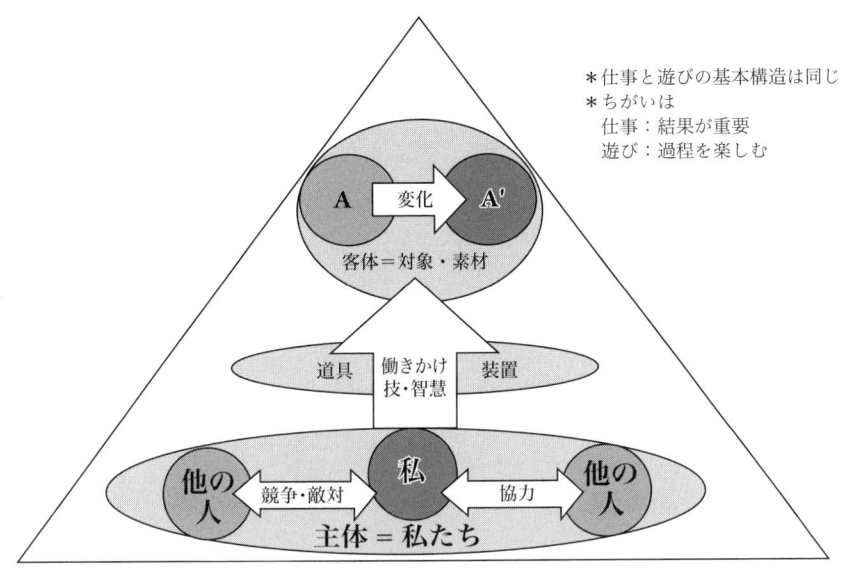

図3 「仕事」と「遊び」

て，仕事の工程で使う道具・装置を活用・改善することを通じて，素材に働きかける実践過程である。第3は，実践の主体としての私たちの技・知識・智慧を磨くとともに，協力者を増やし妨害者を減らす過程である（図3）。

「仕事」の前提と展開

　恒常的な直立二足歩行で両手が自由になり「道具」を手に入れたことが，人間に「仕事」をもたらした。自由になった両手で，「手の延長としての道具」を，いつでも使えるようになった。石や木を加工して，目的に合わせ，斧やナイフ，器などの道具を創る。自然界にはない物を創る発明である。自由な両手はまた，水や火を使うことも可能にした。洪水，津波，山火事などの自然現象は，動物の命を脅かすが，人間は，火や水を畏怖しながらも活用する。焼く，燻す，煮るなどの調理の技を編み出し，土器と組み合わせて，水を移動・保管し，お湯やスープ，飯，お茶などの飲み薬を楽しめるようになった。火によって，石から銅・鉄，金・銀などの金属を取り出し，金属製の道具で，水路を作り，田畑を耕し，穀物や野菜・果物の定期的で安定した収穫を実現した。

　4つの領域で「仕事」は展開する。第1は，モノの調達，生産，流通である。

第1章　人はなぜ，意味づけをしながら生きるのか？　　13

水や食糧の調達，動植物の生育，石や金属の加工，流通と市場の創造，貨幣管理・金融・保険などである。

　第2の領域は，人間の生産と再生産である。受精・妊娠管理・出産，子育て，自己教育・相互教育能力の育成には，①本人自身の適応過程，②周囲の人々やサポートを伴う，子育てへの能動的な関与，③当事者たちの「共磨き」「自己教育・相互教育」の3側面がある。このさいに，発達段階を踏まえた働きかけが重要だが，とくに，コア・コンピテンス＝人格機能の核が作られる「三つ子の魂，百まで」の時期，大人への玄関口である「疾風怒濤の時代」としての思春期や青年期，老いに向かう更年期・初老期には，特別の対応が必要である。

> 例えば3歳児の場合は次のとおりである。この世の空気を吸って「おぎゃあ」と泣いてから3年間で，多くのことができるようになる。自分の身体のコントロール，さまざまな遊び，手伝いを通した仕事の訓練，表情や仕草，言葉や絵や音などによる表現，意思疎通や協力，利害対立の主張と「私」という自己意識の芽生えなどである。この過程で，快・不快，好き・嫌い，得意・不得意の感覚，自己主張の方法，母語の操作などを組み合わせて，「性格」すなわち判断・行動特性の基礎が形成される。そこで，3歳までに基本的な生活習慣を身につけるための「しつけ」が大事だとされてきた。近年，その役割を母親だけに負わせる傾向が，一部の子育て産業の宣伝等によって強まっているが，それは誤りである。この「三つ子の魂」は，家族・親類，地域社会，保育園等による開かれた社会の中でおこなわれることで健やかに育つ。

　人の一生を時期区分することは，少なくとも2000年以上前からおこなわれてきたが，近年の長寿化と市場経済社会化の中で，「成人の成熟性」に焦点をあてた研究が進んでいる。例えば，レビンソンはライフサイクルを児童期と青年期（0〜22歳），成人前期（17〜45歳），中年期（40〜65歳），老年期（60歳以降）として，それを構成する「職業」「結婚と家庭」「自己と外界との関係」などから成る「生活構造」や各期の移行期（過渡期）に着目する。そして「成人の個性化」とそれを支える社会的手立ての大切さを提起している（『ライフサイクルの心理学』）。これを検討するうえでは，「老」＝成熟と見なし，人間が自然の一部であることを重視する，東アジアにおける老荘思想などの伝統と，老いを否定的にとらえる傾向が強いとされるアメリカ文化との差異も視野に入れる必要があろう。

　第3は，社会システムの維持・改善である。モノと人間の生産・再生産とい

う2つの「仕事」のために，人間は組織を作り共同事務をしてきた。そのための組織の結成・維持・改善に努めながら，自分の能力も伸ばしてきた。

第4は，関連づけ・意味づけの仕事である。第1～3の仕事を持続的・組織的におこなうには，経験から教訓を引き出し，可能な範囲で一般化して，自分たちの行動基準（伝統）を作る必要がある。そのために人々は，易などの占い，アート，学問などのツールを生み出し，技能を磨き，活用してきた。そして，これらのツールを使った関連づけ・意味づけによる一般化という，知的・芸術的な仕事は，長く一部の人に独占されていた。しかし時代が進むにつれて，より多くの人が自分にかかわることについて自ら知識化・作品化するようになってきた。

### 「仕事」はどこにでもある

人の生活が営まれる場所には，必ず仕事がある。田や畑を耕して米・麦・野菜を育て収穫し，川や海に舟を出して魚や海藻をとり，鉄鉱石を採掘し，製錬して鉄を作る。自動車を設計し，部品を作り，組み立て，自動車が必要な人に届ける。胎内の子どもを安全に育て生み，みんなで協力して一人前にする。米を研ぎ，ご飯を作って食事を準備し，掃除して快適空間を維持する。子どもが，テーブルの上に茶碗や箸や食べ物を並べ，おじいちゃんやおばあちゃんの肩をたたく。そして，家族や隣近所，自治体や国家，職場や職域団体を機能させ，国際的なネットワークや国際国家を立ち上げ，維持し，次世代に伝える。これらは，すべて「仕事」である。

「仕事」の原型は，金品の授受を介さない「無償」の仕事である。水や食料や衣服の材料となる繊維，家の材料になる木材の調達，妊娠中の安全管理，分娩や子育て，冠婚葬祭，収穫祭や道路や堤防の普請。家族や地域共同体を単位とするこれらの仕事は，個人や家族，地域の具体的条件に合わせ，それぞれの技や智慧，労働を出しあって成立する。ここでは，互いの"具体的有用労働"が生み出す"使用価値"が直接的に交換され，金品授受は伴わない。この点では無償だが，労働や労働の成果物の交換が生じる際には有償でもある。

ここには，年齢や性別などによる家族・親類や村社会の中での職務分担があるので，その限りで，これらの仕事は"無償の職業"である。また，金品の授受を伴う労働力の交換を欠くので，"有償の職業"ではない。

## 「職業」の成立と展開

　社会の生産力が増すと，社会的な仕事の分化が進む。そして，多様な物と交換できる「米」や「貨幣」の入手を目的として，"有償の仕事としての職業"が発達した。鍛冶屋や大工，山師，薬師，学者など，特殊技術を持つ者たちが職人集団を形成した。この人々は，特殊技能による"使用価値"を提供し，その対価として，生活に必要な物（使用価値）や，他の使用価値と交換できる"交換価値"の結晶である金銭を受け取る。

　この「職業」には，4つの要素がある。第1は，生業（なりわい）すなわち経済的生活手段である。自分の職業が提供する物やサービスの対価として，生活必需品や金銀・貨幣などを入手し，「稼ぐ」ことである。第2は，社会貢献である。物と物・貨幣との交換が成り立つには，提供される物やサービスが，他の人々に役立つことが必要である。職業の持続性は，社会貢献の持続性によって裏付けされる。第3は，職業組織である。職業は社会的分業の一環なので，他の人々との協力を伴って成立する。例えば陶磁器生産の場合，①材料となる陶土・陶石を集める，②陶土・陶石を砕く，③砕いた土を水に浸し，それを練って粘土にする，④轆轤などの道具を使って成型する，⑤成型した作品を乾燥させる，⑥作品に釉をかけ，絵付けや彫りを入れる，⑦窯で焼き，取り出す，⑧製品を販売する，という工程がある。これらは，複数の人の分担・協力でおこなわれるので，職業上の組織が成立している。家族としての協力，同業者の集まり，異なる業者組織同士の組織連携などである。そして第4が自己実現である。仕事をするには，自分がもつ能力を組み合わせて活用し，自分に足りない能力を吸収し，自己を訓練して育てることが求められる。だから，ある人の仕事の結果＝「作品」は，その人が自分の能力を「外在化」した結晶である。つまり，自己を外部で実現する「自己実現（self-realization）」である。しかしこれは，生業，社会貢献，職業組織を前提として成立するもので，それらと切り離された「自己実現のための仕事」は存在しえない。だから，自己実現を第1目的とする職業選択は，失敗の確率が高い。

　特殊な技能を基礎とする職業は，歴史的には，家や一族で担う「家業」としておこなわれてきた。今日も，専業農家，老舗の商家，代々続く職人化，医院，寺の住職，茶道や華道の家元，網元，大会社の創業家一族，皇族などに，「家業」としての職業の姿が見られる。しかし，近代化とともに，個人ベースの職業が

次第に主流になる。いわゆる会社員，公務員，弁護士，農業志願者，ベンチャー起業家などは，いずれも個人契約の職業である。

「仕事」＝「職業」＋無償の仕事
　個人契約の職業の範囲は広がっている。子育てや介護，料理，洗濯，掃除などは，かつては家庭内，親類縁者，隣近所などで，"使用価値と使用価値の直接的交換"としておこなわれてきた。近年は，こうした分野にも職業化が及んでいる。
　しかし，「職業」がどんなに拡大しても，それが「仕事」全体を包含することはありえない。現在も，家庭菜園，子育て，介護，家事，冠婚葬祭などの仕事の一定部分は，"無償の仕事"で支えられている。
　また，個人契約の職業分野が広がれば広がるほど，"無償の仕事"を人は求める。阪神淡路や東日本の大震災からの復旧に際して，多くの人々，NGO，地方自治体や企業，国家ネットワークなどが"無償の仕事"を担ってきた。その理由は，"無償の仕事"では，自分の仕事が誰の役に立っているのかが明快だという点にある。自分の居場所や役割，能力の発揮，絆や志が見えやすく，「生きている実感」が得られ，「自己家畜化からの脱皮」が促されるからである。
　"交換価値・金銭の授受を介する有償の仕事＝「職業」"と"使用価値の直接的交換をおこなう無償の仕事"という2種類の仕事は，共に分化し，相互浸透しながら展開する。だから，人として生きるには，①有償・無償の2種類の仕事を並行し，組み合わせて，②2つの仕事の組織作り・強化をおこなうこと，③それらを遂行する能力を磨くことが，必須になる。
　つまり，「仕事」が「生業としての職業」と「無償の仕事」の両者を包摂しているのである。ゆえに，近年，一部に見られる"仕事イコール職業"という理解は，無償の仕事を軽視し，社会の絆を弱める結果をもたらす。また，無償の仕事を通じて職業能力の基本が育まれることを無視するので，結果的には職業能力の発達を弱めることにもなる。それは，「キャリア」を職業キャリアだけに限定することによって，個々人のキャリアデザイン，社会のキャリアデザインを一面化し，それ自体の成立・展開を困難にする結果ももたらしている。
　なお，複雑な「仕事」は単純な「仕事」の組み合わせで成り立つ。だから，複雑な「仕事」をするには単純な「仕事」の技が必須である。

## 「仕事」が意味づけを求める——仕事の工程とイメージ

　まだ眼の前にない実体・未来をイメージの世界で作り出し，それを具体化する「仕事」が，人間に意味づけという行為を求める。それは，「仕事」が時間軸の中でのみ成立するからである。そこには，次の9つの工程がある。

① 好ましい変化をもたらす「この仕事」の性質を把握し，その過程と結果とをイメージして設計図と工程表・進行表を作る。
② この仕事に適切な素材を選ぶ。あるいは目の前に与えられた素材を吟味し，仕事の工程とのすり合わせをおこなう。
③ 各工程における変化に対応するために，与えられた道具や装置を吟味し，必要に応じて修正，新規調達をおこなう。
④ 道具や装置を使う技能を発揮し，磨き，必要な能力を習得する。
⑤ 必要に応じて，協力者を選び，チームを編成し，チーム成員の能力を育て，活用する。非協力的・敵対的な人がいる場合には，自分の立場を変化させて協力関係を強化し，敵対的行動を未然に防ぐ。可能な範囲の協力行動を実現し，不可能な場合には距離を置く。
⑥ 不断に進捗状況を点検し，チームの成員間で進捗状況を意味づけ，目的達成のために必要な工程の修正をおこない，人々の長所を評価して，チームの結束力を強化する。
⑦ 仕事が一区切りついた段階で，成果の確認，達成感の共有，喜びの表現，各工程の振り返りをおこなう。次の課題をイメージし，意欲を共有しつつ，申し送りをする。
⑧ 今回の仕事で得られた教訓を，当該の個人・組織における経験則と照合し，それを世間の常識・一般知・普遍知と循環させ，個人・組織の経験則をバージョンアップし，普遍知の修正を提案・発信する。
⑨ 必要に応じて，次の計画を立て，基礎的技の訓練など，必要な準備をおこなう。

　農業機械が未発達な頃，炎天下にイネの葉が眼を突く草取りも，秋の収穫＝未来の喜びをイメージし，「収穫のため」と意味づけることで，耐えられた。自動車や航空機の製造における設計・部品調達・組み立てや複雑な工程表作成も，「よい製品，よい作品を生み出すために」という意味づけによって，実行できる。また，近親者の葬儀での役割分担なども，「世話になった個人への恩返しのために」という意味づけで，喜びになる。

　仕事には空間軸のイメージも大切である。例えば，「野菜サラダ・コーヒー付ビーフカレーライス」を作る場合，自宅，八百屋さん，肉屋さん，スーパー

マーケットなど，材料調達のための空間イメージに基づいて移動の順番が決まる。また調理には，台所の内部での，調理台，ガスコンロ，食卓という空間イメージを前提として，そこに各手順を組み合わせることで，全体としての作業手順が決まっていく。

この場合，個々の工程は，洗う，切る，炒める，煮る，盛り付けるなどの，単純な作業の組み合わせで構成されている。つまり，複雑な仕事は，単純な仕事の組み合わせで成立している。だから，単純な作業がきちんとできてはじめて，複雑な作業ができる。言いかえると，基本動作がきちんとしていなければ複雑な業務を達成することはできない。あらゆる分野で，基本的な技の訓練と連係プレーの訓練とが共に強調されるのは，このためである。


(b) 「遊び」の世界

目的達成の「仕事」，プロセスを楽しむ「遊び」
人間は，遊ぶ動物でもある。「遊び」とは，時間の経過や空間的な移動の中で，他の物事や人との接触を楽しむもので，必ずしも成果を生まなくてもよい行為である。例えば，一日中ぼんやりと海を眺めていても，それが楽しければ「遊び」である。畑を耕して野菜を作り管理が悪くて全滅しても，山登りで天気が悪いから途中で戻っても，そのプロセスを楽しめれば，遊びは成立する。

仕事の場合は，目標とする成果が出て，自分や他の人の生活に役立たねばならない。野菜作りなら収穫して，自分や他の人たちが「おいしい」と食べること，山登りでは登頂，魚釣りでは釣果という結果が，仕事には求められる。

「気晴らし」と re-creation（レクリエーション）としての遊び
結果を重視する仕事では，基本的に失敗は許されない。緊張感が働き，慎重さが求められるので，仕事ではリスクの大きな冒険はしづらい。これに対して，プロセスを重視する遊びでは，リラックスや冒険が可能である。身体や心に致命的な打撃がなければ，遊びでは失敗してもかまわない。日々の繰り返しの多い仕事では，一定の範囲の能力を繰り返し集中的に使うが，非日常的な遊びでは，日頃使わない脳や身体の部位を使う。

遊びでは，「いま」「ここ」に縛られている自己のイメージを時間的・空間的

に解き放ち，過去や未来を感じ取る機会にめぐりあいやすい。暗闇や月明かり，水や空気，草花や動物，山や海などに接して，生態系の中での自分たちを感じ，確認する。釣りや狩猟，野菜作りや米作りで，人間と自然のかかわりの歴史を感じ取る。歴史的建造物や廃墟に立って，自分の日常とは異なる生活スタイルを感じ取る。

　人は，「気晴らし」のために遊ぶ。もともと，すべての物事には「元気」が備わっており，相撲の掛け声「発気よーい」のように，気を発して仕事や日常生活をおこなう。しかし，発気で元気が消耗し，「気が翳り」，「気が塞がる」。そのままでは，「やる気」がなくなり，「気が狂い」もする。そこで，「気晴らし」で「鋭気を養」い，日常の仕事を実行する。この，「気晴らしによる元気回復」，生命の re-creation ＝再創造がすなわち，「遊び」「レクリエーション」である。

「遊び」も意味づけを求める――"仕事上手は遊び上手"
　「仕事」＝結果重視，「遊び」＝過程重視は，仕事と遊びにおける正反対の側面である。しかし遊びの中にも，目的意識性つまり結果重視が生まれる。趣味も上手になると，「もっと上手になりたい」という意識になる。そこに計画性が生まれ，「次はこれを達成し，その次はあれにチャレンジしよう」という意欲が芽生える。また，複数の人間で遊ぶと「世話役」が必要になる。みんなが楽しめるように，趣向や安全，雰囲気作り，調査，スケジュール調整，予算計画や会計処理などを世話役は担当する。遊びに伴うこのような意識性，計画性，組織性は，遊びにおける「仕事」の要素である。そしてこれが，遊びにおける意味づけにつながる。

　遊びの中に仕事の要素が生まれるのは，仕事と遊びの基本構造，基本工程が同じだからである。ちがいは，「仕事」では結果，「遊び」ではプロセスが重要，という点だけである。もちろん，仕事でもプロセスは重要である。時間やコストが許す範囲でプロセスを丁寧に踏めば「いい仕事」になり，プロセスを軽視すれば質を軽んじる「やっつけ仕事」となる。

　基本構造が同じなので，「仕事」で得られた経験・能力・智慧は遊びに反映され，「遊び」で得られた「遊び心」が仕事に浸透する。大胆さと非日常性という遊びの特長と，着実さと日常性という仕事の特長とを組み合わせると，大胆で着実な仕事，遊び心を取り入れた仕事が成り立つ。また，役割分担や段取

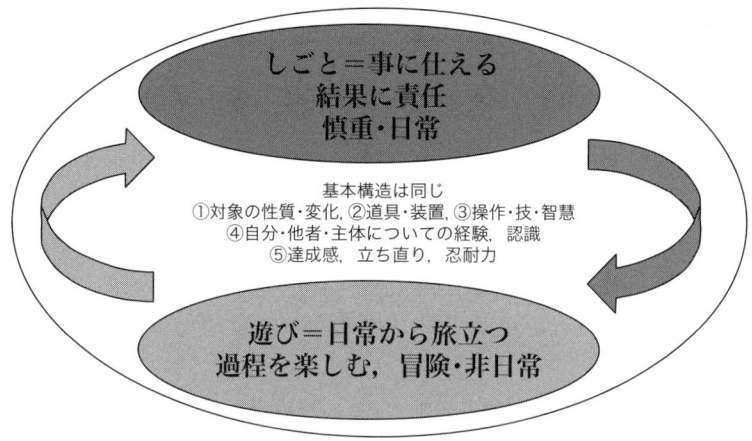

図4 「仕事」と「遊び」の循環

り，コストパフォーマンスのよい，充実した遊びが成り立つ．昔から，「仕事上手は遊び上手」と言われてきたが，それは，この理由による（図4）．

(c) 意味づけ，学習，アート，知識化，愛すること

主体・対象・行為関係の意味づけと時間空間関係──意味づけの3つの相

人間の行動に影響を与える「意味づけ」の役割は，目標設定と状況判断を前提として，価値判断をおこなう点にある．意味づけには3つの面がある．

第1に，①「主体」＝私と，②なんらかの道具を用いておこなわれる「作業」と，③「客体」＝あなた・物事との，3者の間で意味づけが起こる．つまり，適切な意味づけには，《①「私・私たち（主体）」⇔③「道具・装置を用いた関係性の組み替え作業」⇔②「相手（対象物・対象者）」》の各要素と構造への着目が，求められる．例えば，電気釜で飯を炊く場合，①〈飯を炊く私〉と，②〈飯の材料としてのコメと水〉，③〈コメを研いで釜にセットし，電気釜のスイッチを入れる作業〉という3点に注目して意味づけることが大切になる．

第2に，意味づけは時間との関係でも起こる．飯の例では，竈で炊くときに，①主体としての私の飯炊きの経験や技能の向上，②燃料が柴や薪，石炭や石油，

第1章 人はなぜ，意味づけをしながら生きるのか？　21

ガスの時代，電気釜の登場と改良の時代という3つの時期への注目，③コメの品種改良の歴史を理解することで，視野が広がり現在の意味が明確になる。それによって，状況変化に適切に対応しやすくなる。

第3に，《あちら⇔そちら⇔こちら》という空間との関係でも意味づけは起こる。例えば，ジャポニカ米を炊く日本のごはん，コメを炒めてから炊くピラフ，水の多い中国粥など，土地によって米の種類や調理法も異なる。これを知ることによって，自分たちの条件に合った方法を，意味づけながら工夫できる。

意味づけとアート，学問，祈り・祀り・祭り

「意味づけ」の表面では言語が用いられることも多いが，根底には，「感じ取る世界」がある。楽しいこと・嫌なことやその原因について，感じ，思い出し，瞑想することを積み重ねて，その人なりの〈快感を求め，不快感を避ける反応パターン〉が形成される。その上に，不快を避け，快感の持続性を求める「意味づけの世界」が展開し，多様な表現手段で意味づけが，人々に示される。そしてそれらは学問，芸能，芸術，アートなどと呼ばれてきた。

言語の世界では，「名づける」ことによる情報を基礎に，「関連づけられた一纏まりの情報としての知識」ができる。知識は，「黒雲が出ると雨が降る」といったものから，水の性質や地球とその成層圏における水の分布や動きを含む，地球の水の循環の総体を表す「水文学」まで，重層的である。そこには，「雨」「雪」「雲」「地下水」のような，さまざまな水の様態をとらえるキーワードがあり，これを統合すると「概念」（concept）となる。このキーワード・概念が関連づけられて，「理論」となる。理論には，①因果関係など，一定の空間における，諸要素の関係に着目した構造理論と，②時間の経過中における，この構造の展開に着目する，「展開理論」「発展理論」がある。そして，「水文」「天文」「人文」「仕事」「キャリアデザイン」「生涯学習」「社会的教育」など，一定の視点から，諸理論を関連づけて構成すると「水文学」「天文学」「人文学」「仕事学」「キャリアデザイン学」「生涯学習学」「社会的教育学」などの「〇〇学」ができる。

意味づけの表現形式としては，祈りや祀り・祭りも重要である。人間の将来には不確実なことが多い。「今の幸福が続いてほしい」「今の苦しみから逃れたい」と思っても，保証の限りではない。死後の世界は，想像しても，誰にも

わからない。「人事を尽くして天命を待つ」というが，努力しながら人は祈る。宇宙の摂理を統括する「天」に，エネルギーの源である「お天道様」に，不動の「北極星」に，「ご加護」「恵み」に感謝して祈る。神殿・寺院・教会や絵画・彫刻などのアートとしても，感謝は表現される。そして，これらの一連の儀式が，祀りである。

祀りは，天や神と人間との精神(霊)的・生命的交流なので，厳かで神妙である。そして，祀りの一部に，天や神と人間が身体的・精神的に一体化するための歌舞を伴う，賑やかな祭りがある。これによって，自分たちを「神に寿がれている者」と意味づけ，不安を払い，挑戦を鼓舞し，努力の継続を誓いあう。

意味づけと学習・実習

このようなさまざまな場面での意味づけを，楽しく効率的におこなうには，「学習」が必要となる。それは，《私・主体》《作業》《対象》という3つの関係性を，自分の意識に適切に反映する作業である。それが不適切であれば，意味づけも行動も不適切なものとなる。この学習の基本は，自分が生まれ育ち，生きている集団・社会の生活様式や技・知識・智慧や価値観を習得する作業である。また，それを生かして自分の体験や未来についての意味づけと表現をおこない，その交流・共有によって，工夫・洗練することである。

人々との交流・共有には，生命への共感が大事である。効率性や数値化が強調され，「仕事」や「勉強」で「成績」をあげねばならない現代では，他の人・場所・時代は視野に入りにくい。「私の苦労は他の人にはわからない」と思い，違いに目を奪われ，「あの人は羨ましい」「この人には馴染めない」と，自ら孤立を招くこともある。しかし，地球上で生きていれば，似た体験も多い。違いとともに共通点にも気づくことができれば，先祖や先輩たち，子孫や後輩たち，世界中の人々と繋がれ，自分の位置がわかり，楽しく生きられる。

生命への共感には，愛される・愛する経験が大事である。愛するとは，生命や人と向かいあい，慈しみ，微妙な変化を素敵と感じ，表現し共有し，必要で可能な支援をすること，である。愛された経験によって，愛してくれた人や他の人と適切に愛を分かちあうことができる。愛されたことがないと思う人でも，山や川や花などの自然による愛を自覚して，自然への愛を広げることはできる。愛することは，ときに裏切られるので悲しく辛いことも伴うが，自分の生命や

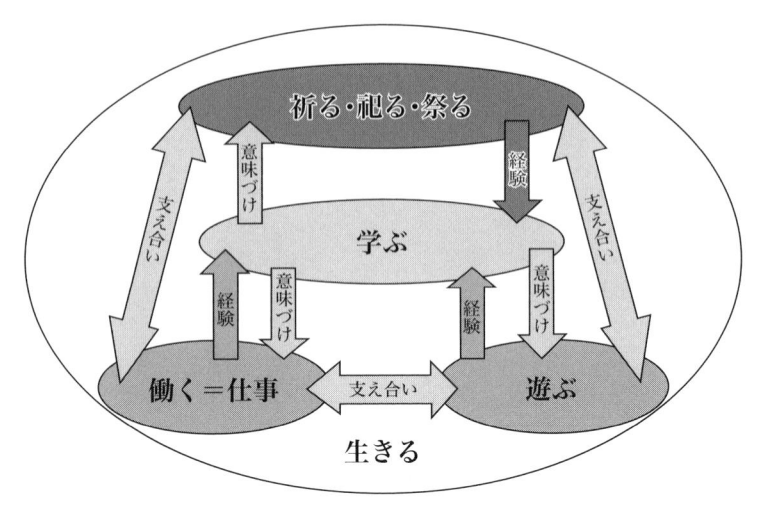

図5 仕事，遊び，祈り，学びと意味づけ

人の息遣いを感じられる機会にもなる。愛することによって，私＝ego と他の私＝ego を対等のものとして認めあい，感じ方や考え方のちがいを前提として，一致点を尊重しあえるようにもなる。逆に人や自然を愛さない人は自らの生命にも鈍感になり，人からも自然からも疎まれがちになる。

　たくさんの ego の存在を気づかせるものに旅がある。知らない土地で自然や人々に遭い，多様な暮らし方，価値観を知り，故郷で愛されていた日々を思い，自分の生活を相対化する。また，暮らし方は違っていても，皆，生きて，愛に葛藤・努力していることを知り，自分の生きる意味と道を悟る。「旅の力」である。

　アートは表現を介して，人をさまざまな人生との遭遇に導く。例えば，ムンクの「叫び」を見て，自分の中にある「闇のような叫び」が引き出され，多くの人々に共通の「真実」に気づき安堵する。また，「私も表現したい」という意欲も湧き，拙くても自分の経験や感情を表現すれば，カタルシスが起こり，心に余裕ができる。作品や技の相互批評で自分と他の人との共通性や異質性を楽しめる。「アートの力」である。

　数学は人の論理性を鍛える。例えば因数分解は，「共通項でくくる」＝「共通点を見出し，違いは違いとして認めあう」論理を表現している。バラバラな abX ＋ bcX ＋ acX という式について，共通因数「X」に注目できれば，X（ab

＋bc＋ac）という，関連づけられた式になる。これを実際の生活に当てはめてみることで，「一致点では共通行動をするが，不一致点では自由に行動する」という計画が作れる。関連づけの力によって，多くの人の共通の取り組みを実現できる。微分・積分は日常生活における分析・総合の習慣を鍛える「数学の力」「論理の力」である。

　「遊び心」が生かされた仕事，「仕事の正確さ」が生かされた遊びは，一朝一夕には生まれない。それをできる人と，共に働き・遊び，具体的指導を受けることで，はじめてその世界に近づける。この過程を「実習」と呼ぶ。実習では，一人前になることではなく，一人前を目指す努力が求められる。

　実習の1つの型は，伝統的OJT（on the job training），いわば「事情錬磨」型である。現場に入り，下働きをして仕事を身体で感じ，「技を盗む」ことで，仕事を覚える。これには，身体で覚えるメリットと，狭い経験によって固定化されがちになるデメリットがある。もう1つは，OffJT・OJT混合型である。事前説明があり，自ら調べて現場に入る。この場合，個々の工程の位置づけは理解しやすいが，事前イメージと現場の実際とのズレによる"リアリティショック"からの立ち直りが重要となる。

　実習プロセスの記録化によって，意識性が生まれる。今日起きたこと，自分の働きかけ，思ったことを，価値判断抜きに，記録する。これを，尊敬するリーダーや友人に見せて，具体的なコメントをもらう。それによって，事実関係の確認，自分の見方の相対化と，妥当な見解への接近が可能となり，意味づけ能力と実習・仕事の質が高まる。振り返りを欠いた「やりっ放し」や，形式主義的数値化評価では，行為の適切な意味づけと積み重ねは難しい。

　以上のような日常・非日常の生活にそくした意味づけと，生活からは相対的に独立した意味づけのためのツールの習得や実習の振り返りは，それ自体が，キャリアデザインの重要な基礎作業部分を成す。生活を土台とするこの基礎作業と，これらをもとに必要に応じて構成・修正・再構成されるキャリアプランニングを併せて，キャリアデザインが成り立つのである。

# 第2章
# キャリアデザインの時代

## 1. キャリアデザインの思想

### (a) 東アジアの伝統思想

仕事や遊びを含む行為の積み重ね＝キャリアを前提とし，その意味づけをしながらキャリアを計画化することがキャリアデザインだとすれば，その議論の歴史は長い。今から2500年前頃の孔子の言行録『論語』に，次の有名な一節がある。

> 「子の曰わく，吾れ十有五にして学に志す。三十にして立つ。四十にして惑わず。五十にして天命を知る。六十にして耳順う。七十にして心の欲する所に従って，矩を踰えず。」　　（『論語』為政篇，金谷治訳注，岩波文庫，29ページ）

人生の節目を述べたこの節は「而立」「不惑」の根拠でもある。また，学問の基本『大学』は，次のように述べている。

> 「ものごと……が確かめられてこそ，はじめて知能（道徳的判断）がおしきわめられ……，意念が誠実に……心が正しくなり……一身がよく修ま（り）……，家が和合（し）……，国がよく治ま（り），……世界中が平安になる」
> 　　（『大学・中庸』，金谷治訳注，岩波文庫，36ページ）

これを受けて朱子は，すべての人に備わっている「明徳」を明らかにし，人びとが仲良く暮らせる「親民」を実践すること，しかもそれが最高の状態となる「止善」となるよう努力することが，高度な学問としての「大学の道」だとのべた。そして，「格物，致知，誠意，正心，修身，斉家，治国，平天下」の

8項目を改めて提示した（同上96-98ページ）。ここでは，①自己教育・訓練としての「修身」が，②「格物」「致知」「誠意」「正心」という心理・認識・精神上の内容と，③家業や家族，国家運営，世界平和など，人間の社会への働きかけとをつなぐ結節点の位置にある。〈自身への働きかけ⇔修身⇔社会への働きかけ〉である。

さらに，「天の命ずるをこれ性と謂う。性に率（したが）うをこれ道と謂う。道を修めるをこれ教えと謂う」と，『中庸』の冒頭句にはある（同上141ページ）。ここでは，与えられた条件である「性」を踏まえ，「性」にもとづく実践・生き方としての「道」をイメージし，道をともに探究・実行することが「教え」であるという，3つの要素で人生が組み立てられている。

12世紀から20世紀前半にかけて，東北アジアの共通教養となっていたのは，このような考え方であった。日本でも，下剋上の防止，社会の安定，学問の奨励を意図して，徳川家康が朝鮮経由で朱子学を導入して「正学」としたことで，武士や上層の農商工民の基礎教養となっていたのである。

(b) 18世紀以後の欧米での議論の活発化

ヨーロッパでは，18世紀から19世紀にかけて，職業による人格形成に関する議論が活発になった。ドイツでは，ゲーテがヴィルヘルムマイスターの遍歴時代や修業時代を描いた。またカントやヘーゲルは，人間はいかにしたら「神の国」あるいは「世界精神」に近づけるのか？という問題を提起した。ヘーゲルは『精神の現象学』で，「単純な意識」が「自己意識」となり，自己意識同士のぶつかり合いが「私たち」という意識を生み，それが国家，法などを経て世界精神へと展開していく，という図式を示した。フランス語圏では，ルソーが『人間不平等起源論』『社会契約論』で，個人を軸とした契約による共同的な社会の在り方を示そうとし，『エミール』では，市民となるにふさわしい人の成長とその育て方についての道筋を立てた。

イギリスでは，道徳哲学の教授アダム・スミスが，実際の経済社会の中で道徳を考えようという意図のもと，『諸国民の富』を書いた。そこでスミスは，"キャリアの二極化"を発見し，工業国と植民地化の現実は手放しでは喜べないと警告している。

「ふつう野蛮とよばれているような，狩猟民や牧畜民……営農者……の社会では……発明力は生き生きと保たれ，精神は愚鈍状態におとしいれられることがない。……あらゆる人が戦士・政治家でもあるわけで……その社会の利害関係やそれを統治する人々の行動に関し，かなりの判断をくだすことができる。」「分業が進展するにつれ……人民大衆の職業は，少数のごく単純な作業に……限定されるようになる。……その作業の結果……諸困難を除去するための便法を発見するのに，自分の理解力……発明力を働かせたりする必要がない。それゆえ……人間がなりさがれる限りのばかになり，無知にもなる。」「他の人々の職業を吟味する余暇と志向をもつ少数の人々に……多種多様な思索の対象を提供し……かれらの精神を無際限の比較や結合に習熟させ……理解力を異常な程度に鋭利にし，包容力の大きなものにする。……これらの少数の人々が偉大な能力をもっているにもかかわらず，人民大衆のほうでは，人間の性格のより高貴な一面が大々的に抹殺され，消滅させられてしまう。……」(『諸国民の富』岩波書店，1125-1127ページ)

　弁護士だったマルクスは，ヘーゲルの図式に，スミスが観察し警告した現実の工業化社会を重ね合わせた。そして，商品生産社会が人々の人格的自由を生み出す一方で，生産と生活の手段を持たず，労働力を売って生きる労働者を大量に生み出すことに着目した。実際の社会を維持する「具体的有用労働」を担う労働者が軸になり，生産手段を社会化して，人格的自由と実際生活上の自由を両立させるための，コミューン＝共同体を構築する「コミュニズム」（＝共同体主義）の論理を組み立てるために『資本論』を書いた。

　マルクスの図式を教育と社会の視点から補足する2つの議論が，19世紀末から20世紀前半のドイツで現れた。1つは，ナトルプの『社会的教育学』で，自分で学習の方向づけをおこなう「自己教育」に着目し，「自由な社会における自由な自己教育」の筋道を，成人の自己教育を軸に，青年，子どもに分節化して叙述した。またウェーバーは，実際の社会構造と人生の転換において，経済的・道徳的な面で自立性・協同性を兼備した，中間層が重要な役割を果たすと強調した（『プロテスタンティズムの倫理と資本主義の精神』ほか）。

　この頃から，1人ひとりが人生を振り返り，自身の人生に即したキャリアデザインを語る〈自伝〉の名作も書かれ始めた。アメリカでは100ドル札に肖像がある実業家・科学者・教育家・外交官・政治家である，フランクリンの『フランクリン自伝』(1793年)，イギリスでは政治思想家の『ミル自伝』などが刊行された（1873年）。

(c) 日本における議論と自伝

 明治初年の日本では，経済的自立を求められた「士族」を主対象に，福沢諭吉が『学問のすゝめ』を書いた。その14編「心事の棚卸」で，自分の生活・仕事についての計画と実際にできたことを照合しつつ振り返る必要を提起したが，それは今日の「キャリアの棚卸」へとつながっているとみられる。また，近代社会の基礎は「人は同等なること」「国は同等なること」にあると述べた。すなわち，「天は人の上に人を造らず，人の下に人を造らずと云へり」と，『中庸』冒頭句の枠組みを維持しながら，天が与えた「性」とは平等な存在だと述べた。これによって，江戸時代の常識である，天が与えた「性」＝士農工商，君臣の秩序，長幼の序，男女の別を，「人は同等であること」へと転換させようとし，人々の共感を得た。

 また，『大学』の文言を言いかえて，「一身独立して，一家も独立し，一国も独立するなり」と「独立」をキーワードとした新しい人間・国家像を提起した。一身上のモラル，知的活動や実践的取り組みと，家業および家族を含む家，国家，世界への働きかけを「修身」でつなぐ枠組みを維持しつつ，家禄に頼らずに「自労自活」して生きる個人の独立と，欧米による植民地化の危機の下にある日本という国家の独立を重ね合わせて，その相互作用を表現した。そして「独立自尊」をキーワードとして，60年以上にわたる自らのキャリアとキャリアデザインを振り返り，1899（明治32）年に『福翁自伝』を刊行した。これは，日本の本格的自伝の魁とされ，福田英子『妾の半生涯』などへとつながった。

 大正時代になると，夏目漱石が学習院での講演「私の個人主義」で，自分の感性から出発して共同体を視野に入れる「自己本位」に基づく，「私の個人主義」が大事だと述べた。昭和になると，三木清などがエリート学生や労働運動・農民運動・婦人運動などに参加する人々も念頭におきながら，『人生論ノート』を著した。また，平塚らいてう等による雑誌『青鞜』が「元始女性は太陽であった」と宣言し，女性の自立を提起した。

 「15年戦争」終結直後の1947-49年には，哲学者の梅本克己や真下信一，美学者・甘粕石介，経済史家・大塚久雄，政治思想史家・丸山真男，社会心理学者・南博らによって，「主体性論争」がおこなわれた。ここでは，ヘーゲルやウェーバー，1930-40年代日本での議論を踏まえて，「強い個性と協同性」「主

体性」実現の論理が焦点となった。また，ファシズムを阻止できなかった反省から，すべての人が学問や科学・芸術の担い手になることが志向された。そして「主体性」の実現には，家や村や工場での生産復興や民主化への実践的参画の促進と，「教育学心理学的解明」による理論構築が大事だとされた。

> この論争は，実践現場の動きと交差しながらおこなわれた。大塚や丸山は「青年文化会議」を結成し，農村文化協会長野県支部（「長野農文協」）や庶民大学三島教室と連携して講演会活動をおこなった。甘粕たちは民主科学者協会を設立して，学問の内容と担い手の民主化に努めた。そして，長野農文協の月刊雑誌『農村青年通信講座』（1948-59年）の読者たちのサークル活動では，農業生産の技術や経営，家族や地域や社会の現状と課題，それへの具体的な取り組みの中で，青年たちが自立し協同しながら自分の人生を選び取る姿が見られた。それは，日本青年団協議会，日本母親大会，日本教職員組合などによる「研究集会活動」という学習組織論を産み出した。また，課題発見・解決学習として，「村の生活記録」「私たちの実践」「村の歴史，工場の歴史」「母の歴史」などの学習方法論も生み出した。

## 2. 市民社会と近代的個人の登場とキャリアデザインの時代

キャリアについての議論が，18世紀以後に盛んになったのは，この時期に市民社会と近代的個人が誕生したからである。

### (a) 世界市場，近代化と市場経済

**世界市場の成立とキャリアの二極化**

社会の生産力の高まりは，地中海地域，ハンザ同盟，東アジア地域などで，国家の枠を超えた地域市場を成立させ，「大航海時代」に世界航路・市場が成立した。ポルトガル人による《リスボン＝喜望峰＝ゴア＝マラッカ＝マカオ＝長崎・堺》ルート。スペイン人による《セビリア＝サン・ファン＝ブエノスアイレス＝マゼラン海峡＝マニラ＝長崎・堺》ルート。オランダ人による《アムステルダム＝喜望峰＝バタヴィア（ジャカルタ）＝台南＝平戸ルート》などである。そして18世紀になると，機械による大量生産がイギリスから始まり，原料供給地から運ばれた材料を加工した製品が，西欧から世界へと販売さ

れた。この工業革命によって，スミスが指摘した工業国でキャリアの二極化が起き，植民地で増幅された。さまざまな技術移転を伴いながら，原料供給地となった南北アメリカでは，先住民やアフリカから連行された黒人奴隷らが，ときに人格の自由も認められず，売買され搾取され殺された。武力征圧されたインドや北アフリカ等では，過酷な条件で働かされる人々が増えた。20世紀になると，欧米を真似た日本人が，植民地や占領地で横暴に振舞うこともあった。他方，植民地などでも，宗主国に協力的な一部エリートたちには，宗主国への留学機会もあった。

### 契約社会・リテラシー社会・市民社会

広域化する世界市場では，公正な取引が生命線である。そこで，商人と商人とが互いに対等な人格，平等な契約主体として承認しあうことが，取引の必要条件となった。その結果，市場経済の拡大は，対等な人間関係・権利の平等を促進した。

契約社会化はまた，〈家業〉を徐々に解体し，個人契約の〈職業〉を普及させた。農民たちが徐々に都市部へ移動し，個人契約の被雇用者として工場や商店，事務所等で働くようになった。人格的自由を持つ被雇用者は，雇用主と対等な人間関係と，自分の労働力を適正な価格で買ってもらうことを求めた。適正な価格とは，自分自身の再生産と，子どもの出産・子育て，配偶者・老親等の生活維持に必要なコストに，一定の「可処分所得」を加えた価格である。必要コストには，衣食住，冠婚葬祭，休養や学習，遊びのためのコストが含まれる。

被雇用者たちはまた，適切な労働時間を求める。生物体としての身体の限界を超えない範囲に労働時間を制限することがその基本である。そして睡眠や休養のための時間，遊び＝積極的な re-creation，「気晴らし」，職業能力向上のための研修や自己研鑽のための時間など，「可処分時間」＝自由な活動時間の確保も求められてきた。

人格の対等性に基づく被雇用者と雇用者の契約が広がると，契約観念と契約内容の充実が社会全体に広がる。そして「自由や平等の主体」から除かれていた，女性や先住民，黒人，被差別民たちも，人格的な自由と平等，契約関係にもとづく労働慣行や結婚生活を求める。そしてこの動きは，生活地点からのネットワーク形成を促してきた。被雇用者たちの労働組合，女性や被差別民たち

の団体，工場経営者たちのネットワークもできる。そして，これらのネットワークが次第に，国家に対して，契約に基づく福祉政策を導入するよう求める。工場法などができ，近代的「社会政策」が始まった。今日風に言えば，「ブラック企業」をなくす取り組みの始まりである。

　公正な取引のための契約は文書作成を求め，文書作成に必要なリテラシーを普及する。工業化のための技術革新はまた，図面作成，工学的計算を求め，商業の普及は，帳簿付けや棚卸を普及させる。また，軍事や貿易上の必要から成立する「国民国家」の維持・展開は，共通言語として国語・公用語を整備した。そして，「国民」としての自己認識・共通教養の形成のために，すべての国民が通学する「普通国民学校」「国民教育制度」が作られた。

　対等の思想は，国家と国民，国家と国家との関係についても広がっていった。それは，農民戦争，一揆，独立戦争，社会改革のための革命などの実践的行為として，また，思い・考え (Idee, idée, idea) を整理した「思想」(Ideologie, idéologie, ideology) として表現された。トマス・モア（1478-1535）の『ユートピア』，ジョン・ロック（1632-1704）の『政府二論』，ルソー（1712-78）の『社会契約論』，ミル（1807-73）の『自由論』『女性論』，マルクス（1818-83）＆エンゲルス（1820-95）の『共産党宣言』（『共同体主義党宣言』）などがヨーロッパで刊行され，人々に影響を与えた。東洋では，安藤昌益（1703-62）の『統道真伝』，福沢諭吉（1835-1901）の『学問のすゝめ』，孫文（1866-1925）の『三民主義』などが刊行された。

　これらは，1776年のアメリカ「独立宣言」，1789年のフランスにおける「人間・市民としての権利宣言」などの公文書にも，次のような趣旨で反映された。①すべての人は，自らの運命を自ら決められる自由な存在である。②個人と個人は互いに対等である。③人々が，市民＝主権者として政府を組織するのであって，市民・国民と政府・国家とは対等である。④国民に不幸をもたらす政府を代えることは，国民の権利である。これによって，互いに対等な個人・団体が，対等な市民として社会を構成する「市民社会」＝ civil society が成立した。

　しかし，現実の市民社会では，人々は必ずしも対等ではなかった。その社会の支配的なエスニックグループの男性が「市民」「人民 (people)」であり，女性，先住民，有色人種，奴隷などはそこから除外されていた。そこで，「市民」や「人民」の内容をめぐる struggle（闘争）が始まり，「私たちも人民・市民・主権者」

だという主張，市民としての承認が求められた。この struggle によって，「市民」や「人民」の内容は次第に拡張され，概念は深められていく。例えば，アメリカの「南北戦争（American Civil War）」は，独立宣言が除外した黒人奴隷の解放をめぐって戦われた。そして，リンカーン大統領の「人民の，人民による，人民のための政治」というゲッチスバーグ演説では黒人も人民に含められたが，実際に黒人が市民権を得るには，それからまだ 100 年の時間が必要だった。この意味では，civil struggle は今日もなお続いている過程である。

### 新しい共同体の主人公としての「近代的個人」

市民社会の時代と共に，「市民としてのキャリア」と「市民社会のキャリア」が，すべての人にとって，不可欠なものとなった。市民社会では，人はすべて個人，市民として尊重される。個人は自由で，法の下で平等であり，生命，財産，思想・信条，学問・芸術活動，集会結社，婚姻，居住地，職業選択，国籍離脱などの自由を持つ。

個人はまた，自由を実現できる共同体の担い手である。国家，地方自治地体，家族等において，対等な主人公として共同体運営に参画する権利と責務を持つ。立法・行政・司法の実務担当者である，議員，大統領・首相，知事・市町村長，裁判官を，直接・間接に選任する権利を持つ。また，請願，要請，上級審への控訴等の方法により，実務担当者に改善を求めることができる。

市民社会は契約社会なので，近代的個人には，契約主体として責任をもって自立的に振るまうことが求められる。売買など，私人と私人との間での契約行為を適切におこなうには，次の点が大事である。①契約相手の見極め，②契約内容のチェック，③契約内容の誠実な履行，④契約改定時における契約内容の交渉と合意，必要に応じた契約解除の通告，以上を踏まえた⑤法の運用能力。

相手が責任ある契約主体であるか否かを見極めないと，「振り込め詐欺」などの被害にあう。契約内容をチェックしないと，アメリカの「サブプライムローン」のように，「そんなはずではなかった」とくやしさを感じながら住宅を失い借金が残る。契約内容の誠実な履行と必要な契約解除請求をしないと，泣き寝入りになる。必要に応じて更改される契約の内容について，より良い契約のための相互提案と適切な交渉を欠くと，不利な契約を結ぶことにもなる。

契約主体としての個人は，「市民」として国家や共同体を担い手でもある。

「この憲法が国民に保障する自由及び権利は，国民の不断の努力によって，これを保持しなければならない」と日本国憲法第 12 条は述べている。個人に，国家，地方自治体の主体的な担い手としての，不断の努力を要請しているのである。外交・軍事，自由の確保，食料，福祉・医療，学問・文化・教育，労働，産業，エネルギー，土地利用などについての政策，税金の集め方・使い方などについて，多様な方法によって参画することは，市民の権利でもあり責務である。また，国の施策が自分の生活に深刻な影響を与えた場合に必要な是正を求めることも，市民としての責務である。

(b) 契約を活かすための能力

「法」「法律」の運用能力と human rights，仁愛・仁義

市民として契約を全うするには，「法」のイメージを明確にし，「法律」の運用能力を高めることが大事である。自由や契約のキーワードは human rights ＝"人としての当然の権利＝義務"である。日本では，right には，永く「権利」の文字が当てられ，一方的な請求権のイメージが強い。しかし，*Oxford English Dictionary* によれば，「right」とは「人としておこなうべき，またはおこなうべきでない行動の基準」であり，「duty」でもある。そして自分にも相手にも求める，人としての共通の行動基準が human rights であるとされる。

この right ＝ duty という考え方は，『旧約聖書』における，絶対的な The God（天主，唯一神）と人との契約に根源があると考えられている。そして，それは，儒学における「天」と「人」との関係に似ている。すなわち，時代や場所を超えて地上や宇宙の摂理を司る「天」は，人の行動の基盤である「道」も司っている。この「道」に基づく行動が「徳」であり，両者を合わせて「道徳」という（『老子』）。この「道徳」の核をなすものが，「仁」「愛」だが，人と人とが対等に向かいあい，良い点を評価しつつ慈しみあう仁愛に照らして「人として当然なすべきこと」が「義」である。そして，「仁愛」「仁義」は，天の摂理とその中で人間がなすべき「道徳」を自分にも他人にも求め，共有しあうことである。

「樊遅，仁を問う。子の曰わく，人を愛す。」（『論語』顔淵編第十二，岩波文庫版 242 頁）

そこで福沢諭吉は，幕末には right を「正義」「大義」と，『学問のすゝめ』では「権理通義」「権義」と訳した。しかしこの「権義」は，日本の市民社会の未成熟ゆえに定着せず，替わって「権利」が定着した。「権利」とは，「権限の利き」「権限を行使して利を得ること」であり，これ以後，請求権の側面が強調されるようになる。近年，「権利と共に義務を」という論調があるが，これは市民社会の成熟を背景とした，human rights ＝「権義」論への再接近ともいえるだろう。

### 遊びと仕事の主人公──契約を支える非契約関係の大切さ

　契約は大事だが，人間の行為のすべてが契約関係に馴染むわけではない。
　血縁関係も，近所づきあい，友人・恋人は人生に不可欠だが，いずれも契約関係ではない。この非契約的世界が豊かにあってこそ，結婚・商取引などの契約関係も順調に展開しうる。非契約的関係が基盤となる関係であって，契約関係は補助的な調整機能である。
　愛情や信頼関係の維持・増進には，契約によらない，あるいは対価を求めない体験の共有が欠かせない。その１つは遊びで，親しい者の間では基本的に対価を求めない。家族や親類，友達，恋人同士，同じ趣味の人たちで遊ぶ。遊びを共にすることで親しさが湧き，夫婦や職場などの契約関係も順調に展開する。また，家の中にも外にも，非契約的で対価を求めない共同の仕事が多くある。食事や洗濯，掃除，庭木の手入れ，家庭菜園などが家の内にある。神社や集落の観音堂境内の清掃，お祭り，町内会での防犯・避難訓練，PTA，保育園父母会や同窓会の行事などが家の外にある。
　これらの無償の仕事によって，世の中の基盤が下支えされている。自主的な意思が基礎にあり，仕事の担い手と結果を享受する人との距離が近く，互いに顔が見えるので，仕事の効果がわかりやすい。金銭よりも，仕事の喜びや互いの共感関係が，その原動力である。それは北欧や西欧の協同組合，アメリカのキリスト教会，タイの仏教会なども含めて多様な形で存在している。そして地域の福祉活動の一環として高齢者などに配給される「福祉弁当」のように，非契約的・非金銭的仕事からビジネスが立ち上がることもある。この意味では，非契約的・非金銭的な仕事は，社会を下支えし，新たなビジネスを生み出すゆりかごでもある。

非契約的あるいは緩やかな契約による仕事には，未成熟な子どもや若者たちも参加可能である。大人と若者・子どもが一緒に作業することで，楽しみが生まれ，家族や親類，隣近所との間に親しみがわく。作業の効率性の点では，時間もかかり，「教える手間がめんどう」と感じることもある。しかし，小さいころからの訓練によって，仕事の段取り，他の人との協力，最後までやり遂げること，臨機応変に対処することなどの能力が養われる。そして，やがて一人前になれば，親や地域にとっても，「先々楽になる」結果がもたらされる。

　しかし，現代の日本では，これをめんどくさがる傾向もある。「子どもにやらせると時間がかかる」「お母さんがやるから勉強していなさい」などが理由である。しかし子どもの「学習権」「発達権」の視点からは，「お手伝い」という実習の場，学習と発達の機会を奪うことは，「善意による虐待」といってもよいかもしれない。

　「ふるさとの山に向かいて言うことなし　ふるさとの山は有難きかな」。この石川啄木の歌のように，故郷の景色をしばらくぶりに見て，自分の人生を振り返り，人生への「こだわり」，価値観を確認する。そしてまた，多くの契約事項を含む，明日の人生を生きていく。人間はもともと，自然の中の物質の集積したものでしかない。だから，物体としての自分が「死」によって分解して，自然の懐に抱かれる感覚は，自分自身を受け入れる感覚と通底する。このアナログな「遊び」や「さすらい」，自然との対話があってはじめて，時間や金銭などにもとづくデジタルな「人と人との契約の社会」に適切に対処できるのである。

　理性と技，智慧を磨く
　非契約的世界を基礎に契約的世界を生きていく「近代的個人」には，理性と技と智慧を磨くことも求められる。

　契約的・非契約的関係の両方で生きていくには，自然や人間，社会のメカニズムを知って，法則を取り出し，それを技術化し，新しいものを創り出していくことが欠かせない。この意味で，構造やその動き方，願望実現の可能性をチェックする理性の働きを鍛え，理性による「科学」と「技術」の運用・創造能力を豊かにすることが，近代的個人にとって必須である。

　近代化以後，蒸気機関や化学繊維など，自然界にはない便利なものを，人間はたくさん作ってきた。これらは，人間が理性の力で物事を分析・総合し，言

語化・数値化によって世界のすべてを理解でき，それに基づく技術化によって，神が支配する世界をコントロールする世界へと作り変えられるという，強い信念に基づいている。それは，「神」の名による理不尽を排し，人間が主人公となって自然や社会を再構成しようとする，「人間中心主義」である。だが21世紀の現在，人間中心主義の妥当性を疑う声が世界の各地で興り，1つの有力な潮流となっている。その主張は，「神が支配した世界」から「人が支配した世界」へ，さらに「人と多様な生命体が，『神』に支配されずに，折り合いをつけながら生きていく世界」へ，というものである。

契約社会で生きていくには，臨機応変に身体や道具・装置を使いこなし，物事を実際におこなう技能の習得も必要である。技の修業について，日本では「守破離」が大事とされてきた。「守」は，師匠を真似て技の型を習得すること。「破」は，第2，第3の師匠を求めて修業し，第1の師匠の「型」を破り，相対化すること。「離」とは，それらをふまえて，「自分の型」を作り出すことである。

技の修得は，それまでの自分の能力を超えて，自らを育てていく過程である。技が順調に伸びるときは，練習もチャレンジも楽しいが，必ず「壁」が現れる。「壁」とは，質的変化の必要性を感じ取った状態である。従来の方法で作業を強化しても質の向上が図れず，「気が滅入り」，「やる気」がなくなる。

その時は，山や風，陽や月の光に目を向け，尊敬する先輩や師匠，親や祖父母，友人たちの声に耳を傾け，この宇宙に積み重ねられてきた生命の物語を感じ取る。そこから，自分の体や心が欲すること，自分にかかわる生命や，技や智慧のバトンタッチが見えてくる。自分を大きく見せようとする虚栄の無意味さに気づき，「自分がしたいこと」「できること」「課せられたこと」が三位一体のものとして感じられ，「開き直り」ができる。すると，「壁」が氷解し，再び歩み始められる。その境地が，「ひと皮むける」ことであり，「〇〇道」の世界である。「柔道」「剣道」「茶道」「書道」「包丁道」などの名称は，眼前にある人や茶，書などとの交流によって，眼には見えない「道」すなわち宇宙とその摂理を感じ取る，という発想を表現している。

「智慧」とは，技や知識を組み合わせて適切な解決策を瞬時に見出す能力である。人は窮地に陥ったとき，「何か良い智慧はないか？」「三人寄れば文殊の智慧」などと言う。そこでは，熟知を表す「智」と直観力を表す「慧」によっ

て物事を融合させ，困難を面白いことに転化することが期待されている。それはコンピテンス（competence）ともいわれ，臨機応変に偶然を活かして，状況を好転させる能力である。

## 3. 近代的個人の矛盾がキャリアデザインの時代を拓く

### (a) 近代的個人の矛盾——形式的自由と実質的不自由

　近代的個人は，法的には，主権者であり自由な存在である。彼・彼女は，自分自身と自分にかかわる共同体の主人公であり，どんな職業にも就いても，どこに住んでも，誰と結婚してもよい。しかし，それは法的な形式であり，現実の近代的個人はさまざまに制約されている。

　形式的には自由に職業を選べるが，その職業に必要な能力がなければ，就職や就労は実現しない。能力の習得には，それにふさわしい教育・訓練を受ける必要があるが，その機会は，その人が生まれ育った家庭や地域・国家等に制約されている。学校に通って国家試験を受けて医者や弁護士になる道も，形式上は誰にも開かれている。しかし，通学にも受験にも時間と費用が必要で，それらを捻出できない場合，実際には「絵に描いた餅」となる。同様に，社会の中での政治的主権者という形式の実質化にも，そのための教育・訓練が要る。

　形式的自由と実質的な制約・不自由との狭間で，近代的個人は葛藤する。なまじ自由があるので面倒くさい。自由がなければ希望を持つこともなく，絶望もない。「希望の数だけ失望がふえる」（Mr. Children「くるみ」）。

　近代的個人は，このようなストレスを日常的にもつ「定め」を背負っている。ストレスに疲れて，「誰かが自分の生き方を決めてくれたらいいのに……」「自由なんてなくたっていいのに……」と思っても，「自由」からは逃れられない。「親と同じように自分も生きていけばそれでいい」と考えても，現実にはできない。職業は個人単位が基本であり，「家業」を継いでも，親と同じ経営は難しい。

　年金や健康保険，住宅，保育園，親の介護，職場での待遇など，改善したいことは山ほどある。「幸福な人生を追求する権利」「健康で文化的な生活を営む権利」があると，法律には書いてある。しかし，それらの権利を実質化するには，日々の生活における小さな改善と，制度運用と組織活用，法制度をふくむ

社会システムを変える奮闘が必要である。

「税金は高くても，安定した，満足度の高い暮らしができるのなら，北欧のような国家のあり方も選択肢の一つかもしれない」。そうは思っても，どうすれば日本でそれが実現できるのか，分からない。「そんなことを考えている余裕は，今の自分にはない」，「考えても埒が明かないから，考えるのはやめよう……」，「でも，それじゃまずいみたい……」と，堂々巡りすることもしばしばである。

### (b) 近代的個人のキャリアデザイン

不安定な近代的個人の心理状態と不安

形式的自由と実質的不自由，希望と絶望との狭間にいる近代的個人は，いつも不安を抱えている。「自信がある」と思う次の瞬間に，「本当に大丈夫かな？」と思う。「自信がない」と思う次の瞬間に，「ベストを尽くせば大丈夫かもしれない」とも思う。これが近代的個人の通常の心理状態である。「不安がある」といっても，とくに異常というわけではない。誰もが不安を抱え，不安と向き合いながら日々を生き，毎日の行動を選択している。

しかし，それを互いに表明することが難しい。不安でどうしてよいかわからず，泣き叫びたい感情を抱えながらも表面上は，不安などないように明るく振舞う。「本当のことを言って，受け止めてもらえなかったらどうしよう？」「浮いて，孤立して，落ち込んで，立ち直れなくなるかもしれない」。自分をさらけ出して傷つくことを想像すると，「傷つくぐらいなら，本当のことなど言わなくてもいい」と思う。「その場に合わせていれば，傷つかないで済むだろう」。そこで，みな仮面を被り，「人生の仮面舞踏会」に参加することになる。

表面は仲が良いように見えても，実は互いに疎遠で寂しい。「分かってもらいたい」という叫びはあっても，「そんなこと無理だ」とあきらめるよう，自分に言い聞かせる。分かってくれそうな人が現れると，適当な距離感がつかめず，その人にすべてをぶつけて，纏わりつき，疎まれたりもする。あるいは，疎まれるんじゃないかと思って，一歩が踏み出せない。「生きていてもいいですかと誰も問いたい　その答を誰もが知ってるから　誰も問えない」（中島みゆき「エレーン」）。そして，「こんなことを考えるのは，私が異常だからかもしれ

ない……」と，不安が増幅する。

　華やかな仮面舞踏会に参加しながら，心に闇を抱えて，近代的個人は生きている。自分の心を代弁してくれるミュージシャンの音楽に聞き入り，コンサートに通い，「追っかけ」もする。誰もが，それに近い心理状態にある。

### 自殺・犯罪・メンタルヘルス

　実際の歴史を振り返るとき，不安は破壊のエネルギーとしても，創造のエネルギーとしても機能してきた。不安が原因で，自殺，犯罪，病気なども起きる。キェルケゴール『死に至る病』が1849年，デュルケム『自殺論』が1897年，芥川龍之介の自殺について宮本顕治が「敗北の文学」が1929年にそれぞれ刊行された。19世紀から20世紀にかけて，不安と自殺は世界共通の関心事になっていた。

　自殺統計によれば，日本における自殺のピークは，1933（昭和8）年，1958（同33）年，1976（同51）年および，1990〜2000年代にあるが，いずれも産業構造の大きな変わり目で，失業や転職が多く，人々が孤立したり，生活様式を変えることを迫られがちな時期といえる。

　それまでアメリカの出来事と思われていた，見ず知らずの人への暴力や殺人などの通り魔型犯罪が，21世紀に入って，日本や韓国でも珍しくなくなった。「誰でもよかった」と，自分の不安や不満のはけ口として人の命を奪ったことを，犯人たちは認めている。学校，職場，家庭のメンタルヘルスも問題となり，学校に行かれない生徒，会社に行かれない会社員，心理的ストレスが原因の「過食」「拒食」「心身症」も増えている。

### 不安は創造の原動力

　だが一方で不安は，共感を呼び，安らぎと生きる力を人に与える文化創造の原動力でもある。

　ベートーベンは，難聴と孤独に苛まれながら，市民の音楽を創造した。「月光」「テンペスト」などで，安定した透明感や不安定な切なさ，激しい情念などを，「第九」では不安や孤独を超えた人々の喜びや絆を表現した。19世紀末から20世紀にかけて，サティーやドビュッシー，ストラビンスキーなどが，「ジムノペディー」「ベルガマスク組曲」「アラベスク」「火の鳥」「春の祭典」

などで，不安定な心理をこえた安定を希求する曲を奏でた。それらは，けだるく，美しく，激しく，ときに醒めた音楽である。そして，バーンスタインが「不安の時代」(The Age of Anxiety) を発表したのは1949年だった。

絵画分野では，18世紀から19世紀にかけて，宮廷画家ゴヤが人の狂気を描いたが，19世紀末には，モネやスーラが，心象風景を映し出す点描画法を編み出した。また，ゴッホが不安定で渦巻く心理を複雑な色とタッチで表現した。20世紀になると，心で捉えた本質的なものを表現しようと，カンディンスキーが抽象画の世界を開く。人間の心理の多面性を描こうと，ピカソはキュビズムを考案した。また，クリムトやミュシャ，ローランサン，その影響を受けた高畠華宵や竹久夢二は，不安定な心理を，気怠さや決意を表す様式美に昇華させた。

詩や小説では，1915年に発表されたカフカ『変身』が，目ざめると甲虫になっている自分に気づいた人間の，不安と葛藤の心理描写で注目された。日本では，戯作調の『坊っちゃん』から出発した夏目漱石が，『道草』『明暗』で不安に苛まれる主人公の心理描写を深めた。明るい自然としんみりした心理の絡みを描いた『若菜集』から出発した島崎藤村が，『嵐』では揺れ動く家族とその背景の社会を描いた。芥川は「河童」で，自分の出生を選択できない不条理を，太宰治『人間失格』は社会の変化に馴染めない自分を描いた。

学問では，フロイトが「夢分析」を通して，意識された世界とともに人間を動かしている「無意識」，人を動かす生と性の衝動にメスを入れた。サルトルは，生きている「実感」を持てる人間の生き方と社会関係を考察した『実存主義とは何か』で，アンガジュマン（engagement）＝「自己投企」の重要性を強調した。

不安をエネルギーに転化させるために不安を描く文化は，ますます盛んになっている。村上春樹作品にも見られるように，これらを仲立ちに，人々は仮面を脱ぎ，傷を癒しあい，生きる勇気を得ている。

## Engagementと「憧れの人」「惚れた人」「キャリアモデル」を持つ

さまざまな分野のクリエーターにとって，抱えている人生の不安を原動力に作品を生み出して公表することは，作品の中に自分の命を懸けること，自己投企することである。これは，すべての近代的個人にも当てはまる。生活の中のさまざまな仕事，さまざまな遊びについて，近代的個人は，迷いながら選び，

実行しながら迷い，工夫し，おいしい米や野菜，質の良い鋼板や自動車，医療，法律，流通，調査統計，カウンセリングや教育などのサービス，次世代の出産や子育て，地域づくりなど，さまざまな分野でなんらかの作品を生み出す。そしてそれらを持続的，ダイナミックにおこなうために，事にかかわり続ける。

　大切なことは，日常の中から課題を見つけ，自分が楽しみ，安らげる世界，身体的・知的・美的な興奮を得られる世界を作ること。そこから日常を豊かにする取り組みへと向かうこと。短期で達成可能な目標を設定して実行し，その経験を共有すれば，本当のことを伝えあい，理解しあえる関係性も少しずつ生まれてくる。

　これらの engagement を通して，いろんな人生を知ることができる。いわゆる地位も名声もなく，目立たなくても，周囲の人から尊敬され，頼られている人は多い。その中からも，「憧れの人」「惚れた人」は出てくる。

　「憧れの人」とは，「努力してその人と同じようになりたい」と感じる人である。能力の質の点では，その人と自分には共通性があるが，量の点では及ばない。それは「キャリアモデル」とも言われ，親や兄姉，年上の友人，保育園や学校の「せんせい」の場合もある。クラブ活動や職場や業界の先輩や同僚，スポーツ選手やミュージシャン，歴史上の人物の場合もある。

　「惚れた人」とは，自分とは異質のものを持ち，その人と一緒に仕事や遊びをすると，自分が補われコンプリートに近づく感覚を与えてくれる人である。だから，「惚れる」ことは，男女の間に生じやすいが，男同士，女同士でも，同業者・異業者の間でも生じる。

　人には，「憧れの人」の行動を真似る傾向，「惚れた人」の世界を理解しようとする傾向がある。これによって，人は，自分の人生を二重化できる。真似ることで，働き方，遊び方，仕草，技，人への向き合い方，困難への対処法，問題解決の智慧，失敗からの立ち直り方，人生に対する考え方などの，文化の型を習得する。また，理解することで，自分を相対化する視野をもてる。

### ウツは人生の OS のバージョンアップ期間—— passion, mission, passion

　真似るだけでは対応できないことも多い。突然のガンの宣告，交通事故やスポーツ事故，失業や倒産，親しい人との離別，希望通りにはいかなかった進学や就職，職場での突然の配置転換。これらの場合，モデルがなく，先が見えな

いことも多い。現実を受け入れ難く，絶望することもある。「もう自分は生きていられない」「生きていても仕方ない」「何で私が貧乏くじを引くのか？」と神を恨むこともある。受け身の苦しみ＝「受苦」としての passion である。

　受け入れ難い，ネガティブで苦しい状態を耐える。「いっそのこと，今すぐ消えてなくなりたい」と，後悔と絶望がぐるぐる頭の中を駆け回る。「『がんばれ』って，これ以上どう頑張ればいいのか」「人と話すのも，顔を合わせることも辛い」。内面での葛藤が外部に向けた行動を鈍らせ，縦の物を横にするのも億劫である。「『働かない』『サボっている』と人は非難するが，体が動かないものはどうしようもない」抑鬱状態になる。「藁にもすがる」思いで，何かを手当たり次第にやってみるが，かえって状況が悪化することもある。手足に絡みつく藻を掻く＝「もがき」状態が，鬱状態であるといってもいい。

　しかし，鬱は無駄なものではない。強い外的刺激を一気に受けて対処の仕方がわからず，長い間に徐々にたまったストレスが爆発して，人は鬱になる。鬱は，これまでの自分の人生の OS（オペレーションシステム）では，複雑化した自分の人生体験を適切に処理できなくなったので OS のバージョンアップが必要だ，という自覚の兆候である。だから逆にいえば，自分自身や，自分と他の人々や世界とのかかわりを理解し，適切な行動を指令する管制・司令塔を再構築するチャンスにも，鬱はなりうる。人生の OS をバージョンアップできれば，個々のアプリケーションのバージョンアップもおこないやすい。

　鬱はバージョンアップの〈生みの苦しみ〉なので，「この作業にはしばらく時間がかかります」。だから，あせらず，じっくり感じることが大事である。

　昔から，「時間が最大の薬」と言われる。最長でも3年くらい経つと，多くの場合，絶望し，耐える時期が終わり，徐々に現実を受け入れ始める。3年経てば，「あきらめ」（明らかに見）られる。そして少し落ち着いた，手探りの行動が始まる。その行動の中で，同じような受苦状態の人々を知り，「自分だけじゃないんだ」と，孤立感から解放されてゆく。

　患者会や家族会，相互扶助的な組合などは，日本でも 19 世紀末から多様に作られ，人々はそこで語りあい，泣きあい，助け合ってきた。結核患者やハンセン病患者の会は，相互の理解・扶助，支援者との連携を深め，詩や小説などの文学作品を創り発表し，社会の偏見とも闘い，理不尽な国の隔離政策を廃止させた。がん患者たちは，相互理解と社会的アピールをおこなう「リレー・フ

ォー・ライフ」という行事を進め，自殺未遂した元社長たちの集まりである「八起会」も，精神的な相互サポートをおこなってきた。労働現場については，全日本自由労働者組合，「生活と健康を守る会」の伝統があり，青年ユニオンや管理職ユニオンも生まれている。

　これらのつながりのなかで，自分の話を聞いてもらい，問題の原因や逞しく生きている人々の姿や信条を知って，孤立感から解放される。すると，「この人たちと生きていきたい」「同じような苦しみの中にいる人たちを私も助けてあげたい」と思い始める。そして，自分を語り，他の人の話も聞けるようになる。「必ず出口があることを他の人にも知らせたい」と，mission（使命・天命）を感じ取れるようになる。

　「天命を知る」ことで，人は賢く勁く(つよ)なる。①自分を振り返り，自分と他の人の経験を重ね合わせて，利害・悩み・喜びを分かちあえる。②苦しみの原因を知り，それを取り除く見通しを持てる。③表現活動を豊かにし，支援者たちとの連携や社会的アピールを進められる。④法制度を運用した，解決のための具体的行動ができる。⑤仮面を外して素顔の私になって，私を超えた自分たちの取り組みを，ライフワークとして自覚する。それを粘り強く進める器量と能動的な passion（情熱）が生まれる。

　《passion ＝受苦→ mission ＝使命→ passion ＝情熱》という回路は，「転んでもただでは起きない」「災いを転じて福となす」認識・実践システムである。避けられない困難を，使命の自覚と情熱の源泉に転化できるシステムが，身体と知性に成立すると，困難や不幸に立ち向かう勇気が生まれ，恐怖が軽減される。それによって，多面的なキャリアデザインが個々人にもたらされる。「鬼に金棒，人にキャリアデザイン」である。

　この過程で，「あの世」に行った人たちを含め，その道の「先達」を知る。直接的な交流や書物や遺物などを通じて，先輩たちと共に生きる実感が生まれる。自分の軸足を「この世」と「あの世」の両方において，"in ganba" する（しっかりと立つ）ことで，世代と世代が接続される。課題や技や知識・智慧を引き継ぎ，自分たちの時代にできることを加え，「思い残し切符」（井上ひさし『イーハトーボの劇列車』）を次の世代に引き継いでいく。自分の生命が，連続した生命たちの中に位置を得て，寂しさが減り喜びが増す。揺れながらも安定した，「柔軟だがぶれない」生き方・働き方が可能となる。

(c) キャリアデザインと struggle と生涯学習

内面での葛藤＝ struggle
　キャリアデザインの過程は，一面では，「個人」の内面での葛藤，つまり「自分とのたたかい」(struggle) である。困難の前でとまどい，無力さを感じ，混乱状態や絶望感，「蛻の殻」(もぬけ)になった自分を経験し，受け入れ，感情や情報・知識を整理・再構成しながら辛うじて自らを支える。何回かの〈鬱＝OS バージョンアップ〉を体験し，その方法を覚え，日常生活で安定した OS のバージョンアップが可能になる。外からの刺激も，内面での情報処理も適度に調整する。落ち込みすぎず，はしゃぎすぎず，サボりすぎず，張り切りすぎない。絶望感や困難を越えるスリルを楽しみながら，帳尻あわせも覚える。理念も「落とし処」の直観力も，共に鍛える。適度に鬱々とし，適度に明るく，適度に冷め，適度に情熱的に生きて，人格機能の成熟を楽しむ。この内面の葛藤があってはじめて，キャリアデザインは成立しうる。

外に向けた奮闘・たたかい＝ struggle
　キャリアデザインはまた，他の人や物事への働きかけの過程でもある。自分を理解してくれそうな人に「話を聞いてもらう」。同じような体験をした人の話を聞き，読み，映像を見，その人たちの集まりに参加して，自分を語る。失敗や不具合にめげず，振り返りをし気をとり直しながらものづくり，作品づくりに再チャレンジする。ことがらが社会制度やその運用にかかわる場合には，「個人」は，同じ状況にある人々や支援者などと共に，家族や職場，地域，自治体や国へと，要請・交渉や提訴などの働きかけをおこなう。マスメディアの商業主義化の中で，周囲の「冷たい眼」との間に摩擦が生まれ，「たたかい」を強いられることも多い。外に向けたたたかいや奮闘＝ struggle なしに，キャリアデザインは成立しえない。

学習型組織と生涯学習・キャリアデザイン社会——キャリアデザインの推進力
　このような内と外の struggle を伴って，近代的個人の自由と近代的共同体の平等性とは，現実化されていく。そして，個人の生涯にわたる学習と，社会の基礎組織の学習組織化がこの struggle を後押しする。

日常的な営みの中で，分岐点（crisis）という非日常性に直面するとき，キャリアデザインは強く意識される。だから，日常生活に不可欠な，その人が生まれ育った社会の生活様式＝文化の型を習得するための生涯学習が，キャリアデザインには必要である。

　そして，自分が直面する分岐点に際して，文化の型を柔軟に活用・展開する能力を，日頃から訓練・蓄積することが，大切である。日常生活の微妙な変化や疑問を楽しみ，多様な手段で表現し，批評しあい，人々の生き方，働き方，遊び方，学び方に関心をもち，外の物も取り入れて，小さな工夫改善を積み重ねる。それによって，その人の文化の型は，伝統を引き継ぎながらも，現実に即した改善を伴う，柔軟で開かれたものとなる。こうした行動様式の柔軟性を日ごろから確保することで，突発的な出来事への，瞬時の判断やパニックにならず，じっくり構えた対処が可能となる。

　文化の型の習得や柔軟な運用，美意識の訓練は，学校の授業や研修会だけでは実現しない。それは，家庭生活，地域生活，学校生活，職場生活，国際社会生活など，社会の基礎組織における生活全体の中で育てられ，鍛えられる。だから，これらの基礎組織が「学習型組織（learning organization）」として充実することが，生涯学習の基盤である。それは，個々の組織の固有のミッションを実現しつつ，その過程で構成員の学習を促進し能力を高める組織である。また，サービスの受け手と構成員の満足度を高めながら，組織自体が学び成長する組織である。この組織展開を基礎として，個人の学習・成長・自立・相互扶助が支えられてこそ，学校の授業や研修会も有効に機能する。

　学習型組織として個々の組織が成長するには，それぞれの組織も struggle をして，組織のキャリアデザインを進めることが必要となる。すべての組織がその歴史を振り返り，社会における存在意義・ミッションを，サービスの受け手と構成員の満足と成長の視点から検討し，構成員の全体で将来像を明確にし，共有することが大切である。そしてそのためには，外に向かう奮闘とともに，組織の内部における葛藤をふまえた率直な討論が欠かせない。

　人々が構成する個々の組織のキャリアデザインが具体化され，それらを励ます制度が整えられ，その精神が浸透する社会を「生涯学習・キャリアデザイン社会」と名づけたい。この「生涯学習・キャリアデザイン社会」は，市場経済社会，契約社会，市民社会，生物多様性社会の鏡であるとともに，それらを内

側から支え，改善するものである。

## 4. グローバリゼーションがキャリアデザインの時代を鍛える

### ⒜ グローバリゼーションによる地球規模でのキャリアデザイン

#### 地球規模での標準化と地域の特性とのせめぎ合い

世界には 200 近くの国家があるが，それらの境界を越えた関係が拡大することを，「国際化」という。これに対して国家から縛られずに，国境を越えて資本と物質，情報，人が日常的に移動する状況をグローバリゼーション（全地球化）と呼ぶ。グローバリゼーションは，市場経済化が弱い地域に対して多国籍企業が影響力を強めて，全地球的に市場を拡大する動きでもある。そこには，「グローバルスタンダード（地球標準）」の名目で，特定のモデルを世界中に広める衝動も存在する。

グローバリゼーションの震源地の 1 つは米国なので，「地球標準」は単純な経済主義ではなく，「民主主義」を含む。それは「自由主義」と言いかえられ，市場経済化が緩やかに，あるいは国家の強いイニシアティブの下に進められている国々に，「地球標準」を適用するよう迫るための道具としても使われている。「国家による規制は自由の侵害であり，それは民主主義と相反する。国家による関税障壁は速やかに撤廃して，地球標準を受け入れるべき」，というふうにである。

しかしその USA でも，資本の論理を野放しにしたブッシュ政権を，民主主義，市民社会の名で批判してオバマ政権が誕生した。「われわれは，ウォール街の強欲な者たちが栄えて，母親たちが，今日眠る場所や子どものミルクで心を痛める状態を見過ごすわけにはいかない」とオバマが勝利演説で述べたように，アメリカの民主主義・市民社会は，資本の論理を手放しで容認してはいない。だから，グローバリゼーションにおいては，地球市場形成という舞台の上で，手放しの資本の論理と民主主義・市民社会の論理との調整過程が進むことになる。

そして，世界中の人々や組織が「近代化」を踏まえた次のステージを意識して，地球（グローブ）や広域国家連合から，国家，地方自治体，個別企業から学校，家族，個々人に至るまで，自らそのキャリアをデザインすることになる。

「アメリカが世界」と思ってきた人々，「世界」を意識せずに暮らしてきた人々，男も女も，黒人もヒスパニックも黄色人種も白人も，障碍者も健常者も，子どもも大人も，すべての人が，「地球市場」と「民主主義」の中に投げ込まれ，「地球人」として生きることを求められる。

しかし，地球には「地域」がある。北半球と南半球では季節が逆で，熱帯も寒帯も，モンスーン地帯も乾燥地帯もある。生息・生育する動植物も異なり，その条件に応じて，人々は長年にわたって衣食住の生活スタイルを積み上げてきた。文字や音楽，自然観や宗教観，価値観，秩序意識，働き方や遊び方，学び方にも違いがある。だから，地球市場で実際に取引される物には，全地球共通で使える工業製品とともに，地域の気候や生物相，ライフスタイルや歴史をふまえた，その地域の特色をもつ商品も含まれる。また，地球上の全地域で市場経済が展開しても，すべての経済活動が商品に依存することにはならない。商品市場の被膜の下には具体的有用労働の直接的交換の世界が深く，広く存在し続ける。だから，地球上のすべての人々に，地球人としての普遍性と地域人としての特徴とを併せ持つキャリアデザインの道が開かれている。

### グローバリゼーションの光と影

グローバリゼーションの下では，資本移動，交通・流通・通信が便利になり，人々やモノや文化・情報も国境を越えて頻繁に行き来する。衣食住の様式，音楽・芸術の交流，エスニシティーを越えた友情や結婚，NPOや地方自治体の交流，企業連携も日常化している。「国民国家」は存在するものの，その垣根＝国境は低くなり，視野が広く考えの深い人々も，世界中にたくさん現れている。グローバリゼーションの光の部分である。

しかし，「グローバルスタンダード」が強引に導入されることで，進出する国と進出される国との間で軋轢が起こりやすいのも現実である。とくに地域的な特徴を色濃く反映せざるをえない農林水産業分野や，雇用関係など国家の社会政策の基本的な制度の点で，摩擦が強まる。アメリカモデルとヨーロッパモデルは，かなりちがうので，アメリカモデルを強引にもちこむと，資本が利潤を拡大し，人々のキャリアデザインの新たな二極化が進む危険性が高い。また，核兵器や原子力発電所による核廃棄物を野放しにして，人間の存在基盤を掘り崩す危険性もある。ヒロシマ・ナガサキ以後の核兵器開発競争の危険性につい

ては広く世界で認識され，2008年には，アメリカのオバマ大統領も「核廃絶を目指す」と宣言したが，その後なかなか進展していない。また，スリーマイル，チェルノブイリに続くフクシマの原子力発電所事故が起きた。核廃棄物処理システム未確立のままの原発推進の危険性は明白であるにもかかわらず，ドイツやイタリアなどの一部の国を除き，多くの国々では，原発の製造や設置，輸出が続いている。そこには国際的な「原子力村」，つまり原発製造で利潤を得る企業・官僚・大学のトライアングルが深く関与している。

　グローバリゼーションはさらに，いわゆる先進国＝資本輸出国と「発展途上国」との経済的・政治的格差，各国内における中央と地方との格差を拡げ，地方を「辺境化」する危険を伴う。格差拡大，地域の辺境化は，中間層を分解し，「自由」の実質化を妨げる。また，発展途上国から国内に還流する超過利潤によってもその原資の一部が補填される「社会政策」は，ときに，先進国の一部の人々を，お金をもらって物を買うだけの自己家畜化の生活に浸し，人としての生活のリアリティーを奪ってしまう。

　グローバリゼーションは，金融業における資本の自由化によって，地球規模でのマネーゲームを継続的に引き起こす。研究開発費や設備投資のコストがかかる製造業での新製品開発は，すぐに後追いで安価の類似品が出るために，利潤が薄くなる。また，それを埋めるための販売・営業努力も，市場が飽和状態になると実を結びにくくなる。そこで，投資先を失ったマネーによって，「投資ファンド」が作られ，さまざまな分野の企業の株式を大量に取得し，大株主として，高利潤を出すよう企業に迫る。その結果，「国際競争力強化のため」という名目で，製品やサービスの安全性，従業員の健康，雇用上の待遇を犠牲にせざるをえない状況に，企業が直面することも珍しくない。投資ファンドはまた，石油，穀物や金など，生活や流通に不可欠な物資への投機をおこない，実体経済の攪乱要因となる。

　グローバリゼーションの下でのマネーゲームは，「リテラシーゲーム」を伴う。それは「リーマンショック」を引き起こした「金融工学」のように，時にはノーベル賞という権威をも動員する。実体経済の展開がないところで債権や株式の価格や世論を操作するためには，事実とは異なることを事実であるかのように宣伝することが肝要だからである。リテラシーゲームは，学歴・資格インフレ，偏差値信仰などとしても現象する。生活に必要な多様な能力から，記

号操作の基礎能力だけをぬき出して偏差値化して，過度な受験勉強としての数値化・偏差値信仰を煽り，学歴インフレーションを引き起こしている。その結果，一面では，受験ビジネス，学歴ビジネスが盛んになり，リテラシーの内容や質よりも卒業証書や学校名が優先されて，リテラシーの形骸化が起こる。

　グローバリゼーションは，職場や学校に極度な緊張感をもたらすので，メンタルヘルス問題を深刻化させる。野村総合研究所の「環太平洋経済圏」構想(1976年)，政府の『環太平洋連帯の構想』(1980年)が提起された時期から，日本では，職場のメンタルヘルスが社会的関心事となり始めたことは，たんなる偶然以上のことかもしれない。

(b)　グローバリゼーション下でのキャリアデザインの成熟

　このようなグローバリゼーションの光と影の中で，新しい生き方，働き方，遊び方，祈り方，学び方を，世界中の人々が模索している。それは，近代的個人の自由や平等の権利を活かし，実質的不自由を超えようとする努力であり，インターネットなどを活用しながら，静かに，個々人・組織の間に広がり，つながり，今，地球上に満ち始めている。

　身体を動かし，笑うこと
　ストレスがたまる日々の暮らしの中で，自然の中でリラックスし体を動かす気晴らしが盛んになっている。スローライフ，スローフードに親しみ，自ら田畑を耕す都会出身者，ダイビング愛好者，「山ガール」も増えた。市民マラソン，地域の踊りが復活し，「よさこいソーラン」を子どもも大人も楽しんでいる。
　笑うことは，「緊張と弛緩」(桂枝雀)のコントラストを楽しみながら，心身をリラックスさせる効果をもつ。笑いは，お金も地位も権力もない庶民が楽しく生きるために生み出してきた，生活の技と知識と智慧のコンビネーションであり，権力者のウソや下らなさを見抜き，庶民の優しさや哀しさに対する共感を確かめ広げる。『釣りバカ日誌』『サラリーマンNEO』など，勤労者の半数を超えたサラリーマンものが1つのジャンルとなっている。ぴろき等の「自虐ネタ」漫談，伊東四朗，三宅裕司の作品や，柄本明・故中村勘三郎・藤山直美という3人の芸達者が舞台で絡む芝居，三谷幸喜や宮藤官九郎のドラマなども

人気を博してきた。落語ブームも復活し，立川志の輔，三遊亭小朝などの中堅の活躍，三遊亭志ん生，桂文楽，三遊亭圓生，林家正蔵，柳家小さん，桂米朝，桂枝雀など，「名人」たちのCD・DVDによる個人全集も制作され，芝居や映画にも取り入れられている。若者の間でのコント，漫才ブームも続いているが，40年を超えるテレビ番組『笑点』の「大喜利」も人気である。これはたとえば，「〇〇とかけて△△と解く。その心は，〇〇も△△も，××です」という論理遊びで，知的刺激と「可笑しさ」とを醸し出す。

### 歌にのせたメッセージ

押しつぶされそうな感情を解放し，一人ひとりの大切さを確かめ，ともに生きることを励ます音楽が1970年代以後広がってきた。それは，Kポップなど他のアジア諸国と相互に影響を与えあいながら，Jポップというジャンルを形成している。ギスギスした男社会で生きていく「女性」や「女の子」の心情をふまえ，「ひこうき雲」「地上の星」「瑠璃色の地球」「LOVE LOVE LOVE」などで，人々の美しさ，地球の大切さ，愛に生きる希望を歌う，松任谷由美，中島みゆき，松田聖子，吉田美和。それぞれの小さな現実からヒロシマ，ナガサキ，上海，ニューヨーク，バグダッドなどの戦火，東北の震災や原発事故に思いを馳せて，平和を歌い続けてきた，さだまさし。槇原敬之，浜崎あゆみ，秋川雅史なども人気である。そして，人気少女グループAKB48の「目撃者」は，「ジャスミン革命」と重ねて原発事故をイメージさせ，市民としての意識に訴えかける。

> 「テレビのニュースで繰り返し伝えてた……生々しい悲しみと　隠ぺいされた真実　僕たちは目撃者……この胸に焼き付けて　時代の過ち　語り続ける　生き証人になろう……ちっぽけな目撃者　取るに足らない存在でも　目の前の偽りを　見過ごすわけにゆかない……愚かな国から自由を守る　怒りを思い出そう……誰かにちゃんと伝えよう……僕たちは目撃者……この痛み　残したい歴史の1ページ破ることなく　NOと言い続けよう」
> 
> （「目撃者」秋元康作詞）

### 自分の現実を受け入れる映像，小説，絵画，書，自分史

映画の世界でも，ささやかに，明るく猥雑に生きる人々，人の尊厳や職務への誇りと矛盾に生きる人々への讃歌が増えている。『やじきた道中てれすこ』『三丁目の夕日』『テルマエ・ロマエ』『ツレがうつになりまして』『おくりびと

『RAILWAYS』『踊る大捜査線』『沈まぬ太陽』『ラストサムライ』『武士の一分』などである。村上春樹『1Q84』『ノルウェーの森』や村上由佳『ダブルファンタジー』『ダンス・ウィズ・ドラゴン』，桜木紫乃『LOVELESS』『ホテルローヤル』は，否定的にとられがちな行動様式とその底にある家族や人間関係を正面から見据えている。『下町ロケット』や半沢直樹シリーズなどの池井戸潤作品は，巨大銀行や巨大企業と中小企業との関係，その中で苦悩しながら正義を貫くサラリーマンに焦点を当てている。大胆な構図や情念を描いた作家として葛飾北斎や伊藤若冲など，江戸時代の作家が再評価されているが，女の情念を描いた松井冬子が現代日本画の世界で注目されている。教訓を含む詩的な言葉と素朴な書体が結びついた，相田みつをの書も根強い人気を保っている。

見過ごされがちな現実についてのNHK等によるドキュメンタリー番組は，マスメディアの社会的責任を果たしている。『花嫁たちのニホンゴ』『生きてこそ～自殺未遂した社長たちの物語～』『リレー・フォー・ライフ』『マネー』『ワーキング・プア』『無縁社会』『好きなものだけ食べたい』『天涯の地で少年は育つ』『松田聖子～女性の時代の物語～』などの社会派の作品や，「世界のドキュメンタリー」シリーズの放映は，人々の視野を広げ，世論の質を高めている。

生活地点から学問を作る

個人の生活地点から知識や学問を作る作業も進んでいる。「自分史」「自己形成史」「生活史」を書く日本での実践は長い歴史を持つが，近年，アメリカ，ヨーロッパ，シンガポール，韓国などでも，「Autobiography Learning」が広がりつつある。インターネット上のブログにはメッセージ，つぶやきと関連写真の貼り付けがあり，NHKは写真に川柳を付けた「フォト五七五」を番組化した。「熱中人」が多彩な趣味に「熱中」する人々などを紹介しており，その分野に新たな成果を加えて社会貢献する人も多い。「趣味悠々」「美の壺」などは，趣味を持ち，美意識に敏感な人が増えていることを反映している。その中で，「いき」「粋」「伊達」などの美意識が再評価されている。

環境学，福祉学，地域学，アジア学，平和学，生涯教育学，キャリアデザイン学など，社会の新しいニーズにこたえる学問創造も盛んである。そこでは，当事者たちの自己表現を基礎に，さまざまなジャンルのアーティストや弁護士などの実務家，学者たちの連携が見られる。

居場所・役割・絆・志づくりの実践

　そして，それらの根底に居場所・役割・絆・志づくりの実践のとりくみがあらためて進められている。

　生きるためには，空間的・精神的な居場所が必要である。都市部における，ネットカフェ難民や路上生活者のための居場所づくりは，空間的な居場所づくりであり，また精神的な居場所づくりでもある。「いのちの電話」などの自殺防止の取り組みも，精神的居場所づくりである。

　精神的居場所づくりには，役割づくりが欠かせない。職場での精神的居場所づくりの基盤は職務達成である。団塊シニアの地域活動参加は，地域における物理的・精神的居場所づくりでもあるとともに，役割づくりでもある。地域の特性を生かした産業や雇用を生み出すことは，経済的にもそこで暮らせる大切な居場所づくり，役割づくりの実践である。米粉を使ったパンやパスタ作り，特定外来種に指定されたウチダザリガニの「レイクロブスター」スープ缶詰を販売する阿寒湖漁協，大分佐賀関漁港の「関あじ」「関さば」，加賀市の「坂網猟の天然鴨料理」など，各地にじつに，さまざまな取り組みがある。

　職場の同僚を含め，信頼できる人間関係・絆がないと，人は生きられない。各地の「女子会」は，権威にとらわれる男社会をよそに，女性がつながる精神的な居場所づくりと絆づくりのとりくみである。家族の中での心身の健康を気遣った助け合いは，居場所づくり，役割づくり，絆づくりである。また，日本での活躍の場が少なくなった技術者・職人たちの中には，韓国や中国などで後継者養成に取り組み，居場所づくり，役割づくりを実践している人々もいる。

　取り組みを持続させるためには，志が必要である。企業経営者たちの多くも，M&Aや国際的な「仁義なき戦い」ともいうべきマネーの暴走のなかで，新製品の開発，市場開拓，コスト削減，人材育成と社員を幸せにする企業づくりに努力している。これらは，居場所づくり・役割づくり・絆づくりであり，志づくりでもある。また，権力も権威もない人々が，「定款」を定めてNPOを立ち上げ活動することは，定款の内容を共通課題とする旨を社会的に宣言する，絆づくり・志づくりと言える。

グローカルにリージョナルに生きる

　これらの取り組みは，グローバル＆リージョナル，つまり「グローカル」に

進められる。グローバリゼーションのしわ寄せは，個別の人，家，事業所，地域で表面化するので，それぞれの家族，事業所，地域での取り組みが大切になる。また，その現象は世界的に起きているので，地球やアジア太平洋という拡張された地域への目配りが必要である。例えば，地元料理との相性を大切にして出荷量は増やさず酒の質を高めている蔵元の日本酒には，国際線ファーストクラスやビジネスクラスの酒として使われたり，フランスに輸出されているものも多いとされる。日本や地元というローカルへのこだわりが，国際線・フランスという国境を越えたローカル市場を開拓したのである。

　この動きの中で，国民国家の役割は相対的に小さなものとなるが，その役割は当面続く。そこではナショナリズムが，経済的文脈や国内不満の「ガス抜き」として機能し，それが国家間の軋轢を引き起こすこともある。だから偏狭にならないような注意を伴う「制度・生活防衛のためのナショナリズム」は肯定されてよい。

### 日常の改革者になる個人と組織

　これらの取り組みの中では，多くの人が，個人として，また家族や同業者の一員として，国家や地域国家，世界の中で生きることを実感する。それは，「私・ego」が他の「私・ego」や自然とつながりながら，多面的に豊かになっていく心地よさと苦労の実感を伴う。

　この実感は，共同作業のための組織の発展に支えられている。家族や地域の既存組織や新興組織，学校ネットワーク，多国籍化する企業組織，地方自治体，NPO/NGO のネットワーク，そして国際的なレベルでは EU，ASEAN などの地域国家連合，国連やその専門機関などは，それぞれ欠点を持ちながらも，個人や社会のキャリアデザインを支えている。個人が自らのキャリアデザインを現実的に進める場合には，こうした組織のネットワークの活用と，必要に応じた組織の立ち上げ・展開へのかかわりが欠かせない。

　こうした要素が組み合わさって，個人や多様な組織のキャリアデザインが可能となる。1 人ひとりの個人，1 つひとつの組織が日常の改革者として進む道が，今，全地球的に開かれつつある。それは，近代化に続く，キャリアデザインの時代の第 2 ステージである。

⒞　キャリアデザイン学を支える「構造的暴力・積極的平和」論

　これらの取り組みを支える，国際的に認知された理論の１つが，ヨハン・ガルトゥングの《構造的暴力⇔積極的平和論》である。
　ガルトゥングによれば，peace（平和）の反対概念は war（戦争）ではなく，violence（暴力）である。そして，absence of violence（暴力がないこと）や reduction of violence（暴力の縮減）へのプロセス，歩みが peace（平和）である。
　violence とは，人間の潜在的可能性の現実化を人為的に制約することであり，それには，direct violence（直接的暴力）と indirect violence（間接的暴力）とがある。直接的な暴力とは，拳や武器などによって，人を殺したり，ケガをさせたりして，その人の命のパフォーマンスを断ったり，低レベルに押しとどめたりすることである。だから，戦争は直接的暴力の典型の１つである。
　これに対して間接的な暴力とは，社会構造に埋め込まれた暴力（structural violence＝構造的暴力）である。それは，ある社会で，その社会構造と関係する制度や習慣が，人の潜在的可能性の現実化を低く抑えている状態である。「例えば，１人の夫が妻を殴るのは直接的暴力だが，100 人の夫が 100 人の妻を無知な状態にしておくのは構造的暴力である」。食料がない，きれいな水がない，職業がない，家がない，自由がない，学校に行く機会がない，偏差値体制に組み込まれて根拠のない劣等感を植えつけられる，極端なナショナリズムによって隣国人同士が相互理解の機会を失い反目しあうなどは，いずれも構造的暴力である。
　直接的暴力が「ない」ことによる平和を，"negative peace" とガルトゥングは表現する。例えば，「戦争がない」という，否定形で表現される平和，という意味であり，日本語では，「消極的平和」と訳される。これに対して，構造的暴力が減少してゆく過程としての平和を，positive peace（積極的平和）と呼ぶ。すなわち「『肯定的なものがない状態』の否定」＝肯定的なものがあることによる平和，である。食べ物がある，職がある，友達がいる，偏差値体制が弱まって学習意欲が高まり，能力が伸びる，隣国人同士が理解・協力しあうなどは，いずれも積極的平和である。
　つまり，平和とは，間接的暴力の不在と，構造的暴力の縮減との両方によって，人間の潜在的可能性がフルに現実化される状態に向かう過程である。

そのためには，1人ひとりの人間と共に，1つひとつの社会組織が，平和をサポートする組織として育つことが必要である。そのさい「摩擦（conflict）」への対処が重要となる。人と人，人と組織，組織と組織，人と自然との間に発生する何らかの摩擦は避けられない。問題は，その摩擦を，相互の理解と協力が深まる方向で解決するのか，それとも相互の不信と疎遠な関係が深まる方向で「解決」するのか？にある，とガルトゥングは言う。そして，前者の方向での解決を促進するためには，「構造的暴力としての学校」の性質は是正される必要がある。なぜならば，それが，「学習」による1つの見解だけの詰め込み，人の社会的振り分け，唯一の正しい答えを示そうとする学校教科書による思考力の低下，リテラシーの形骸化などによって，相互不信を助長するからである。国際的視野から見ると，マスメディアなどによって，各国の庶民は反目させられている一方，上層部は互いに連携していることも多い。そこで，各国の庶民同士の出会い，相互理解・協力を育む機会を増やすことも大事な課題である。

　さらに「祈る」ことも大事な行為である。というのは，時代の制約など人間の力ではどうにもならないことについては，「祈る」以外に方法がないこともあるからである（ヨハン・ガルトゥング『平和と平和研究（*Peace and Peace Research*）』，ガルトゥング著作集第1巻，コペンハーゲン）。

　人の能力の開花のために，人々の繋がりや学び，教育の改善を「平和」と位置づけるガルトゥングの「平和」概念は，グローバリゼーションを背景に展開しつつあるキャリアデザイン時代の第2ステージを支える理論として注目されている。

# 第3章
# 「キャリア」と「キャリアデザイン」を自分で定義する

## 1. 「キャリア」という言葉の意味

「キャリア」の原義＝歩く，進む，轍の軌跡

「キャリア」＝ career という用語は，二輪車，凱旋などを意味するラテン語の currus が起源だという。そして，その関連語である curro, curriculum, cursus やその変形 currere には，①歩く，進む，走る，翔ける，飛ぶなど，前に進むこと，②急いで，早く進む，高位高官に出世する，③競馬場，凱旋車など走る場所や手段，④人生の行路や履歴，生涯，という意味もある。

> 『古典ラテン語辞典』（國原吉之助著，大学書林，2005年）によれば，【currus】は，「1.（戦場・競技場の）二輪車，戦車，競走，馬車，凱旋車，荷馬車　2. 凱旋，船……」で，関連語に【curro】【curriculum】【cursus】【curulis】がある。【curro】は，「1. 走る，急ぐ，急いでいく，駆ける，進む　2. 翔ける，飛ぶ，流れる，帆走する，過ぎ去る」で，その変化形として【currere】＝走ること，がある。【curriculum】は，「1. 走ること　2. 走路，道程　3. 天体の運行（自転）　4. 競争，（競技）場，競馬場　5. 活躍の分野（領域），人生の行路，生涯　7. 競走用二輪戦車（馬車）」。【cursus】は，「1. 走ること，競走，疾走，……突進　2. 走路，路線，航路，運航，進行，騎行　3. 方向，道筋，生涯の経路，履歴，経過」。【curulis】は「1. 四頭立ての二輪馬車の　2. 高位高官の」である。

「キャリア」＝「人生」「経歴」，「出世」「職業」への拡張

これらのラテン語においてすでに，2つの方向で意味が展開している。1つは，「人の足跡」「人の経歴」「人生」という意味である。戦車の跡，帆走する船の航跡は，人の足跡に似ている。そこで，ラテン語の時代から，人の軌跡，

生きた足跡，人生，一生という意味で，今日の「キャリア」にあたる言葉が使われていた。今日，英語で履歴書を「curriculum vitae」と言うように，そこには，誕生から死に至るまでの人生のさまざまなイベントが含まれる。だから，誰にでも「人生のキャリア」があり，「キャリアのない人」はいない。そしてその後，キャリアは，ある事柄についての「人の経歴」とも解されるようになった。特定の領域における系統的な「仕事」や「遊び」の経験蓄積を，「キャリアを積む」と言う。「Aさんは，この分野ではキャリアを積んでいる」「Bさんには地域活動のキャリアがある」「家事育児のキャリアでは，Cさんはエキスパートだ」などである。

　もう1つは，早くゴールに着くこと，つまり「出世」「世に知られる」という意味であり，それは，競馬，競争からきている。医者や弁護士，裁判官，大学教授，政府の大臣や高級官僚・軍人など，出世とみなされる職に就くことである。そして，「キャリアチェンジ」「セカンドキャリア」など，「職歴」「職業」の意味でも「キャリア」が使われるようになった。


個人のキャリアと組織・共同体のキャリアの相互関係
　個人の「キャリア」は，社会から相対的に独自に形成される。同じ家・家族，同じ学校，同じ会社，同じ地域で，育ち，学び，働き，暮らしても，みな同じ「キャリア」にはならない。キャリア形成には，個人の好み，個人の体験やその意味づけをふくむ個人の経験の蓄積が，大きな要因になっている。
　同じような経験をしても異なるキャリアになるもう1つの要因は，社会や組織の中での条件や位置・ポジションのちがいである。同じ家族でも，兄と弟が生まれ育った時期は，家族構成，家の商売や家計状況などが異なるので，兄弟の中でもポジションが異なる。だから，家族・地域・学校・企業組織・国家との具体的なかかわりが大きく異なれば，異なるキャリアが形成される。つまり，個人のキャリアは社会との関係でも形成されるのである。そして，時代や社会によって異なる立ち居振る舞いや味の好みなども，個人のキャリア形成に大きく関与している。生得的資質と発達過程で体験する人的・文化的・物理的諸環境からの力との相互作用を経て，キャリア，パーソナリティー・タイプが形成される（ホランド）とされる所以である。
　だから，個人のキャリアを考えるさいには，家族・地域・学校・企業組織・

国家など，いわゆる「環境」との関係を視野に入れる必要がある。つまり，望ましいキャリア形成には，「環境としての組織の改善」が欠かせない。それを「環境としての組織のキャリア」と表現するならば，「組織のキャリア形成への関与」も，個人のキャリア形成に不可欠だということになる。

## 2. エリートのキャリアから「凡ての人」のキャリアへ

### (a) 「キャリア組」＝出世組の時代——エリート男性の職業キャリアの時代

今日の日本では「キャリア」「キャリアデザイン」という言葉は定着していると見られるが，日本で「キャリアデザインの時代」が成立するまでには，「キャリア」という言葉について，いくつかの変遷があった。

まず，1970年代まで，「キャリア」とは国家公務員の「キャリア組」，つまり出世組という意味が主流だった。「上級国家公務員試験」「国家公務員I種試験」合格者は出世が早く，ほぼ確実に本省の課長に就任する。現在でも，審議官，局長，次官の多くは，この人々から選ばれている。

遡って，幕末の日本では，"家老の子は家老"というそれまでの世襲制を修正して，各藩が西郷隆盛，大久保利通，福沢諭吉，伊藤博文らの下級武士を，「人物」として抜擢した。そして明治になると，能力主義で「官吏」を登用する「高等文官試験」制度ができ，合格者は出世組の「高等官」となった。だが，帝国大学の授業料は安くなかったので，この「能力主義」による高級官僚選抜制度は，十分に平等とは言い切れなかった。

第二次世界大戦後は，一連の民主化によって社会階層の流動化が進んだが，その要因の1つが，国立大学授業料の低い設定だった。1970年前後の時点で，国立大学の1年間の授業料1万2000円は，週1回の家庭教師アルバイト1カ月分とほぼ同額だったので，貧しい家の生まれでも，学校の成績次第で自活して国立大学法学部で学び，「上級公務員試験」に合格する道があった。それは，積極的能力主義の象徴であった。当時「パイロットエリート」という万年筆が人気を博したが，誰でも努力・実績次第でエリートになれる時代だったのである。若者たちは，「出世」や高級官僚という重い職務に自分の人生を懸けようと，上級公務員試験合格を目指した。そして，アメリカの影響で，合格者は「キャリア組」「キャリア官僚」と呼ばれた。この時代のキャリアデザインは，平等

に「出世」できるシステムの成立という点で,「キャリア」の民主化の第一歩だった。

(b) 「キャリア・ウーマン」の時代——1980年代

「キャリア・ウーマン」の成立

このキャリア組の時代は,その効果が本格化し始めた1970年代半ばに変質し,能力だけでなく,再び親の財産がものをいう時代となった。アメリカの制度に倣って,日本政府が大学授業料の「受益者負担原則」を採用し,高く設定されていた私立大学授業料に国立大学授業料を接近させ,「平等」化したからである。その金額は2013年現在で,年間授業料が535,800円であり,私立大学の75〜100万円に比べても低いとは言い切れない状態になっている。その結果,社会全体の階層的流動化は弱まり,新たな階層間格差が生まれ,高級官僚選抜制度は「形式的平等,実質的不平等」という1945年以前の状態に戻った。貧しいが優秀な人がキャリア官僚になる道は,極端に狭められた。

その直後の1980年代に,「キャリア・ウーマン」が台頭した。

第二次大戦後の,憲法と民法改正,教育制度改革などによって,女性たちにも人格的・経済的な自立の可能性が生まれた。しばらくは,民間企業における寿退社や出産退職があるなど,職業人,妻,母,嫁の役割を並行することが簡単でない時代が続く。だが,高度成長の中で生まれ育った世代が20代後半〜30代になる1980年代,女性たちは職業と家族との二者択一の発想から抜け出し始める。職業も家族もともに人生の大切な要素と考える彼女たちは,美容師,保育士,学校教員,看護師などの伝統的な女性の専門職だけでなく,医師,弁護士,新聞記者,雑誌・書籍の編集長,TVディレクター,管理職や経営者など,それまでは男性の職と見なされてきた分野にも進出し,また,昇進等での男女格差が少ない欧米系の「外資」企業にも積極的に職を求めた。彼女たちは「キャリア・ウーマン」と呼ばれ,この動きは今日まで拡大している。

職業と「家庭」＝家族生活との両立,制度改革の努力

しかし,脚光を浴びたキャリア・ウーマンたちの現実は,簡単なものではなかった。男性中心の雰囲気が残る職場で男性と同等の成果を出し,その業績が

認められるためには、「男性の二倍三倍の努力」が求められた。同時に結婚・家族生活でも、人一倍の努力が求められた。たとえ夫に理解があっても、「外で人並みに働く」ためには、夫と協力しつつ、夫よりも家事育児に多くの時間を使わねばならなかった。また、共働きのための「別居結婚」「単身赴任」も多かった。

　彼女たちは、個人的次元での努力とともに、社会的な制度改革にも取り組んだ。1970年代にスタートした「育児休業法」についての制度は、国連の国際婦人年（1975年）や男女雇用機会均等法の施行（1986年）などと結びついて、1990年代には、民間企業も含む全職種に対象を拡大した。21世紀になると、男女共同参画の一環として男性の育児休業取得も制度化され、知事や市長たちの育児休業取得も話題となり、2010年には「イクメン」（育men＝育児をする男性）が「流行語大賞」のトップテンに入った。この背後には労働省内外での努力、国会請願、企業内・家庭内での制度づくりや共通理解の拡大、「育児休業どうして取るの？　何で会社やめないの？」などの圧力の下での実際の運用の努力が、今日に至るまであり続けている。


### 新しいライフスタイル・家族スタイルの模索

　職業と家族を維持・発展させるために、キャリア・ウーマンたちは新しいライフスタイルを模索し始めた。アウトドア、海外旅行、インテリアや、生け花、アフタヌーンティー、アクセサリー、着付け教室などによる「垢抜けた」生活スタイルが、可憐で逞しい女性たちによって創られた。それは、個人の次元だけでなく、女子会、家族イベントとしてもおこなわれた。しかし、恋人や夫との間で相互理解・協力が困難な場合もあり、離婚や再婚、「家庭内離婚」、シングルマザー、結婚外での男性との付き合い＝「不倫」も少なくなかった。

　生活の各側面について、独自のポリシーによるライフスタイルを確立しようとした彼女たちは、「妻の役割を怠るとんでもない女」というバッシングも受けた。これに対しては、NHKテレビ番組『はんさむウーマン』を始めとする応援メッセージも次第に増えた。「カッコイイ女性」を指す言葉として男性を形容する「ハンサム」が選ばれたのは、彼女たちを社会が次第に評価し始めたからだった。そこには、職業だけに重点をおきがちな、当時の多数派日本男性のライフスタイルへの批判も込められていた。

こうした女性たちの象徴の一人が「松田聖子」だと言われている。2009年にNHKは，ドキュメンタリー番組『松田聖子〜女性の時代の物語〜』を放映した。18歳から50歳までトップスターの道を歩み続けてきた聖子は，自分なりの人生を貫くために二度の離婚と三度の結婚をしつつ，娘SAYAKAの母の役割も果たしてきた。

　　「強いだけの女じゃ　可愛くないと言った　貴方の言葉が　冬の扉閉ざした……思い切り伝えたい　貴方へのこの思い　もう二度と迷わない　私を受け止めて手をつなぎ輝いた季節へ旅立とう」（松田聖子「輝いた季節へ旅立とう」）

　彼女の応援団が，傷つきながら挑戦するハンサム・ウーマンたちである。

### (c) 「キャリア開発」の時代——1990年代

**終身雇用制のゆらぎ，自分と企業の生き残り戦略**

　1980年代の男性たちの世界は，終身雇用制のゆらぎの時期でもあった。江戸時代の伝統を継ぎ，明治以後の財閥等で確立し，高度成長期に大企業を中心に拡大した終身雇用制は，《よい高校→よい大学→よい企業＝安定した生活》コースと表裏一体のシステムだった。しかし1980年代の産業構造転換と日本企業の多国籍的展開の時期に，子会社への「片道切符」の出向が始まり，1992年のバブル経済崩壊後には，「リストラ（restructure＝構造改革）」の名目で企業への「貢献度」の高い社員を優遇し，低い社員の待遇を下げて「希望退職」等の対象とする「成果主義」が導入された。そして，その時期から労働市場における非正規雇用の割合も大きくなった。

　企業は世界市場を意識した業務展開を進め，その中で自社の存在意義を鮮明にする，コンピテンスとそれを具体化した競合他社には真似できない「売れ筋商品」の開発と販売を軸とする経営努力を求められた。いわゆる「選択と集中」である。そして，世界市場の中で生き残れる企業の一員として，「自己啓発」によって能力を高め，売れ筋商品の開発・販売につながる働き甲斐のある〈仕事〉を作り出す人が，よい人材とされた。自分の労働力以外に資産を持たない被雇用者たちは，自分の生活のため，会社への貢献のため，自分自身の能力開発の努力を強化し，それを「働きがい」「生きがい」とした。

## 1997年東アジア金融危機以後の生き残り競争激化と「キャリア開発」

1997年，ヘッジファンドのマネーゲームによる東アジア金融危機が，中国とマレーシアを除く東アジア全域で起きた。日本では，大蔵省のずさんな検査も一因となって，金融機関の不良債権処理が不可避となり，山一証券，北海道拓殖銀行など大手金融機関も倒産し，日本長期信用銀行はアメリカ資本に買収された。有効求人倍率は，2009年には，高度成長以後最悪の0.47となった。そしてこの状況の下で，社会階層の新たな二極化が加速された。投資ファンドによる「運用益」が，当時の速見日銀総裁を含む資産家に分配される一方，日銀の「ゼロ金利政策」がその後20年以上に及び，庶民の預貯金は目減りし続けている。サラ金による借金地獄，自己破産も相次いだ。そして小渕内閣，森内閣で堺屋太一が主導した「ジャブジャブの財政投入」とそれを継いだ小泉内閣の下で，国家財政の赤字が膨らんだ。日本政府債務は2013年段階で1000兆円を超え，GDPの2.6倍にもなり，世界から警告を受けている。

こうした，日本国家のメルトダウンともいえる状況の中で，従来の「キャリアパス」が崩れ，人々は自分の職と家族の生活を守る術と，企業業務を通じた社会・世界への貢献を必至で模索した。新しい企画を生みながら企業内に残る人，企業から飛び出して，よりよい条件で再就職・起業する人。退職し以前より悪い条件で働く人。就職を希望しながら，正規雇用の口がなく，非正規雇用で働く人々。正規職を目指して職業訓練を受けている人。倒産や失業に直面して苦しんでいる人など，模索は続いている。

ある人々は，キャリアディベロップメント，キャリアチェンジに成功したと評価され，ある人々はキャリア開発が足りないとされて，切り捨てられた。また，企業という組織それ自体が安泰ではないと意識され，"企業のキャリア開発"が進み，〈学習する組織＝learning organization〉の大切さも強調された。

## キャリア開発とライフスタイル——模索される多面的な人生

この時期になると，男たちも新しいライフスタイルを意識し始める。倒産に直面して自殺未遂をした中小企業の社長たちの間では，〈家族関係が安定していれば立ち直れる〉といわれている。企業からリストラされた人々の場合でも，家族関係や友人関係が良好で，仕事上の相談が日常的にできる人がいて，趣味や地域活動など職業以外の世界を多彩に持つ人は，立ち直りが早いとされる。

いずれも，多面的な人生を楽しめる人の方が，職業生活にとってもプラスだという見方である。

バランスのとれた生活設計の重要性は，結婚でも現れている。経済力をもつ女性たちは，夫への経済的依存を好まず，共に語り歩む「人生のパートナー」を求めている。「自分のポリシーをもっていて，自分をしっかり受け止めてくれて，間違ったときには優しく叱ってくれる人」が良い。「会社や両親に従順で〈まじめ〉だが，自分のポリシーが弱く，趣味もボランティア活動もしない人とは，一緒にいても面白くない」と言う女性たちが増えている。

(d) 「キャリアデザイン」の時代——21世紀

このような変遷を経て，職業を含む多面的な人生としてのキャリアを正面から掲げる〈キャリアデザイン〉の時代が，21世紀と共に始まった。

その象徴の1つが，「キャリア・レインボー」の図が広く共有されてきたことである。アメリカでの「キャリア」研究の心理学的側面からの草分けであるドナルド・スーパーの理論は，「キャリア・レインボー」に集約される。個人の生涯にわたって自己関与することの表現としての職業を含む多様な役割がキャリアだという見解の下に，この図では，「キャリア」における「役割」の要素として，子ども，学生，余暇人，市民，労働者，家庭人の6つを挙げ，「労

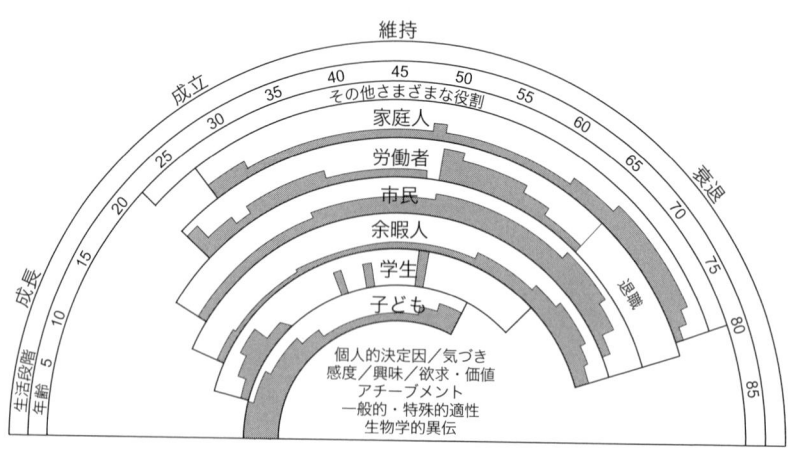

図6　スーパーのキャリア・レインボー（The life-Career Rainbow, Super, D. 1980 より）

働者」としての職業的役割が相対化されている。「キャリア・レインボー」への共感は，人々が多面的な〈キャリア〉を求めている証である。また，職業生活を軸に〈キャリア〉を論ずるエドガー・シャインの「キャリア・ダイナミクス」は，職業生活にとっての人生のポリシーである「キャリア・アンカー」と，家族や社会関係のキャリアが深くかかわっていることなどを重視している。これも，ポリシーと多様性への希求を考慮することが現代のキャリアデザインにとって不可欠であることを示している。

　2003年に文部科学省が公表した『キャリア教育に関する専門家協力会議報告書』は，これらをふまえて，「キャリア」を「自己と職業と社会をつなぐところに成り立つもの」とした。そのうえで，キャリアの要素として，「職業，ボランティア活動，趣味」を挙げて，「キャリア教育」を組み立てることを求めた。その結果，2007–08年度の文部科学省高等教育局「現代的ニーズに応える大学教育プログラムGP」(「現代GP」) の「実践的総合キャリア教育」で採択されたプログラムには，職業意識・能力と共に，地場産業・地域活動・異年齢の人々との関係作り能力を併せて重視したものが少なくなかった。また，同じ年に厚生労働省から公表された報告書『生涯職業能力の開発について』は，「ライフキャリア」と「職業キャリア」との関係について，「キャリア」の主要な柱の1つとして職業キャリアが位置するものであることを明示した。

　20世紀末から21世紀にかけてのこのような「キャリア」理解の展開のなかで，2003年に法政大学キャリアデザイン学部が発足し，キャリアデザインの時代の始まりを世間に印象づけた。Faculty of Lifelong Learning and Career Studies (生涯学習とキャリア研究のための学部) という英語名称の同学部は，キャリアを職業のみならず，家族，地域の一員，患者や受刑者なども視野に入れた人生として広くとらえている。また，2005年に発足した日本キャリアデザイン学会も，キャリアを職場，学校，地域にかかわるものとして位置づけている。群馬県県民キャリアデザインサポート事業や地方公務員等ライフプラン協会『Career Design ハンドブック』などでも，市民や「地方公務員のキャリア形成」における「キャリアの多面性」が強調されている。

## 3. 「キャリア」と「キャリアデザイン」の定義

### (a) 論争的な「キャリア」と「キャリアデザイン」

日本における「キャリア」「キャリアデザイン」という用語とその内容は、①身分制から形式的に平等な能力主義へ、②男性エリートの職業キャリアから活動的な女性の職業をふくむ人生の設計へ、③多くの人々の職業的サバイバルからすべての人々の職業を含む人生の設計へ、④すべての人の、仕事、遊び、学び、祈りを含む多面的な人生のキャリアへ、という経緯をたどってきた。それは日本社会に定着しつつあり、韓国にも影響が出始めている。だが、その基本骨格については、なお議論が必要であり、「日本に根ざした日本発のキャリアデザイン研究が必要だ」という声が強まっている。

そこには、少なくとも次の論点がある。すなわち、①キャリアデザインの主体は、エリート男性かすべての人か？　②「キャリア」を職業に限定するか、職業を含む人の生活のすべての範囲とするか？　③人のキャリアに限定するか、人のキャリアが形成されるうえで重要な組織のキャリアを含むか？　④個人もしくは一世代だけを見るか、個人の世代を超えて数世代を視野に入れるか？といった、世代間の生命と生活様式＝文化の継承に関すること、そしてまた⑤ライフサイクルの措定と各ステージ間の移行期のメカニズムはどんなものか？⑥年齢を重ねることを「発達」、「衰退」、「成熟」など、どのように特徴づけるのか？といった論点である。

### (b) キャリアデザインの論点

#### エリート男性のキャリアか？　すべての人のキャリアか？

この点は、表面的には決着済みと言える。しかし、今から60〜70年前までは、家にあっては父に従い、嫁しては夫に従い、老いては子に従う、という「女の三従」が法的にも学校教科書でも生きていた。そのために、現在でも「男は会社、女は家庭」という〈性役割分担意識〉は根強い。それが、育児休業法の実質化、保育園整備を含む、子育て・保育の社会化に影響している。この問題はまったく決着済みとはいえない状況にある。

キャリアを職業に限定するか？　職業を含む生活のすべてを含むか？

　ワークライフバランスというコトバが定着しているように，正面から「キャリア」を「職業キャリア」に限定する主張は，すでに見あたらない。しかし，女性の"出産退職によるキャリアの中断"というような表現や，「働く人」というコトバが職業を持つ人と同義で使われることも多く，「キャリア」「キャリアデザイン」を事実上，「職業キャリア」に限定する議論は，今でも多い。

　この〈キャリア＝職業キャリア〉限定論は，専業主婦・専業主夫・年金生活者にはキャリアはないのか？という点で検討が必要である。事実上は，専業主婦や母親，年金生活者，地域活動などのキャリアが新たに展開するのである。そうでないと，〈すべての人のキャリアとキャリアデザイン〉を扱えない議論となってしまう。

　この〈キャリア＝職業キャリア〉限定論の根底には，〈仕事＝職業＝交換価値を生み出す仕事＝金を稼げる業務〉という〈仕事〉観がある。この仕事観に基づくと，〈交換価値を生み出す仕事＝金を稼げる業務〉以外の仕事は，「仕事」から除外されてしまう。そして，〈使用価値を生み出すが交換価値は生まない仕事〉や，〈社会的には必要だが，商品を生み出しにくいすべての仕事〉が軽視されることになる。その結果〈家族親族内や隣近所での育児・子育て，介護，防災・防犯，緑化・まちづくり等の助け合い行為の積み重ねとしてのキャリア〉などは，「暇があればおこなうこと」と位置づけられる。

　人間社会は，〈交換価値を生み出す＝金になる仕事〉と，膨大な〈交換価値を生み出さない仕事，助け合い・お互いさまの仕事〉の２つの「仕事」で支えられている。そして，後者の一部は商品化されうるが，そのすべての商品化はありえない。だから，この「キャリア」「仕事」観を推し進めると，〈助け合いやお互いさまの仕事〉が軽視され減少する。そして，「金の切れ目が縁の切れ目」，絆の弱い，生きづらい社会，「無関心社会」「無縁社会」化が進むことになる。福沢諭吉風に言えば，「物を制するのではなく，物に制せられる」（『学問のすゝめ』）生活になる危険性が高い。そして，人も社会もギスギスし荒れてくる。


組織のキャリアへの働きかけを含むか？

　〈人のキャリアが形成される組織のキャリアを含むか〉について肯定的な立

場をとる論者は少数派である。しかし，人のキャリアが組織のキャリアとの関係でも形成されることは明白で，企業等の軌跡としての「組織のキャリア」を抜きに，個人のキャリアは語れない。また，家族にも学校，地域企業，国家や世界国家，NGO にも歴史があり，将来的にどのように発展しうるかは，どのような組織も模索していることである。

また，そのような組織のキャリア形成に対して，個人がかかわりを持つとすることで，個人の能力を発揮できる環境の改善と，個人が自分の能力を高めるための自己訓練とが考慮しうるようになる。前者を欠いた後者だけの「キャリアデザイン」では，適応主義となり，空しい議論になる。「新しい個人の誕生」は「新しい共同体の誕生」とワンセットだったという，近代史の事実を無視してはならないだろう。

個人を軸に数世代を視野に入れるか？

この点について，異論はないと思われる。現実の個々人が，前世代を受け継ぎ次世代を育てている事実を，誰も否定できない。しかし，現時点での「キャリアデザイン」論には，世代間リレーの連鎖から個人を切り離しているものもある。世代を超えたいのちと技や智慧のバトンタッチの視点から個人や組織を捉えることの有効性が，もっと強調されてよい。

(c) 「キャリア」「キャリアデザイン」は自分で定義する

かつて，自らの人生についての主体的設計を許されたのは，一部の権力者や資産家などの特権層，そして男性に限られていた。庶民や女性は，職業や結婚，居住の自由も制約され，統治者の目を気にしながらもっぱら生活の工夫に追われていた。近代化が始まり，人生の自己設計チャンスが庶民にも開かれたが，実際には生活に余裕のある階層の人々や男たちに限られたといえよう。

いま拓かれつつある「キャリアデザインの時代」は，すべての人々がそして家族や学校，地域や地方自治体，NGO，企業などの組織が，自分や自分たちの意志で，「自分の人生の中では　誰もが　みな主人公」「私の人生の中では　私が主人公」（さだまさし「主人公」）という道を開く可能性が強い時代である。そして，実際に多くの人々が，キャリアデザイン，つまり《職業を含む人生の

主体的設計》に関心をもち始めている。

　恋愛や結婚も家族や親戚・友達づきあいも，近所や隣国や世界の人々とのつきあいも，職業も勉学や趣味も"全部楽しみたい"という多面的なキャリアへの欲求が，今の日本や東アジア，そして世界に満ち始めている。一面的な学校人間，家庭人間，会社人間，地域人間から，"多面的"な学校・家庭・会社・地域・地球人間へと脱皮し，人生を楽しみ，人の役に立ち，自分の能力を活かし育てたいと，多くの人が望んでいる。

　一度しかない"人生のそれぞれの時期を十分味わいたい"という欲求も強い。赤ん坊の時期，幼児期，少年少女時代，思春期・青年＝青春時代，壮年期・熟年期，高齢期・終末期に，その時期だからこそ体験できることを十分に味わいたい，と願う。とくに，誇りある高齢期・終末期への願いは，近年強まっている。


　自分にかかわる共同体・組織のキャリア形成に関与するキャリア
　人がそこに生まれ育ち，働き遊び生きていくのは，具体的な時代と場所における共同体・組織である。共同体・組織に適応し，その構成員として自分を育て，組織を改善しながら生きている。共同体・組織にポジティブにかかわりたいと，誰もが願い努力している。乳幼児の保育や30人学級，大学の授業料や教育・研究予算増額，若者の就労，ブラック企業の解消，高齢者と子ども・若者とのつながりなど，国家を含む組織の制度や運用の改善と密接に関係しているからである。

　そのなかで，国家についての感情は複雑である。日本では国家が関与して戦争を引き起こし，悲惨な結果になった経験があるからであり，国際人権規約など，国連などの世界組織による取り組みが，私たちのキャリア形成に直結している面もあるからである。形式的独立国，実質的従属国という日本国家の現実は重い。現在の，巨大な財政赤字。コンピューターOS「トロン」の開発断念と，Windowsの世界制覇。東アジア金融危機に際しての榊原英資財務官（当時）らによるAMF (Asian Monetary Fund) 構想の断念と，2010年におけるEMF (European Monetary Fund) のセットアップ。これらの問題点が，アメリカによる圧力と関係している。橋本龍太郎首相による「アメリカ国債を売りたい気持ちにもなる」発言と，歯科医師会献金の暴露による橋本の退陣。アメリカの言いなりに

ならない小沢一郎，鳩山由紀夫の資金問題の暴露，脱原発を掲げた菅直人降ろしなど，多くの首相候補や首相がアメリカの圧力で降ろされた。そしてアメリカ寄りの TPP と集団的自衛権を唱えて，一度失脚したはずの安部晋三が首相に返り咲いた。140 年前の『学問のすゝめ』における「一身独立して一国独立す」が，残念ながら，今日もリアリティーを持っている。「国家」のキャリアや地域共同主権に対する，積極的関与の欲求はきわめて大きい。

　地球と人とのかかわりのキャリアに関与したいというキャリアへの欲求
　"エコカー"や太陽光発電など，日常生活から社会システムまで，エコシステム（生態系）の維持・回復に配慮した技術と生活スタイルに関心が強まり，身近な所から行動が始まっている。これらは，《地球と人間とのかかわりへの積極的参画というキャリア》への欲求の表現と言える。それは，「人間は自然をコントロールできる」という人間中心主義と，キャリアを「交換価値と利潤を生むもの」としてしか考えないあり方をのりこえようとする欲求でもある。

　世代間で，生命と智慧，技と作品を引き継ぐキャリアへの欲求
　個人の葛藤やたたかいを支えるものは，①誰かと共に生きることによって，②その人の足跡を"追体験"して，③先人が遺した仕事──絵画や彫刻，音楽や建築物などの芸術作品媒体──に接して学ぶことである。「廃墟ツアー」「世界遺産ツアー」などの流行も，先人をイメージしながら，生命や文化＝生活様式を受け継ぎ，発展させたいという欲求の現れと言える。


(d)　キャリアデザイン不全症候群と定義の問題

　①多面的キャリア，②人生の各時期のキャリア，③自分にかかわる共同体・組織の形成に関与するキャリア，④地球と人とのかかわりに関与するキャリア，⑤世代間で，生命と智慧，技と作品を引き継ぐキャリア，という5つのキャリアを積み重ねることを，多くの人は望んでいる。
　しかし，「キャリア」に関する"常識"が，人々の願いを歪め，キャリア形成を失敗に導くこともある。例えば，「キャリアとは出世や名誉ではなく，自分らしく生きること」だとか，「なりたい自分になろう」とか，キャリアビジ

ネスによる耳触りのよい言葉が振りまかれてきた。これによって，若者たち，学校の進路指導教員，キャリアセンター職員などが，生徒・学生たちの実力，リテラシーを磨くことを脇において，願望が現実になるかのような幻想を与えてきた。そして結果的に，キャリア形成のつまずきを後押ししてきた現実も否定できない。

　また，臨機応変の能力としての competency を「人間力」「社会人基礎力」と言いかえて，その重要性を強調することは妥当だが，それによって，基礎能力としての abilites や literacy を軽視する風潮が一部に生まれた。そして結果的に，competency や capability が形成されにくくなる，という現実もある。

　現実の「職業」は，「生業＋社会貢献＋職業集団＋自己実現」である。それにもかかわらず，自己実現の側面だけを強調するキャリアビジネスの宣伝によって，「なりたい職業が見つからないから就職しない」という高校生や大学生が増えている現実がある。仕事を職業の枠に押しこめることによって「キャリア」を「職業」に限定して，職業キャリアを支える他のキャリアを視野の外に置く議論がある。それによって，結果的に職業キャリアの展開も図れず，職業を持たない専業主婦や退職者を無意識のうちに排除することも起こっている。組織＝共同体のキャリア，地球と人とのつきあいへの積極的関与というキャリアを除外する傾向は根強い。それは結果的に，現状適応を主眼とするキャリア論を採ることで，キャリアデザインを個人的な次元に押し込めてしまう。その結果，個人も企業などの組織や国家も本来の機能を果たせない，一種の"キャリアデザイン不全"に陥っている現実がある。


「私の定義」を持つこと

　個人の一生に比べれば気が遠くなるような，300〜500万年，20〜30万年というヒトやホモサピエンスの歴史を経て，キャリアデザインの時代はいま始まったばかりである。私たちの前には，少なくともホモサピエンスの6000世代，多くみて人類の10〜15万世代の先輩たちの人生があった。それを経て，自分の人生，働き方，楽しみ方を自分自身で選べる時代，選ぶことを迫られている時代の入り口に，私たちは生きている。それだけに，「キャリア」や「キャリアデザイン」についての研究や議論には，今後深められるべき点が多い。

　しかし，関連する議論は，昔からあった。『論語』，『大涅槃経』，『旧約聖書』

『新約聖書』、『古事記』や『源氏物語』、ゲーテの『ヴィルヘルムマイスター』シリーズやヘーゲルの『精神現象学』、漫画の『島耕作』『釣りバカ日誌』なども、「キャリア」や「キャリアデザイン」に関する書物である。人々が遺した膨大な自伝や伝記は、キャリアデザイン研究の宝庫である。そして、私たちの身近なところに、両親や祖父母、先輩や師匠たちの遺した足跡がある。

　そのような材料も使った研究はこれまでも部分的におこなわれてきたが、そうした議論を踏まえつつ、日本や東アジアの伝統をしっかりと踏まえて私たち1人ひとりが「キャリア」や「キャリアデザイン」について定義を試みることが、今求められている。エリクソンは『老年期』『アイデンティティ、その完結』でアメリカ社会の老人排除傾向を指摘し、東洋における老人尊重の伝統に着目している。また、『キャリア研究ハンドブック』で、シャインも高齢者のキャリア研究の必要性を説いている。一方、現代日本では90歳を過ぎた柴田トヨの詩集『くじけないで』『百歳』がベストセラーになっている。このことをふまえると、アメリカでの定義を参考にしつつも、私たちの伝統をふまえて、老成することを通じた死と再生を積極的に位置づけたキャリアとキャリアデザインの定義を自ら作ることが、世界のキャリアデザイン学にも貢献する道だと考えられる。そのさい、完璧な定義を求めないことが大切である。欠点だらけのものでも、「私の定義」を持ち、それを自らの行動の指標とし、その交換と相互批評をおこなうことによって、少しずつ、「よりましな」定義に近づくことができるだろう。

　私自身の定義

　そこで、私自身の定義を次に示しておく。

　キャリアとは、地球上において、道具を使って事物を好ましい状態に変える仕事をする生命体として人が存在して以来、個々人の誕生から死までの間に、他の人々や動植物を含む自然や、人間が作りだした道具や器械、色彩や形、文字や記号などで表現された作品に接することによって、自分の能力を習得・発揮し、外に向かう奮闘と内における葛藤とによって調整・経験される、連続的・不連続的な行為の積み重ねである。

　キャリアには少なくとも、①職業を含む仕事のキャリア、②遊びのキャリア、③祈りと祀りのキャリア、④意味づけと学習・学問のキャリア、という4つの

要素がある。また，キャリア形成の空間には，少なくとも，①家族や親類，友人とのキャリア，②地域共同体や国家，国際社会におけるキャリア，③職場でのキャリア，④勉学の場でのキャリアという，4つの場がある。時間的な側面では，生物体としての変化と社会的ポジションの変化とによる胎児期，幼少期，少年少女期，思春期，青年期，成人前期，成人後期＝壮年期，高齢期，老人期，終末期がある。そして，それぞれのライフステージ，あるいはライフサイクルには，①偶然や計画にもとづく始まりと，その状況への適応，②適応をふまえた改善，新たな展開，③展開を通じた新しい課題の予感にもとづく次のステージへの準備という過程がある。これらは「キャリアサバイバル」，「キャリアアダプタビリティ」，「キャリアドリフト」，「キャリアディベロップメント」，「キャリアトランジション」，「キャリアプランニング」とも言われる。また，これらには，死を超越して形成される，①前世代からの引き継ぎのキャリア，②自世代での展開のキャリア，③次世代への引き継ぎのキャリアという，世代間の引き継ぎのキャリアがある。

　キャリアを自ら自覚的に形成する行為，キャリア形成に対する自分自身の意識による積極的な関与を，キャリアデザインという。キャリアデザインがすべての人に可能になったのは，18世紀以後の商品経済・契約社会化の広がりによって，近代的社会と近代的個人が成立したからである。近代的個人は，法的に自由な人格を持ち，仕事を通じて社会に貢献し，遊びを通して互いに楽しみ表現しながら，自己決定によって国家や他の人々と対等自由に契約を取り結ぶことができる。近代的個人はその能力を最大限に生かすために，社会的契約を結んで，近代社会を構成する。しかし，現実の近代的個人は，経済や文化などの面で制約された，実質的には不自由な存在である。自由で対等な個人と個人が契約を取り結び公正に運用されることになっている近代社会も，利潤と収入をもたらす職業としての仕事を優先し，具体的有用労働の直接的交換によって成り立つ機能を軽視し，前近代からの差別を引きずり，新たな経済格差を広げるなど，個人の能力の発現を阻害し歪める傾向をもっている。そこで，近代的個人は，生命体としての身体や精神の成長・成熟や衰退からくる矛盾，形式的な自由と実質的な不自由という矛盾，近代社会に内在する個人の能力の発現を支えるという約束と利潤や金銭的収入を優先させる現実との矛盾とそこから生じる期待と不安とを原動力としながら，さまざまに葛藤し闘う (struggle) 過程

を日々経験する。それによって，人生の各時期の移行と，自分の能力の発現としての仕事，遊び，祈り・祭り，学び・意味づけを通じて，他の人や生命体，地球生態系との共生や宇宙との対話・共生，それを支える共同体・国家の展開を促しコントロールしていく。

　こうしたキャリアデザインの過程は，一個人において孤立的に生ずるのではない。先行世代や次の世代とともに働き，遊び，祈り，学び，生物的な遺伝子とともにさまざまな技と知識と智慧を受け継ぎ，自分たちの世代において必要なものを取捨選択し発展させ，それを次の世代に伝えていく過程，同世代の人々との間での切磋琢磨の過程を通じて実現される。この過程はまた，さまざまな組織や共同体に規定され，それに適応しながら，それらがよりよく機能するように改善・改革に努め，"組織と共同体のキャリア"の発展を促進するキャリアとしても実現される。そしてこの共同体は，家族，地域，職場，学校，趣味の組織から，"国民国家"，種々の国家連合へと重層的である。組織と共同体づくりのキャリアは，さらに，人間の存立基盤である地球の生態系・気候系との折り合いをつける暮らし方の工夫を含め，"地球と人間とのかかわりのキャリア"にも広がる。

　この過程を実行するために，人は独特の表現様式を作り上げてきた。言葉や文字・記号，笑い，形や色や音などでの表現。火や水などを利活用するための道具や装置などである。そこで，キャリアデザインの過程では，これらの表現形式，コミュニケーションツールの習得と活用・展開，広義のリテラシーが重要になる。それは，普遍的とされるものを「学」によって吸収し，繰り返し訓練して「習」熟し，実際の現場で活用しながら「問」い，その結果に即して，自分たち自身でカスタマイズした技や知識や智慧を蓄積し，それを普遍的な技・知識・智慧の修正・発展に生かしていく。それは，基礎的能力（abilities）の上に臨機応変の能力・協働力（conpetency）を練り上げ，プロジェクト遂行能力（capability）を豊かにする，自己教育を軸とした教育活動によって実現される。

　このプロセスは，個人的側面から見れば生涯学習であり，社会的側面から見れば社会的教育である。これらを通じて，個々の人々のキャリアデザインの実践が適切におこなわれるためには，その交流・検討・改善を広くおこなう，キャリアデザイン社会＝生涯学習社会＝社会的教育社会の充実が必要となる。

# II

# 学習のパラドックスと
# リテラシー,コンピテンシー,生涯学習実践

# 第1章
# キャリアデザインにおける「もう1人の私」

## 1.「もう1人の私」の役割

### (a) 司令塔としての「もう1人の私」

　キャリアは，自分の外への働きかけとともに，内面の葛藤を伴いながら自分自身にも働きかける，連続・不連続な行為の積み重ねとその集積である。これに対して，キャリアデザインは，自分の意識のイニシアティブによって，キャリアを意図的に計画・調整する機能・過程である。そのイニシアティブは，行為する自分とは異なる，「もう1人の私」によるモニタリングを含んで成立する。

　「もう1人の私」は，①自分の感性的・理性的認識による，自身の行動についての情報を収集・分析・記憶・記録し，統合する。また，②それらの情報を，自分の評価基準に照らして意味づけし，評価する。そのさい，③自分のこれまでの行動やその評価に関する情報との照合もおこなう。そして，④これらを踏まえた直感的・分析的判断によって，自分自身に，次の行動を指示する。

　この過程を通じて，さらに⑤「もう1人の私」を評価する「第2の『もう1人の私』」が形成される。そして，この「第2の『もう1人の私』」は，「もう1人の私」がおこなう，認識・情報収集・統合・評価・判断・行動の方法や基準をチェックし修正する。この「もう1人の私」と「第2の『もう1人の私』」とは，人間の各側面や認識過程を統合して，その人の固有性に深くかかわるので，「人格」(personality, individuality) とも呼ばれる。

　記憶・統合などの深刻な障害がない場合，この「もう1人の私」が3歳ごろ，いわゆる「自我が芽生える」時期に成立する。また，生殖機能が成熟し，社会

的ポジショニングの選択が始まる思春期から青年期に「第2の『もう1人の私』」が形成される。そして，認識・心理の基本構造である人格は，それ以後，認知症等の記憶障害などにならない限り，すべての人において，一定の時期までいくつかの不連続を含みながら，飛躍を伴いながら継続的に展開・成熟してゆく。

(b) 「もう1人の私」の世界を豊かにする

行動による具体的な物事・人々との関係性──「もう1人の私」の前提
「もう1人の私」の世界は，具体的な私が，具体的な物事や人々に対して具体的にかかわり働きかけることによって，出現し展開する。谷川俊太郎・長新太『わたし』（福音館書店）が，この関係性をわかりやすく示している。

「おとこのこからみると　おんなのこ」「おにいちゃんからみるといもうと」……「きりんからみるとちび」「ありからみるとでか」……「おいしゃさんからみると　やまぐちみちこ　5さい」。

ここでは，「わたし」は「おとこのこ」「おにいちゃん」「きりん」「おいしゃさん」などの具体的な人物や動物との関係性において，「おんなのこ」「いもうと」「ちび」「やまぐちみちこ　5さい」などと，具体的に定義される。そして，それらの総体が「わたし」の実体である。抽象的な「わたし」一般は，実体としては存在せず，存在するのは，具体的な物事との具体的な関係性とその積み重ねによって形成された多面的な「わたし」だけである。

この多面的な実体としての「わたし」があり，それを身体的には運動脳などが統合し，意識の世界では「わたし」・自己意識が統合している。実体としての私を感じ取り，関連づけ，情報を整理し，イメージ化して考え，仕草や絵画，言語その他の手段で表現し統合して，「わたし」というひとまとまりのイメージを作り，更新する。この機能が，「もう1人の私」である。

「もう1人の私」の関係性──絵本『あな』より
「もう1人の私」の世界は，具体的な私が，具体的な時と場で，具体的な対象に具体的に働きかけて，変化する。谷川俊太郎・和田誠の絵本，『あな』（福

音館書店）は，働きかけによる関係性と「もう1人の私」の世界の変化を描く。
　「にちようびのあさ，ひろしは，なにもすることがなかったので，あなをほりはじめた」という書き出しのこの物語では，地面の土を掻きだして穴を掘るという動作を通じて，ひろしの体から汗が出，動作の進行過程で登場する父や妹，友達，土の中に棲む「いもむし」と出会う。そのなかで，ひろしにとっての穴を掘る行為の意味づけが，次第に変化してゆく。

＊「おいけ」や「おとしあな」ではない穴を掘る
　　　　　──他者とのかかわりによる目的意識性の発生
　まず，「あたしにもほらせて」「だめ」，「なにするんだい　このあな」「さあね」という妹たちとのやりとりを通じて，何にするのかまだわからないが，自分の「あな」を掘るんだという目的意識が，ひろしの世界に現れる。

＊「もっとほる」こと，流れる汗と「いもむし」との出会い
　　　　　──自分に対する指令，自分の身体と意識の変化，新たな出会い
　目的が生まれたことで，ひろしは自分に指令を出す。「もっとほるんだ，もっとふかく」。掘り続けることで2つの変化が現れる。1つは，「てのひらのまめがいたい　あせがみみのうしろをながれおちる」ことである。汗を流す身体的快感，手のひらのマメの痛さに耐えながら目的に向かって集中できる精神的快感という，自分自身の身体と心理の変化が起こる。もう1つは，「いもむし」との出会いという，ひろしと他者との新しい関係性である。穴を掘って生きている「いもむし」との出会いは，ひろしにとって予期しない遭遇であり，新たな出会いである。

＊掘る手を止めて穴の中に座る──新たな出会いによる，意識と行為の変化
　「いもむし」と穴の中で出会うことで，穴を掘るという点での，「ひろし」と「いもむし」の行為の共通性に，ひろしは気づく。同時に，汗を流して穴を掘るひろしと，汗も流さずに穴を掘る芋虫との異質性も感じ取る。ひろしの日常とは異なる日常をもつ「いもむし」と出会うことによって，土の中にも生きている生命があることを知る。そして，「ふっとからだからちからがぬけ……ほるのをやめてすわりこんだ」。

＊しゃべるのあと，つちのいいにおい，「これはぼくのあなだ」
　　——自分の行為の成果の鑑賞・評価・意味づけ
　穴の中に座ったひろしは，土の壁に刻まれた「しゃべるのあと」を感じ，手でなぞる。それは，ひろしが一所懸命に，汗を流しながら掘ったことの証である。それは「掘る」という行為を媒介とする，ひろしという主体と，土という客体＝もう一方の主体との，共同制作の結果である。ひろしはまた，「つちのいいにおい」を感じる。これまで「つち」は知っていたが，それが「いいにおい」のものだとは知らなかった。しかし，自分自身で穴を掘ったからこそ「つちのいいにおい」は感知された。それは行為による関係性の変化としてひろしにもたらされた，ひろしにとっての「発見」である。そして，ひろしは意味づけをする。「これはぼくのあなだ」。「ぼくのあな」を作るために，ぼくはシャベルで土を掘っていたんだ，そして，すてきな穴ができた，と自分の行為をポジティブに評価し，意味づけている。

＊いつもよりあおい空が見える「ぼくのあな」——美的空間・居場所の発見
　意味づけによって，さらなる発見が生まれる。「ぼくのあな」から見上げる「そらはいつもよりもっとあおく　もっとたかくおもえた」。空は，これまでも見ていたが，今「あな」の中から見上げる空は「いつもより」ステキだった。ひろしが土に働きかけ，汗を流し，自分に指令を出して掘り続け，「いもむし」に出会い，シャベルの跡や「いいにおい」の土を感じられる「ぼくのあな」＝居場所ができた。その達成感という精神的昂揚があるから，その心理を反映して空が「いつもよりもっとあおく……」感じられたのである。ひとつの美的空間が，ひろしの前に出現したのである。
　そして，この美的空間に出会うために，ひろしは，汗を流して一所懸命に穴を掘ったんだ，と意味づける。また，道具を使いこなし，汗を流して一所懸命にすれば，どんなことでも，美的空間にたどり着ける，と感じたことだろう。

＊「ぼくのあな」を埋める——封印することで記憶を鮮明にする
　しばらくして，ひろしは穴から出て，穴を埋め始める。ひろしはすでに，「あな」を掘ることの意味を発見し，穴を掘るプロセスを楽しみ，出来上がった「ぼ

くのあな」を感じ取り，味わった。それらはすでに，自分の五感を通じて，記憶の世界に位置を占めた。だから，埋め戻して表面的にはただの地面にしてしまうことで，「ぼくのあな」はひろしの記憶の中に永久に封印・保存される。このように，「もう1人の私」は，分析し，評価し，判断して，「埋め戻す」という行動を，ひろしに指示する。

＊ひろしの身体も，土や地中の生命についての認識も，身体と「もう1人の私」との連携も変化している

穴は埋められて元の地面に戻ったが，穴の痕跡は残り，ひろしの身体も，感性も，思考も変化している。また，「ひろし」と「もう1人のひろし」との連携経験というキャリアも積まれた。それらは身体を司る小脳や言語を司る大脳に記憶される。ひろしの内面では，自分の行為を振り返り，分析し，評価し，意味づけし，適切な行動を指示する，反省的な世界が豊かになった。

「もう1人の自分」の世界を豊かにすること

「もう1人の自分」は，実体としての具体的行動の世界を前提とするので，単独では存在しえない。〈対象の世界×関係性と行為の世界×主体としての自分の世界〉がなければ，〈観察・評価・意味づける自己意識の世界〉としての「もう1人の自分の世界」は存在しえない。だから，後者を充実させるためには，前者の充実が必須の要件である。それは，女だけがすてきでも男がすてきでなければ，あるいはその逆でも，カップルとしての充実が望めないことと同じである。

対象の世界，実践・行為の世界，主体の世界

人間の行為には，①働きかける対象の世界，②自分と対象とが接し交流し格闘する行為・実践の世界，③働きかける自分や自分たちの世界という，3つの要素・世界がある。『あな』の場合では，①働きかける対象の世界は，「じめん」や「つち」，つちの中に棲んでいる「いもむし」である。②自分と対象とが接し，交流し，格闘する行為・実践の世界は，「しゃべる」という道具を使い，汗を流しながら「あなをほる」こと，「あなをうめる」ことである。そして，③働きかける自分や自分たちの世界は，穴を掘ったり埋めたりする，「ひろし」の

身体や技である。

　そこで，対象，実践過程，主体という3者の性質を知り，適切な道具を調達し，自分の身体による道具操作の技を磨き，偶然に出会ったことに適切に対処する智慧を磨くことが，実践の世界を充実させる基礎条件となる。

### モニタリングと指令を司る「もう1人の私の世界」「自己意識の世界」

　これを前提とすることによって初めて，④3つの世界が結びついた行為に関して，分析・総合・評価し，行動を指示するものとして，〈もう1人の私の世界〉が登場する。それは，〈自己と自己にかかわる事柄を認識の対象とする〉点で，「自己意識の世界」とも呼ばれる。この「自己意識の世界」は，その人なりの「良い人生，働き方，遊び方，祈り方，学び方」の実現を目的とする，コントロールタワーの役割を果たす。

### (c) 認識装置の整備と時代の中での作品作り

　これを実現するためには，自分の中の認識装置を整備することも重要である。それには，人間の認識の成り立ち，経験をもとに知識を作り上げる方法，認識と行動とのつながりなどについて，自ら問い，考え，自分なりの答えを出す習慣が大事である。また，関連する，認識論，知識論，論理学，行動心理学などの世界になじみ，その成果を批判的に吸収することも奨励される。この場合の「批判的に」とは，鵜呑みにせず，知的な遊びとして楽しみ，努力＝「勉強」して読みぬき，自分で感じ考えること，である。そして，日常生活を整理して得た「経験知」を，これまでの通論・常識としての「一般知」と照合して，発信する。多くの人に揉まれ，より面白くなるよう工夫すれば，最初は「拙いもの」も，磨かれて，「開かれた私の見解」が徐々に育っていく。

　この内面世界があって，情報の整理，行為の評価，将来像のイメージ修正，短期・中期・長期の視点からの適切な行動指示が可能になる。これが脆弱だと，適切な情報処理や行動指示がされず，右往左往して事態が悪化する。そして後述するように，コンピテンシー論の文脈において，この機能こそ "reflectiveness" "core competence" と呼ばれるのである。

　認識内容をチェックする「もう1人の自分」とともに，対象世界の内容をと

られる技も必要となる。それは眼に見える部分だけでなく，眼には見えにくい世界をも知ることを実現するためのものである。水面上に現れた「氷山の一角」だけでなく，水中部分を含む氷山の全貌を知ることで，船は氷山との衝突を避けられる。目に見えていることを手掛かりに，目に見えない部分を含めた物事の全貌を知る，「物事の道理を知ることが肝要」なのである。

自分自身についても，「自分は今回と同様な働きかけ・実践について，どんな経験をしてきたか」「どんな点で成功し，失敗し，修正してきたのか」を振り返る。そして，自分に影響を与えた両親・祖父母，地域や学校や職場などの先輩たちについても知ることで，先輩たちと同じ失敗を回避でき，成功した点を見習えるようになる。そして，それによって，自分なりの工夫が容易になる。

そのような自分や自分につながる人々についての知識は，どこにも売っていない。それは自分が作らなければ，誰も作ってはくれない。だから，それらを後述する"自分史"や"家族史"や"地域史"，自画像や家族の肖像，地域の人々や風景などの作品にすることが欠かせない。

しかし，忙しさやマスメディアによる「情報の洪水」のなかで，肝心な「自分に関する知識」が疎かにされることは多い。それは，「宝のもち腐れ」である。「私・私たち」というダイヤモンド原石を持ちながら，それを磨かずにイミテーションを追いかけるのは，愚の骨頂ではないか。

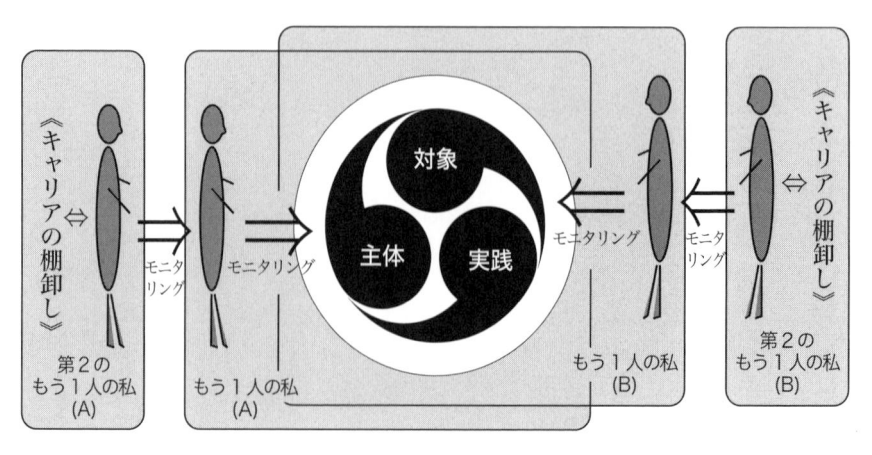

図7　もう1人の私

認識の形式と内容の両側面から，自分や対象の世界を探求することを通じて，「第2のもう1人の私」が登場する。そして「第2のもう1人の私」によるチェックによって，モニタリングする「もう1人の私」は，より適切に機能するようになる。そして，このさい大切なことは，自分の実践の向かい側には，別の自分がいることを忘れないことである。商取引でいえば，売り手である「自分A」の向こう側には，買い手である「自分B」がいる。だから相手である「自分B」の行動様式を念頭においた実践の組み立てが，大切である（図7参照）。

## 2. 自己意識の落とし穴

### (a) 「対象を認識する自分」と「自分を認識する自分」との分裂

　しかし現実には，「自己意識」が宙に浮いて空回りし，「キャリアデザイン」が裏目に出ることもある。
　現代日本で生きる人々は，学校でも職場でも「数字」に追いかけられ，自分にかかわる世界をじっくり感じながら捉え直す精神的・時間的な余裕が少ない。夫婦や親子の話題も，学校の成績，会社の給料，マスメディアが流すトピックなどに終始しがちである。家族全員が揃う食事が月に1回程度しかなく，一緒に食卓にいてもテレビがついていて，子どもたちはメールをしながらで会話が少ないこともある。「友達」の間でも，表面は明るく仲良しだが，シリアスな話題は避ける。

　　「仲良しはいるけど友だちはいないよね」（NHK『あまちゃん』）。

　激しい社会変化についていくのに「いっぱいいっぱい」で，「自分はこんなことでいいんだろうか？」という悩みを，1人で抱え込むことも多い。
　その結果，「対象を認識する自分」と「自分を認識する自分」とが分裂する。「いっぱいいっぱい」というのは，「自分を認識する自分」が機能不全にあることのサインである。言いかえれば，モニタリングされずに「放っぽらかされて」いる状態である。抽象的な「自分」だけ目が向き，「自分」が空回りする。そして，実際の行動が「出たとこ勝負」になり，行動の「目的」が達成されず，「考えれば考えるほど，自分がわからなくなる」。
　身体や社会的役割が大きく変化する時期に，自己意識の空回りは起きやすい。

それは，思春期や青年期，親しい人との別離や転職・失業，老化などの人生の大きな転換期である。とくに思春期から青年期には，体験したことのない性的な成熟と社会的な役割変化とが，津波のように引き続いて押し寄せてくる。そのなかで，自分と他者，自分と対象世界，自分の「能力」や技，それらを見ている自分自身について，体験に基づいて，感じ，考える。書物や映像・音楽に接し，対話しチャレンジし，苦しみながら，自分なりの整理をしていくことになる。

この思春期と青年期の激動は，前者は古くから，後者もとりわけ最近の300年・10世代ほどにわたって，経験され蓄積されてきた。しかし，1人ひとりの「私」にとっては，まったく未知の「初体験」なので，とまどうことが多い。対象世界のとらえ方も，働きかけ方も，自分自身の感情も揺れる。昨日の自信が今日の自信喪失に，昨日の失敗が今日の成功になる。そういう「疾風怒濤（Strum und Drang）の時代」の世界を彷徨し，荒波に揉まれる。

感性が研ぎ澄まされ，世間や大人たち，自分自身への異和感も強くなる。それが対象や技などの世界にも向けば，時代や社会背景，先行世代の経験を吸収する方法に新しい可能性が開かれることもある。また，前の世代は着目しなかった新しい要素が認識内容に加わり，新しい味が作られることもある。さらに，揺れる心理過程と折り合いをつける表現方法，自立しながら人々や社会・自然と繋がる方法など，新世代のニーズに合った深まりを，システムに加えることができる。

そして揺れながら，第2の自己意識の世界を構築していくことができる。それによって，「大人」（＝しっかりした人）や，「老人」（＝成熟した人）に近づいていく。

しかし，ときに対象世界に目がゆかず，自己意識の空回りが起きやすくなる。

(b) 思い込みと一面的評価，過小評価と過大評価

自己意識の空回りの背後には，思い込みがある。自分にかかわる対象世界や自分の実践について，具体的な事実関連を整理せず，自分の一面だけを見て，漠然と「自分はこういう人間だ」と思い込む。例えば，学校での成績や職場での仕事で何か問題があっても，家族や友だちとは良好な関係にあったり，動物

や植物を育てるのが上手であったりする場合もある。しかし，そのポジティブな面には目がいかず，ネガティブな面ばかりに目を向けて，「自分はダメだ」と決めつけてしまう。「私は，たいしたことはしてこなかった」と言っても，「中学・高校と6年間剣道を続けた」という事実がある場合もある。事実関係を丁寧に見直せば，否定的な自己認識が肯定的に変わりうる。

　原因・結果の関係についての認識の誤りが，自己イメージを狂わせていることも多い。例えば，「私は数学が苦手だ」と思っている人は多いが，数学の面白さ，論理の美しさを体験せず，計算ばかりさせられたことが原因である場合が多い。また，「応用問題がダメだった」という人も，数学教科書の「応用問題」の日本語が，重文と複文を組み合わせたワンセンテンスの悪文であることに原因があることも多い。単文に分解して接続詞を補い，平易な文章にすれば，内容のイメージ，設問の把握，筋道をつけた考えと解答が作りやすくなる。そうなれば，「数学嫌い」は減少し，「数学好き」が増えるだろう。

　誤った因果関係認識による自己イメージの狂いは，人生の一大事に関連して，起こりやすい。失業や倒産，病気やけが，失恋や離婚，受験の合格不合格，子育ての失敗，嫁姑問題，家庭内暴力など，である。そこでは，自分自身にも責任があるが，相手や周囲の環境，背後の社会や時代の常識，習慣，制度，法律などに責任があることも多い。しかし自分だけに責任を負わせてしまうと，否定的な自己イメージしか生まれない。それが深刻な鬱や「ひきこもり」を引き起こすこともある。社会的な要素をも視野に入れれば，「自分だけのせいではない」という認識に至り，自分だけを責めることから脱皮できる。

　「この対象で，この道具とこの私の技で，こんな働きかけをして，私はこれをできた」と，事実関係を可能な限り正確に認識する。それを踏まえて，自分自身の特徴づけ＝自己イメージ作りができれば，そこから「自信」「自己効力感」「自己肯定感」「self-confidence」「self-efficacy」「self-esteem」「self-reliance」が湧いてくる。自分がやり遂げたことは，誇れるし，好きになれるし，それを思うことは心地よい。そして，「もっとこの能力を伸ばしたい。もっと人や社会のために役立ちたい」という意欲が湧く。また，それを基点に，他のことにも自信を持って取り組める。

過大評価と根拠のない自己過信

　いくつかの成功体験がある場合，「私は何でもできる」という，「不当な一般化」による根拠の薄い自己過信に陥ることもある。あることが上手くできたといっても，すべてをできる保証はない。しかし，上手くいっているときには，「天狗になる」危険が強い。

　例えば企業経営が順調な場合，「もっと規模を広げ，多角的に進めたい」と思いがちになる。「自分は能力があるから，たいていのことはできる」「どんなことでも，何とかこなせる」という，「希望的観測」が眼を曇らせる。新しい仕事の性質，必要な技術，時間，人員，費用などについての認識が甘くなり，いろんな仕事を引き受けてきて，納品や資金が追いつかず，「首が回らない」状態に陥り，破綻する。

　また，高校や大学の成績がよかった人が，卒業後の人生で，それとは異なる能力が問われているときに，学校時代と同じ努力を強めて，かえってチーム内でのトラブルが増幅され，職場に行かれなくなることもある。厚生労働省関連の「職場復帰プログラム」参加者には，エリート大学の学部卒・大学院修了の人も珍しくない，といわれている。


(c) 「就職のための自己分析」の落とし穴と部分的有効性

　近年，「就職のための自己分析」が必須とも言われる。「自己分析」という名称で，自分の世界を意識的に描く作業が広まることは，「もう1人の自分」の世界を豊かにする点で，評価できる。その内容に立ち入ると，多くの自己分析シートが，「小学校時代」「大学時代」など，学校体験を軸に構成されている。また，教科，クラブ活動，アルバイトなど，自分の行為と，それを通して「得たもの」「学んだこと」や今後の生かし方なども聞いている。これは，自分が他に働きかけた経験によって得た能力とその汎用性を問うもので，自分の世界を実践的に広げることを勧めている。この限りで，「自己分析」によって「自己意識」が空回りすることはないといえる。

　しかし，学生たちや大学のキャリアセンター職員たちの一部からは，現状の「就職のための自己分析」に対する批判の声もある。マニュアルに慣れている現在の学生は，「自己分析」もマニュアルに従おうとするので，いっそう型に

はまった学生を再生産するだけではないか？というのが1つの論点である。また，仮に自主的にやろうとしても，ときに400項目にもなる膨大な質問に答えさせながら，項目間の因果関係を問うことが少ないので，いくらやっても自分のテーマが出てこない！というのが第2の論点である。

「就職のための自己分析」では，自分自身の世界を振り返る「自分史」という項目もある。「思い出」「自分のエピソード」，親から受け継いだものを問うなど，世代間継承も出てくる。しかし，親の「良い点」「悪い点」の原因や背景，親の生きてきた歴史の中身に立ち入る視点は弱い。それは，自分自身にかかわる時代，地域への目の向け方の弱さにつながる。「流行していた歌」「名所旧跡」「特産品」などに止まり，背景の探求は示唆されない。また，「就職」のための自己分析なのに，「就職」に密接にかかわる「働くこと」「仕事」「生業」「社会貢献」などは，ほぼまったく扱われない。

「いじめ」や「挫折」が登場することもあり，本人の自己認識に，より深くリアルに迫ろうという姿勢も見られる。しかし，「挫折」の経緯やそこからの立ち直り状況についての記憶を蘇らせることは促さず，その意味づけを急ぐ傾向が見える。また，1人での作業が基本とされているようで，友人との比較検討や意見交換は，重きを置かれていないようである。

一定の条件下では，これらの「自己分析シート」も有効性をもつ。それは，大学のキャリアセンターなど，プライバシーにあまり立ち入らない場所で，必ずしも自分の人生においてテーマを明確にはもっていない学生を対象とする場合である。そこでの「自己分析」をおこなう際の導入部分，きっかけづくりの教材としては，一定の役を果たしうる。そして，テーマ設定や，それに沿った多様な方法を駆使した分析や総合，一定の信頼できる指導者や友人関係の中での共有などが，別の方法と機会でおこなわれることが期待される。その際には，キャリアセンターと正課授業，とくにゼミとの連携が重要になろう。

## 3. 「自己イメージ」の功罪と生涯学習の役割

(a) **2種類の「自己イメージ」と2種類のズレ**

現代人とくに現代の若者は「自己イメージ」に強い関心を持っている。「自己イメージ」は，「自己」と他のものとの関係性についての概括的な評価に基

づく，統合された自己像である。それは意識のレベルのものだから，それと「自己」の実体との間には，何ほどかのズレがある。そして，事実把握と価値基準の実際によって，このズレは小さくなったり大きくなったりする。

　実際の自己についてのイメージのほかに，もう1つの「自己イメージ」がある。まだ目の前にはないが，これからそのようになりたい，「ありたい私についての自己イメージ」である。「理想の私のイメージ」ともいわれる。そして，この「ありたい私についての自己イメージ」に深く関与するのが，美意識，「こだわり」である。「いき」「磊落」「風流」「smart」「cool」「sexy」「lady」「gentleman」「明明徳，誠意，正心，格物，修身，斉家，治国，平天下」「下学して上達す」「ここがロードスだ，ここで跳べ」「いつやるか？　今でしょ」などである。そこから，「もっと磊落でありたい」「もっとレディーになりたい」「もっとクールでありたい」などの「ありたい私についての自己イメージ」が出てくる。

　現在の実体と，2つの「自己イメージ」との間に，2種類のズレが生じる。

　1つは，「実体」と「実体としての私についてのイメージ」との間のズレであり，もう1つは，後者と「ありたい私についての自己イメージ」とのズレである。

(b)　2種類のズレが，キャリア＝人生を支えたり，殺したりする

　このズレの構造が，キャリアデザインに関して，4つのパターンを生む。そして，そのズレ方，ズレの活かし方によって，意識が行動を主導する「キャリアデザイン」が，肯定的にも否定的にも働く。

　第1は，自己イメージと実体とのズレが小さく，2つの自己イメージのズレが適度な場合である。このズレは効果的なキャリアデザインを促し，人生を支える。例えば，「自分には粘り強さが足りない」というイメージが実態に近ければ，「今度は，粘り強くしっかりとやり抜こう」という行動指示＝決意は，個別課題やプロジェクトをやり抜く上で，有効である。

　第2は，実体イメージのズレが小さく，2つのイメージ間のズレが過小もしくは過大な場合である。このとき，2つのイメージ間のズレが過小の場合，破綻はしないが，キャリアデザインの原動力としては弱すぎることになる。また，ズレが過大な場合には，やりきれずに挫折する確率が高くなる。

第3は，実体イメージのズレ大，2つのイメージ間のズレ適度という場合である。この場合，実体とイメージのズレが大きいので，よい結果が出ない確率が高い。
　第4は，実体とそのイメージとのズレが大きく，2つのイメージのズレが大の場合は，ほぼ間違いなく失敗する。例えば，基礎的なリテラシーも基礎・専門知識も不十分な人が，家族や親戚によって「そんな学校じゃ世間に恥ずかしい」「あなたはやればできる」などの圧力を受けたりする。その結果，「自分はできなければいけない」「『できる』と人から思われたい」と思って自分の実体を直視せず，「大学教授になりたい」という「ありたい自分のイメージ」をもって，専門書を濫読し，大学院受験を目指す。しかし，基礎的・専門知識が不十分なので，テーマ設定，資料調べ，分析，整理，文章表現がうまくいかない。その結果，焦りが昂じて，ギブアップしたり，シニカルになったりする可能性もある。
　以上のように，第1のパターンは効果的なキャリアデザインの道を開き，第4のパターンは，破綻が目に見えているシナリオへと続く。そして日本では，控えめな女性では第2の過小のパターンと第3のパターン，鼻息が荒い見栄っ張り男性では第4のパターンになることが多い。

### (c) 自己イメージ修正のための生涯学習

　実際の自分を受け入れ抱きしめることと——キャリアデザインの出発点
　効果のある「キャリアデザイン」のためには，2つのズレを適正に設定するための修正作業が必要となる。この作業は，意識や認識の修正作業なので，広い意味での「学習」によっておこなわれる。修正作業の第1は，現実の自分を受け入れて，そのイメージをできるだけ実体に近づけることである。
　人間は誰も，その人なりの基準で，「自分は『よい人間』だ」と思いたいが，その基準は時代や社会の影響を受ける。現在のような「男社会」では，「有能な人」「強い人」が「よい男」で，「控えめな人」「他人に迷惑をかけない人」が「よい女」だとされがちである。しかし現実には，「ダメな男」や「弱い男」，「出しゃばりな女」や「他人に迷惑をかけっぱなしの女」であることが多い。そしてときに，現実を受け入れられずに，有能で強い男の「ふり」，控え

めで人に迷惑をかけない女の「ふり」をすることがある。そしてこの「ふり」が，自分を直視することを妨げる。その結果，実体とイメージとのズレが大きくなり，失敗の確率が高まる。だから，どんなに「みっともない」自分でも，現実の自分をしっかりと抱きしめ，それに合わせて自己イメージも修正することが，キャリアデザインの出発点である。

　だが，これを 1 人でおこなうことは難しい。そこで，「文化」，すなわち人間が共有してきた生活様式を媒介させて，リラックスしたなかでおこなうことが奨励される。家族や友人と一緒に，スポーツで汗を流し，芝居や映画を見，歌や落語を聴き，カラオケで歌い，楽器を奏で，旅をして，書物を読む。また，信頼できる人たちと，さまざまな機会に，日々の出来事や自分史を語りあい，書きあい，共有する。その中で，「ふり」をするよりも現実の自分を受け入れる方が楽しいことを知り，自己イメージの修正がおこなわれる。

### 「自分のこだわり」「自分の評価基準」の調整

　自己イメージを修正する「学習」の第 2 の要点は，「自分のこだわり・評価基準」そのものを調整することである。人は，なんらかの基準で自分の行動を評価・調整する。しかし，評価基準が「世間」によるもので，自分自身の人生と身体を潜ったものでないことも多い。この場合，自分の行動を自ら調整しているようでいて，実は世間に支配されていることになる。そして「世間」は気まぐれで基準をしょっちゅう変えるので，世間に振り回されて，行動の自律性と一貫性が損なわれる。

- 「快・不快」「欲求」——開かれたエゴイズム

　「自分のこだわり・評価基準」は，独りよがりではなく他の人々や世間にも開かれていることが肝要である。そのためにもまず，自分にとっての「快・不快」「好き・嫌い」を直視すること，そしてその感覚を磨くことが必要である。

　人間は「理屈」ではなく，快・不快，好き・嫌いという直感的判断や欲求に基づいて行動する。それを「理性」で抑え込もうとしても，抑え込みきれない。1 人ひとりが〈私＝ego〉の身体性を明確に意識して，他の人の〈私＝ego〉を尊重することを通して，自分と他の人々がともに生きられる〈私たち＝nōs〉と，そのための〈noscitō＝知る，経験する，承認する，再認識する〉が形成される。

だから，自分を超えた共同性のためには，自分の身体と感性を肯定するところから出発すること，そして，それを他の ego との共同による nōs のなかで共有しながら磨くこととが，ともに欠かせないステップである。

- 「必要・不必要」，感性と理性とのせめぎ合い

「快・不快」だけでは，評価基準が恣意的になりかねない。人間は自然物だから，自分や環境を貫く自然の摂理は無視できない。また，他の人々とともに組織や社会で生きているので，時代や社会の可能性と制約も無視できない。そこで，「必要・不必要」という，物事の摂理を踏まえた客観的判断要素が加わる。そこから，「好きではないが必要だからやってみる」「好きだけど，不必要だから控える」という，欲求と必要とのせめぎ合いとバランスが生まれる。

- 「貢献」「感謝」「喜び」「面白さ」「得手・不得手」

自分の ego も他の人の ego も尊重し，nōs＝私たちに共通して必要な，好きなことを実現する。それによって，「貢献」「感謝」「喜び」という要素が，評価基準に加わる。そして「自分たちの努力で楽しい社会ができるから，ベストを尽くそう」などの意欲が湧く。すると，「面白さ」という要素が加わる。人間は，好きなこと，面白いことをしているうちに，能力が身につき，「得意分野」ができる。また，努力してもなかなか好きになれない「不得意分野」もできる。

「面白いもの」「興味深いもの」への取り組みは 1 つの冒険であり，ワクワク，ドキドキするものなので，心や身体が高揚する。「どうすれば，必要にこたえながら面白いものを作れるか？」「自分にとって面白いものを〈私たち〉にとって必要なものへと展開できるか？」と，智慧を絞って取り組む。その結果，「独創的なもの」「個性的なもの」が生まれる。

「貢献」「感謝」「喜び」「面白さ」「得意・不得意」の要素は，必要・不必要というフィルターを潜り，私たちという主体をふまえた，第 2 段階の快・不快に到達する。それは，《「必要」×「欲求」＝「要求」》と表現される。

- 「可能・不可能」との調整

実際には，「可能なもの」と「不可能なもの」とがある。人間が 140 歳まで

生きることや，宇宙空間での長期の生活は，現在のところ不可能である。だが，節制すれば100歳までは生きられ，短期の宇宙空間滞在は可能である。また，いわゆる「先進医療」のように技術面では可能でも，資金面などで「私の場合は当面不可能」ということもある。その場合には，現在の条件下で可能なことを実現し，並行して，条件を改善する努力をおこない，可能性を高めていく。

- 達成感を原動力とする価値基準の自動更新システム形成の「智慧」

人間は，たとえ小さなことでも何かをやりきったとき，「達成感」を味わう。チャレンジに勝利した達成感。自分の能力を出し切った爽快感。人の役に立てた満足感。ぶつかり，理解・協力しあえる，良い仲間に出会えた幸福感。自分自身も成長したと思える充実感，などである。

そういう「喜び」の感覚が，快・不快，得手・不得手の感覚を洗練して，ポジティブな「欲求」の回路を作り出す。直観と理性，調査や意見交換によって，自分や人々にとっての「必要」を発見し，それを充たして「貢献」する発想や能力が，強化される。この2つを重ねて次のプランを作る意欲と智慧が湧き，自分たちの「要求」になる。《開かれた自律性のある価値基準＝欲求・快・不快×必要・不必要×貢献・感謝・喜び×可能・不可能×達成感》というサイクルが作成されて機能する。そして，これが「習慣」として心理的メカニズムに組み込まれると，その基準を自動更新する「智慧」が磨かれ，直感的に適切な対応をとることが可能となる。この智慧を磨ける人は「上手」となり，磨けない人は「下手」となる。

### キャリアデザインの心臓部

以上のべた2つのズレの修正と，そのための価値基準の形成と更新を含めて，《もう1人の私⇒モニタリング⇒「対象・働きかけ・自分の世界」×時代性・社会性》の全体が，正常に作動しているかどうかをモニタリングし，必要な調整を不断にはかること。これがキャリアデザインの心臓部であり，のちに述べるコア・コンピテンスである。

この作業は，二重の意味で「生涯学習」である。それはまず，①「自分の生涯にかかわる学習・研究」であり，同時に，②「一生涯にわたる学習・研究」

だからである。そして，この生涯学習は，年長者やリーダー，友人や同僚たちと共有され，自分自身で自分の学習をコントロールするという意味で，「自己教育」「生涯教育」なのである。

# 第2章
# 学習のパラドックスとリテラシー

## 1. 「学習」は無条件に「よい」ものか？

### (a) 「学習」のパラドックス——「学習」の場に関連して人が傷つき，死んでいく

　1965年にユネスコが「生涯教育」についてのラングラン・レポートを発表して以来，世界中で，「生涯教育 (lifelong education)」や「生涯学習 (lifelong learning)」はよいものと見なされてきた。だが，「学習」とは無条件に「よい」もの，人間を幸せにするものだろうか？　「学習」というコトバは，よりよい生活や人生を実現するために，現実を意識に反映させること，また，そのプロセスを指すものとして使われることが多い。しかし，「学習」という行為で，現実を適切に意識に反映させることが，常にできているだろうか？　今日，「学習」の場である「学校」で，いじめや暴力，自殺が頻発しているのはなぜなのか？　「学習」が，人と人の傷つけあい，殺しあいを助長してはいないか？「学習」すればするほど，絶望し生きる気力が失せている，という現実はないだろうか？

　人間にとって「よい」とされてきた「学習の場」で，現実が歪められて意識に反映されることで，人が傷つき，殺され，生きる気力を失っていく現象，これを「学習のパラドックス」と呼ぶ。

　学習のパラドックスの1つのタイプは，学習の場に関連する。近代的な学校が国民の間に普及し始めた当初，学校に期待されていたのは，人々がそこで文字記号を覚え，自分にかかわる知識を広く身につけ，技や智慧を磨き，逞しく生きていく能力を鍛えることであった。しかし今日，「学校」や「学業」が原因となって，人が傷つき，自殺し，生命力の減退が起きている事実が珍しくない。

「学校問題」や学校でのいじめ・体罰による自殺・不登校

　その1つは，「学校問題」が原因と見られる自殺の増加である。内閣府の『自殺対策白書』によると，10代後半における自殺の原因の上位の1つに，「学校問題」があり，次第に低年齢化が進み，小学生のケースも出ている。その内容の1つは学業不振であるが，第三者から見れば，「たかが学校の成績ぐらいで死ななくてもいいのに」と思う。しかし，本人や本人を取り巻く環境では，「いい学校→いい就職先→幸せな人生，成功した人生」という図式の観念が強く，親も子もその観念に縛られて，身動きできないことが多い。そして，その狭い価値観が子どもを苦しめ，「自分なんて生きていてもしようがない」と思って自殺に至る。また，学校での「いじめ」や体罰が原因と見られる自殺も増えている。そして，それが報道されても，「またか」と，必ずしも驚かない社会的な雰囲気も生まれている。

　自殺に至らないまでも，学校で精神的な居場所が見つからずに「不登校」になるケースも，1970年代以来増加している。現代の学校を批判してできた「フリースクール」なども広がり，これらの学校への出席をもって学校教育法第1条の「学校への出席」と見なす，という通達を文部科学省が出してから久しい。


「受験競争」が生命力を減退させる

　抽象的な点数と偏差値に縛られる「受験勉強」のストレスのなかで，視野が狭くなり，生きる意欲が減少している。来る日も来る日も教科書や入試問題の練習。記憶一辺倒で，点数や偏差値という抽象的な数字を気にして一喜一憂する生活。こういう状態になると，物事の性質や関連性，記号世界，学ぶこと，知ること，探求することの面白さなどを楽しむ余裕は少なくなる。その結果，自分の人生にかかわることから，宇宙や世界の広がり，世界中の多様な人々の生活様式，いろんな動植物の生態の多様性を具体的に知って，視野を拡げ，調べ実験し議論し，探求する機会を逃してしまうことになる。


日常生活の中での学習を育む親たち，損なう親たち

　親の職業が何であれ，子どもや若者たちが物事の実際を学び，技や智慧を磨く場は，生活の中にたくさんある。農業なら田植えや稲刈り，温室の管理。漁業なら，船の掃除や漁具のメンテナンス。商店なら，店番や棚卸。共働きの場

合，洗濯や買い物，夕飯の支度，プランターへの水やり，弁当作りなどである。
　これらによって，自然や社会や人々に接し，親たちから生活の技や智慧を伝授される。時間の有効活用，仕事の段取り，野菜や肉の値段などを覚える。忙しいなかでも，互いに時間を合わせ，家族での食事，遊び，旅，話，笑い，喜び，悩み，怒り，ケンカや仲直りを共有する。そして，感覚や感性，創造力，コトバや仕草，イラストなどによる意思疎通の技が磨かれる。互いに大切な存在であり，助け合って生きていることを確かめあい，情愛も深まる。互いの人生を思いやることで，世界が何倍にも広がり，生きる意欲が育まれる。このような日常生活の基盤があってこそ，学校で学ぶ文字や記号も，それらを介した自然や社会や人間についての知識も，実感をもって習得できる。
　しかし残念ながら，子ども・若者の教育を，学校や学習塾，予備校に任せきりにしている場合も多い。親が一所懸命に稼ぎ節約して，子どもの学校の授業料や塾代，コンビニ弁当代を捻出する。子どもには手伝いをさせず，親がすべてやってしまう。それが親の愛と思い込み，それが子どもたちの生命力を減退させる。「学習」を文字習得に矮小化し，生活能力を鍛える学習とそのための教育を放棄し，現実的な学習機会を子どもたちから奪っている。
　もちろんそこには，子どもを指導する時間的・身体的な余裕に乏しいという，働かせすぎ社会の問題もある。また，子どもの教育を母親任せにしたり，妻と夫や姑との関係の難しさが子どもへの放任・過保護・過干渉をもたらす『妻たちの思秋期』（斎藤茂男），『母原病』（久徳重盛）という事情もある。しかし，さまざまな制約のもとでも実行できることすら放棄されているケースがあることも，事実である。


「リアジュウ」の欠如が空しさ・寂しさをもたらしている
　近年，一部の若者の間で，「リアジュウ」というコトバが使われているという。「リアルな生活が充実している」という意味である。親からもらったお金でモノを買って消費する生活。実際の旅や冒険をせずに，バーチャルなテレビゲームの世界にのめり込む。そういう生活は，子どもや若者たちの動物としての身体を刺激せず，コトバを活用する能力も育てず，学校でのコトバの習得作業を苦痛・空虚と感じさせる。だから若者たちは「リアジュウ」を求める。
　「とくに何かが不満というわけでもない。でも，毎日の生活があまり面白く

ない」,「点数もそこそこ取って,親にも先生にも誉められるけど,何か空しい」。受験生たちの声は,親やその背後にある社会システムが,子どもや若者たちのリアルな学習機会を奪っていることに対する,切なる訴えである。

　入試結果による自分へのレッテル貼りが生きる意欲を削ぐ
　「『お兄ちゃん,浪人して△△大学しか受からなかったの？』と妹にバカにされた……」というたぐいの話は,よく聞く。第1志望の学校や会社に不合格になり,「どうせぼくなんか,やったってダメなんだ……」という意識状況に追い込まれる。そして,第2志望以下の学校や企業に籍を置く自分を受け入れられない。そのため,具体的なことに具体的に取り組んで力を伸ばすという,正常な成長・発達軌道に乗れない。大学3年生になってもまだ,「こんな学校じゃ恥ずかしくて,高校の同級生にも言えない」というケースもある。

(b)　人を傷つけ,殺す「学習」もある

　「鵜呑み学習」＝伝聞情報を信じ込む誤り
　事実とは異なる「学習」の内容に振り回されて,人が傷つき,亡くなり,生活基盤が破壊されたケースは,過去にも,現在にも多い。その1つは,伝聞情報を真実だと思い込む「鵜呑み学習」による。
　2011年3月11日の東日本大震災とそれに伴う津波では多くの人が亡くなった。平安時代の言い伝えや明治時代の経験を無視して,「立派な防潮堤ができたから津波がきても大丈夫」という市役所などによる情報。それを鵜呑みにして,津波に巻き込まれて死亡した人は少なくない,といわれる。また,東京電力福島第一原子力発電所の事故では,2013年3月現在で,まだ15万人の人が避難生活を余儀なくされ,野田内閣による「収束宣言」にもかかわらず,汚染水のたれ流し状態にある。「原発は安全」という,学校副読本を含む電力会社や日本政府による伝聞情報を信じて原発建設に賛成し,結果としては,町全体が臨時移転している「原発立地自治体」もある。
　いわゆる「オレオレ詐欺」も,伝聞情報の鵜呑みの結果,成立する。「儲かることが確実な未公開株の入手方法をあなただけに教えます」と言って,相手が「資料」として送ってきたパンフレットで「学習」して信じ,退職金の大半

を振り込んでしまう。もちろん，金は戻ってこない。

　これらは，コトバや文字，映像などで伝えられた情報を，事実関係チェックをせずに，「鵜呑み学習」した結果，起きている被害であり悲劇である。

「不当な一般化学習」＝推定とすべきことを断定する
　第2は，「不当な一般化」によるものである。ある集合から1つの事例を取り出して特徴を述べ，元の集合の全ケースがその特徴をもつと断定する論理学上の誤りを，意識的・無意識的におかす。それが差別を助長したり，騙しの手段として使われたりもする。例えば，ある女性Aさんが職場でミスをした。会議用の書類の修正版を印刷すべきところを，修正前の古いバージョンのファイルを印刷・配布したので，会議が円滑に進まなかった。そのときに，男性上司が，「女はこういうミスをする。だから女はダメなんだ」と言ったとする。これは女性一般に対する，根拠のない誹謗であり，男性の方が有能であるかのような雰囲気を醸し出す差別の手口である。

　ここには，二重の論理上の誤りがある。第1は，「すべての女性がAさんである」かのように，論理を飛躍させている点である。これは，「逆は必ずしも真ではない」という論理学法則の無視による。

　　一般に，「命題」「AならばBである（Aさんは女性である）」が真の場合，次のようになる。①「逆」は必ずしも真ではない：「BならばAである（女性はAさんである）」。これは誤り。Aさん以外にも女性は沢山いる。②「裏」は誤り：「AでなければBでない（Aさんでなければ，女性ではない）」。これも誤り。Aさんでない人には男性だけでなく女性もいる。③「対偶」は真：「Bでなければ，Aでない（女性でなければ，Aさんではない）」。これは正しい。

　第2に，「女性でない人はミスをしない」も，「裏は偽である」という論理法則を無視している。

　同様に，「日系ブラジル人が罪を犯して逮捕された」という新聞記事やテレビニュースに接して，「だから日系ブラジル人はダメなんだ……」と，人々が不当に一般化する場合もある。それは，「だから日本人はダメ」「だから田舎者はダメ」「だから○○はダメ」と，偏見を助長する論理である。

　また，人間以外の動物だけを指して「生きもの」とし，人間や植物を事実上「生きもの」から除外する「田んぼの生き物調査」「田んぼの生き物図鑑」や

NHKの「里山」キャンペーン番組などもある。職業だけを指して「仕事」とし，事実上，職業以外の仕事を「仕事」から除外する発言もある。もちろん，これらに悪意はないが，子ども・若者を含む人々の認識に混乱を与えていることも事実である。

さらに，「TPP　産業界は歓迎」「農業分野からは強い懸念の声」という新聞記事のように，事実上，農林水産業者を「産業界」から除外したり，「小選挙区制導入」を「政治改革」と同一視したりする，マスメディアの意図的なキャンペーンもある。仮に「動物とは生きものである」「職業とは仕事である」「工業界とは産業界である」「小選挙区制とは政治制度改革である」ことが真であるとする。この場合，「逆は必ずしも真ではない」ので，「生きものとは動物である」「仕事とは職業である」「産業界とは工業界である」「政治制度改革とは小選挙区制である」はいずれも，必ずしも真とは言えない。しかし，マスメディアや政府文書などは，無意識的・意識的に誤った認識内容を拡散し続けている。

世に蔓延する「不当な一般化」は，事実に合致していないので，人々の認識に混乱を与え，合意形成を妨げ，差別や騙しを助長し，人を傷つけ，不必要な反目を引き起こす。そしてこれらは，日常生活や新聞，テレビなどを介する「学習」の結果として，起きている。


(c)　マスメディア等による世論操作

パウエル国連演説とバグダッド空爆

第3のタイプは，マスメディアによる世論操作である。

2003年2月に国連で，アメリカのパウエル国務長官が，「イラクには大量破壊兵器がある」と演説し，ブッシュ大統領もこれを肯定し，マスメディアは連日，大々的に報道した。イギリスのブレア首相，日本の小泉首相も含め，少なくない人々が，その報道情報を「鵜呑み学習」し，アメリカによるイラク政府批判に同調した。それを背景に，同年3月，アメリカはイラクの首都バグダッドを爆撃し，ほどなく，フセイン・イラク大統領を逮捕し，絞首刑に処した。ところがその後，「実は，大量破壊兵器はなかった」とブッシュ大統領やパウエル国務長官たちが自らの発言内容を訂正した。イラク開戦は，「わたしの人生の中で最も悔やまれることだった」と大統領退任に際して，ブッシュは述べ

た。しかし，その時すでに，多くの非戦闘要員である子どもや女性，年寄りたちも，フセイン大統領も，爆撃その他で殺されており，混乱は今も続いている。

「大東亜戦争」報道と治安維持法と「大本営発表」による報道規制

　第2次世界大戦中，日本は「大東亜共栄圏」という名の軍事占領による勢力圏を創り上げた。そこには，欧米諸国によるアジアの植民地支配への対抗という一面もあり，それがアジア各国の独立運動を刺激したのも事実である。しかし，日本によるアジアの植民地拡大と帝国主義的支配が主要な側面であり，台湾・朝鮮・北海道・沖縄への差別的な対応の強化，アジア諸国での殺戮・暴行も事実だった。

　このとき日本国内では，国定教科書・治安維持法などによる言論統制で，「この戦争は欧米からアジアを解放する聖戦である」という側面だけが強調されていた。また，戦争遂行本部「大本営」による報道規制がおこなわれ，NHK担当者が毎日，大本営に出かけた。そして，「わが皇軍が〇〇で敗退したかのような報道はしてはならない」という指示を受け，「転戦」というコトバを使って，日本軍が敗れても「日本は勝利している」というイメージを作ることに腐心した。また，沖縄地上戦も，広島・長崎への原子爆弾投下とその被害も伝えなかった。多くの国民はラジオや新聞，国民学校で「学習」して，「正義の戦争」と信じ「鬼畜米英」を唱え，「本土決戦」に備えていた。

　しかし戦後になると，「あの戦争は間違っていた」と全否定された。一転して，アメリカ占領軍は日本を民主主義の道に導く解放軍だと，新聞・雑誌・ラジオが伝えた。また，日米開戦時の東条内閣商工大臣で戦犯容疑者の岸信介が，公職追放を解除されて首相となり，日本の対米従属を深める日米安全保障条約の改定をおこなった。そして少なくない日本国民が，再び「学習」し，「アメリカが今後の日本のモデル」と，漠然と思って，今日に至っている。

マスメディアで「学習」した国民の熱狂と「ハリウッド・テン」

　一方，戦後のアメリカでは，「東西冷戦」のなかで，マッカーシー上院議員がリードするアメリカ議会「非米委員会」が，「共産主義者とその同調者」を追放する「レッドパージ」を始め，それは「映画の都」ハリウッドを狙い撃ちにした。そして，当時「ハリウッド一の売れっ子脚本家」で，後に制作された

『ローマの休日』『スパルタカス』などの脚本を偽名で書いたダルトン・トランボら10人が、「共産党員で反アメリカ的」だとして収監され、ハリウッドから追放された。また、『モダン・タイムス』『独裁者』等のチャップリンも、「共産主義に同調的」だとして召喚され、アメリカ脱出を余儀なくされた。

　マッカーシズムは、アメリカ占領下の日本でも吹き荒れ、日本の大新聞は「赤追放」キャンペーンを大規模におこなった。思想信条の自由を保障する憲法の下で、多くの「共産党員とその同調者」が超法規的に解雇された。とくに、新聞社、放送局、映画界などのマスメディアと日立など通信機器関連企業、政策立案に携わる国家公務員、生徒や学生に授業をおこなう学校教員らが狙い撃ちされた。映画監督・山本薩夫もその1人だったが、山本はその後、『二十四の瞳』『どっこい、生きている』『ひめゆりの塔』などを作った新藤兼人や今井正らと協力しあい、独立プロで映画を作り続けた。そして、1970年代には『華麗なる一族』『戦争と人間』などを作って、日本映画界の巨匠の1人とされるようになった。また、トランボやチャップリンも1970年代に名誉回復された。

　「鬼畜米英」も「赤追放」キャンペーンも、軍や政府などによる世論操作と弾圧だが、マスメディアの協力と、それらで「学習」した国民の熱狂なしには成立しなかった。国民の「学習」が『ローマの休日』や『華麗なる一族』の巨匠から、映画製作の場と機会を奪うことに加担したという歴史的事実は重い。

「原発安全神話」

　最近、明確になった世論操作に「原発安全神話」がある。原子力発電所の安全については、①原子力発電所そのものの安全性、②それによって生み出される核廃棄物処理技術の未完成と核廃棄物の蓄積、という2点で、かねてから疑念が示されていた。しかし、①ソ連・中国に対して、アメリカを軸とする大西洋、太平洋における軍事同盟ネットワークの優位の確保、②中曽根康弘を中心とする日本の核武装能力の維持・向上戦略、③いわゆる「原子力村」における利権構造の3つの利害の一致点の上に、原発推進が決定され、「安全神話」が日本国内に流布されてきた。

　通商産業省（現経済産業省）と、大学の原子力関連研究室、そして沖縄を除く電力会社、東芝、日立、三菱重工などの原子力関連企業の3者によって、相互に、金銭や職場などの利益を確保しあう、人や機関の癒着構造＝「原子力村」

が形成されてきた。それは，電力消費者の支払金と国税を原資として，原発ビジネスから利潤を得るために，立地自治体への金銭付与，学校副読本配布，公聴会での「やらせ」によって，反対世論を抑え込んできた。そして，原発推進の政党・議員に献金したり，パーティー券購入などで議会や政府に影響を拡げながら，「原発は安全・クリーン・安価な電力源」だという「原発安全神話」を作り，浸透させてきた。そして，福島の事故後に，菅直人首相が浜岡原発の停止を中部電力に要請したことを契機に，「なぜ私に相談しないのか」と机を叩いて激怒したという米倉弘昌・日本経団連会長を先頭に，マスメディアが呼応して，人格攻撃も含む激しい「菅降ろし」が始まった。その結果，原発維持・輸出・再稼働推進を前提として，野田・安部政権が誕生した。

> もちろん，マスメディア関係者が真実を求める報道に努力していることも事実であり，過小評価してはならない。国の次期原子力政策を決めることになっていた原子力委員会における同委員会首脳部と原子力関連企業との秘密会合が委員会の議題等をコントロールしていた事実を『毎日新聞』がスクープしたことは，その一例である。

2013年4月に安部首相とマスメディア各社首脳との個別会食が一巡したと伝えられたが，こうした世論操作は，原発に限らず，とくに日本が従属するアメリカと日本の輸出巨大産業の利益擁護，日本という国家の弱体化にかかわる事柄について，かなりの規模で仕組まれているとみられる。それは，環太平洋パートナーシップ協定（TPP：Trans-Pacific Strategic Economic Partnership Agreement）や沖縄の米軍基地のための辺野古埋め立て，輸入牛の全頭検査廃止，衆議院の比例代表定員削減，「デフレからの脱却」を名目とした日銀による国債の無制限に近い買入れ決定等々，に表れている。

## 2. 学習のパラドックスの根源としてのリテラシーとその矛盾

### (a) リテラシー・識字の落とし穴

**実体，イメージ，コトバのズレ**

「学習のパラドックス」の原因の1つは，リテラシー内部の矛盾にある。

今，目の前にはない物事について意思疎通するために，人は音節を組み合わせて，「名前」をつける。これは，《生活経験⇒イメージ⇒音声（話し言葉）⇒イ

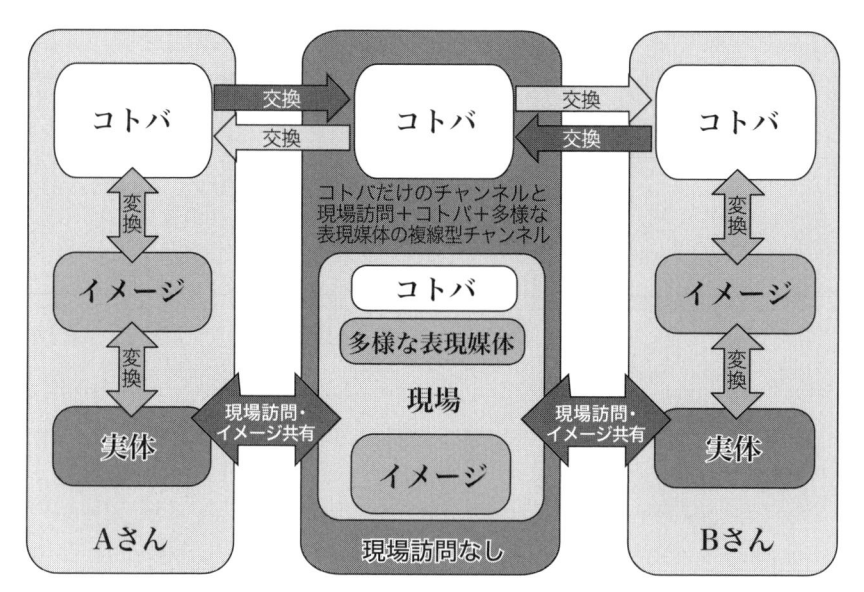

図8 言葉による意思疎通の危うさ

メージ⇒生活経験》という回路で成立する。しかし，話し言葉は話した瞬間に消えてしまう。そこで，時間が経過しても消えない文字を使うと，時間や空間を超えた意思疎通が可能となる。これは，《生活経験⇒イメージ⇒音声（話し言葉）⇒文字⇒音声（話し言葉）⇒イメージ⇒生活経験》という回路において，[文字]の部分が，後で参照可能だからである。

　しかし，名づけられたものと名前とは同じではない。「koi」と1000回発し，「恋」と100回書いても，恋が生まれるかどうかはわからない。蕎麦屋の池の錦鯉に出会うかもしれない。「ai・アイ」という音節を聞くと，日本人や中国人・台湾人は「愛」という漢字を思い浮かべるだろう。しかし，韓国人は「아이」＝子どもを思い出すだろう。だから実際の具体的状況を見ることなくコトバを交換するだけでは，認識を十分に「共有」＝〈communico = communicate〉し，一緒に働き生活する共同体＝〈commūne〉を築くことは難しい。


ズレを活用するか？　ズレに振り回されるか？
　その反対に，名前と実体のズレを意識して言葉や文字を使えば，言葉や文字は便利である。笑い話に使えば，生活が楽しくなる。掛詞・ダジャレがその典

第2章　学習のパラドックスとリテラシー　103

型である。「この橋わたるべからず」と書いているのに「端は歩かなかった」と言って橋の真ん中を堂々と歩いたという，一休さんの頓智話がある。ここでは「橋⇒はし⇒端」という回路で，橋と端を掛けた「掛詞」の遊びである。「隣のうちで囲いを作ったんだってね」「へえ～」という小話は，「囲い⇒塀⇒へえ」を掛け，「1本でもニンジン，2足でもサンダル，3艘でもヨット……」という遊び歌はニンジンの「ニ」と2足の「2」を掛けながら1つずつずらして，おかしみや不思議さを演出している。

　ズレは，誇大広告や詐欺にも活用され，人々はふりまわされる。これは今から25年ほど前，韓国から新潟県頸城郡一帯の山村に「外国人花嫁」としてやって来た人の話である。

> 「『東京から新幹線で2時間くらい行って，そこから車で30～40分くらいの所。東京から新幹線で2時間というと名古屋や仙台などの大都会がある』と結婚の仲介をする人が言うから，てっきり私は都会にお嫁に行くんだなと思っていた。来てみたら，新幹線で越後湯沢まで，そこから確かに車で1時間。でも，山ばっかりの所。私はソウルに住んでいたから，最初からこういうところだとわかっていたら，来なかった。」

　アンケート調査では，質問用紙や選択肢の作り方で，結果が誘導される場合もある。かつて新聞紙上を賑わした「一億総中流意識」の「国民生活に関する世論調査」では，選択肢が「上」「中の上」「中の中」「中の下」「下」の5つという，確率上6割が「中」になる仕掛けがあった。そこに，「『上』じゃないのは確かだが，『下』も情けない，『中の下』か『中の中』くらいにしておくか」という心理が働く。そして，「『中』が8割超」と新聞やニュースの見出しつきで発表されると，実体には目が向かず，納得させられてしまう。数字のマジックである。

　同様のことは，高校・大学受験の点数や偏差値についても起こる。学業成果を評価する「試験」の形式としては「ペーパー試験」による点数化がベスト，とは言えない。卒業論文・修士論文・博士論文での口頭試問や，企業間でのプレゼンテーションがあるように，あくまでも，学業成果の内容が重要である。ペーパー試験がおこなわれるのは，基礎的リテラシーのチェックとともに，ある程度の数に達する受験生について，採点者の恣意性が働きにくい方法で評価できるようにするという，試験をおこなう側の都合による。口頭試問に比べて

内容は浅いものとなるが、点数や偏差値が示されると、内容よりも数字に目を奪われがちになる。

### 言葉を知って実体を分かったつもりになる危険

とくに穴埋め式のペーパー試験は、現実がわかるという学問の内容よりも、「受験テクニック」に眼を向け、名前を憶えて終わり、という風潮を作る。「福沢諭吉は『学問のすゝめ』ね、はい次は、ルソーは『社会契約論』ね……」の類である。これを続けると、名前・言葉と実体との逆立ちが起きる。名前を記憶することで実体を知ったつもりになる錯覚に陥り、さまざまな「分かったつもり」が発生する。例えば、「福沢諭吉ね、『脱亜入欧』でしょ」という人は世の中に多いが、『福澤諭吉全集』（岩波書店版）には、「脱亜入欧」という四文字熟語はまったく登場しない。また、『時事新報』に掲載された論説である「脱亜論」が、その前に掲載された論説「朝鮮独立党の処刑」とセットであること、「脱亜」とは、個人の罪をもって一族の者を処刑し罰する旧態依然とした朝鮮王朝と、その宗主国である「大清」王朝の法制度や中国大陸の帝国と周辺の王国との関係である「冊封体制」等からの脱皮を指していることも、頓着されない。また、「『初心忘るべからず』と世阿弥が言ったように、最初の心を忘れてはいけません」と言う人も多いが、世阿弥の『風姿花伝』における「初心」とは"未熟であること"を意味する。ここでは「わかったつもり」による思考停止状態が起きており、それは偏見の土壌、真摯な対話の妨げとなる。

### 倒錯現象への対応策

こうしたコトバと実体との倒錯現象は、実体とコトバ・文字とのズレから生まれる。だから、このズレを踏まえて、倒錯現象を最小化することが大事になるが、現在の学校では、こうしたコトバと実体とのズレについてあまり教えていない。そこで、現代人には次の3つの選択肢が提示されている。①受験勉強のみに集中して、この倒錯現象の危険に進んで身を委ねていく道。②その日暮らしで、「なるようになるさ」という道。③ズレの原因を知り、ズレを生活の潤滑油として活用し、詐欺的誇大広告に騙されぬよう警戒し、言葉と共に実体を知る努力もおこなう、多面的な生活を心がける道、である。

絵画，音楽等の表現の有効性と倒錯の世界

コトバは表現の一種である。そして，コトバにおける表現と実体とのズレは，コトバを含むすべての表現についてあてはまる。葛飾北斎の「富嶽三十六景」は，日常生活と共にあるさまざまな富士山の表情を私たちに伝えるが，それは富士山そのものではない。また，ベートーベンの「月光」もドビュッシーの「月の光」も，漆黒の空にくっきりと輝く月や，水に映る月の光を連想させるが，それは月の光そのものではない。

しかし，切り取られ表現された富士山や月の光は，実際の富士山や月の光よりも，強い印象を与える。それらの作品は，ボンヤリと私たちが感じている富士山や月の光のある側面に焦点を当てて，色や形，音で表現しているので，「そういえばこんな感じ」という共感を引き起こす。そして作品に刺激されて，実際の富士山に登り，眺め，月の光を春夏秋冬，湖や山で，田んぼやビル群を背景にして感じ取り，自分なりの表現を試みる。表現の効用である。

これらは，《生活経験⇒イメージ⇒表現による作品（絵画，彫刻，音楽，文字）⇒イメージ⇒生活経験》という回路で成り立つ。

ところが，この回路が意識されず，多様な月の光や富士山の表現があることを忘れると，感じ取る機能の停止状態が起きる。例えば，太平洋戦争下では，日本の象徴・富士山には神々しさが大事だとして，北斎よりも雪を頂いた横山大観の富士が好まれ，大観には富士の絵の注文が殺到したという。そして，「大観の富士は神々しくていいですなあ」「そうですなあ，神国日本の象徴ですから」という，ステレオタイプの会話がなされていたとしたら，そこでは，感じ取る機能の停止状態が生じたことになろう。富士山そのもの，そしてまた大観の富士そのものよりも，大観が流行っている時流に乗ることによって，固定観念を流布する結果を招いたと考えられる。

「できる子」の低学力問題

一般に，学校の成績が良い子を指して，「できる子」という。しかし「できる子」が，実生活で調べ，工夫し，創造する点でも「できる」とは限らない。

家業や家事を手伝わずに受験勉強ばかりすると，生活の中で体を使って覚える仕事の段取りや実際の作業，人との協力関係構築などの力が蓄えられず，文字記号を実際に使いこなす基盤を失う。実際の物事を知らないので，言葉を見

ても物事を連想できないからである。過度の受験勉強で，友達と遊んだり，趣味に没頭したりする時間がないと，面白がる精神，遊び心，工夫する習慣，ケンカや仲直りの力が養われない。受験に必要なことの記憶をこなし，教科内容に深入りせずに成績が良くなった「できる子」では，自分の興味から学問や現実に分け入る訓練が弱い。だから自分なりの角度，「眼のつけ所」がはっきりしないことも多く，問題関心や実践的取り組みを展開させにくい。いわゆる「できる子の低学力」問題である。

### 「愛情」が虐待になる

「できる子」の低学力問題は，職場における「指示待ち族」問題，デートにおける「マニュアル人間」問題としても発現する。これらはいずれも，リテラシーの基本原理の基盤部分の弱さから生じている。《生活経験⇒イメージ⇒表現による作品⇒イメージ⇒生活経験》という回路において，生活体験とそこから生じるイメージが不足しているからである。

そして，これが「できる子」においても現れる点に，深刻さがある。「できる子」は，文字・記号の形式操作をある程度習得することで，「できる子」になる。しかし，途中から「できない子」になって勉学放棄に至った場合，文字記号の形式操作も中途半端，生活の技や智慧，友達作りも中途半端になる。本多勝一が『子どもたちの復讐』で描いた「開成高校生殺人事件」のように，孤立して自暴自棄になり，家庭内暴力をはたらき，ついには父が息子を殺す「悲劇」にもなる。

この場合，居酒屋を経営する両親は子どもを東大に入学させようと身を粉にして働いて息子を開成高校に通わせた。しかし，開成に入って息子の成績は伸び悩んだ。そして，「お前たちが地位も教養もないからだ」「おれの青春を返せ」といって，家庭内暴力が始まった。家の手伝いをさせずに「勉強の条件」を整えた両親の「愛情」が，結果的には子どもの死を惹起したのである。ガルトゥングの「構造的暴力」にも似ている。

(b) リテラシーの社会的な関係性が「学習のパラドックス」を激化させる

コトバと文字の神聖化，文字による統治と文字の独占，受験戦争

「学習のパラドックス」は，言葉と文字，表現に内在するものだが，言葉と文字にかかわる社会関係が，それを激化させる。

神の言葉を人間に伝え，人間の言葉を神に伝える「祝詞(のりと)」は神聖で，それを操る神官や巫女などは，共同体秩序をも司る人だとされた。また，それらを文字で記した経典もまた，聖なるものとされた。

共同体が大きくなると，政治・軍事権力を持つ人の言葉を伝えるために，文字が普及し始めた。租税や国家の支出の管理のために，帳簿や目録が作られ，それを管理する官僚たちには文字操作能力が必須となった。そこで，文字操作に長けた者には，上級の職務に就く可能性が強まった。

国家規模の拡大によって，領土の中に複数の文字が存在するようになると，その不便を解消しようと，国家によって文字や書体が統一された。国家はまた，次第に，自身の歴史物語を編纂し始めた。各地の共同体に伝わっていた物語を集めて，その時の国家の支配者の統治を正当化する物語へと再編し，採用されなかった物語は廃棄されたと言われる。例えば，『日本書紀』こそが正統な歴史で，『書紀』に記されたものだけが真実であり，『書紀』に記されていないことは存在しなかったこととされた。これは，「武備」による統治を減らし，「文」による同化＝統合を促進しようとする「文化」政策の1つだが，国家による歴史書の権威づけには，文字と現実との倒錯関係を助長する側面もあったといえよう。

「文化」が成立すると，文字による虚構が作られる。例えば，「匈奴」「鮮卑」などの文字は，「騒乱を起こす奴ら」「賤しい奴ら」というイメージを人に与える。しかし最近の研究では，「匈奴帝国」に対して「漢帝国」が金と米を貢ぎ，「匈奴」が「漢」を従えていた時期もある，とされ，「鮮卑」は後に北魏となる人々である。「匈奴」や「鮮卑」の文字表現は，「勇敢な人たち」に対する漢人の悔しさの表れだったかもしれない。日本では称徳天皇が道鏡を天皇にしようとしたとき，それに反対する宇佐神宮の宣託を「和気清麻呂(わけのきよまろ)」がもってきたので，怒った天皇は彼を「別部穢麻呂(わけべのきたなまろ)」に改名させたという。

地位の高い僧侶や神官，官僚や軍人は，大きな権限を持ち，収入も多く，生

活も安定し,「世間体」もよい。そこで,これらのポジションに就くために,世界各地で次第に受験戦争が起きてくる。中国大陸国家,朝鮮半島国家,越南などでは,高級官僚登用試験である「科挙」の歴史が長く,科挙合格のための受験勉強が苛烈だった。明治時代以後,日本でも高級官僚登用試験が始まり,司法試験などと並んでかなりの受験勉強が必要とされてきた。

　近代化過程における職業の個人選択化によって,汎用性が広い文字と文字に依存する「普遍的な知識」習得が,生きていく上で必須となり,「出世」にもつながった。そこで,「普遍的な知識」習得を目指す「普通高校」の中でも,偏差値の高い上級学校に入学しやすい高校に受験生が殺到する。その結果,文字がもつ矛盾を意識しないままに,若者たちは,受験競争・文字記号習得競争に巻き込まれていく。

　「受験学力」だけでは「学力」として問題があることは,多くの人々が経験的に知り,指摘している。それにもかかわらず,「受験競争」とそれによる弊害は止まない。その理由は,現状では,政界,官界,法曹界,学術界,産業界などで,たとえ歪みのある「学力」でも,それがそれなりに機能しているからである。


### 文字記号習得機会の不平等

　現代日本の受験学力は,文字記号操作能力,自然や社会や人間についての基礎知識,論理的思考のチェックを主な内容としている。そして,受験学力が身につきやすい生活環境があるのも事実である。本やパソコンが身近にあり,昔話や地域の歴史,世界の出来事,人生や仕事などについて教えてくれる祖父母や親戚の人,両親などが身近にいる環境。地域の人たちとの交流が多く,適度な役割分担や「耳学問」の機会があって,いろんなことを話し,旅行,映画館や美術館などにも頻繁に出かける。そのような環境にいると,受験学力はつきやすい。

　反対に,本やパソコンが身近になく,昔話や地域の歴史などに触れる耳学問や,映画館・博物館に行く機会も少ない環境にいると,受験学力はつきにくい。

　受験学力がつきやすい環境は,日常の生活習慣に依るものなので,特別な費用はかからない。このような環境を social capital（社会関係資本）と呼ぶこともある。また,同じ社会関係資本の状況でも,人と人,情報と情報,物事と物事

の組み合わせの工夫で,「受験学力」の強化も可能になる。しかし,人と人の交際,情報の伝達や組み替えには,時間的余裕,生活習慣の伝統,金銭面のゆとりが必要なことも事実である。その結果,受験学力と経済的格差拡大の悪循環が生じていることも否定できない。

言語の序列化問題もある。世の中では一般に,政治力や経済力,軍事力,文化発信力などが強い地域や国の言語が,より優位な言語となる。

現在の日本では,東京の言葉が,入試で使う「標準語」に近く,一番強い。二番目は関西の言葉で,この地域に長く日本の首都があったことによる。次いで,各地の言葉がランク付けされるが,東北の言葉は「ズーズー弁」として低く見なされてきた。それは,この地域が「ヤマト」によって,比較的最近に征服されたことと関係がある。その下には,日本に併合された旧琉球王国の伝統を引く言葉=「うちなーぐち」があるが,最近は,歌やドラマの影響で,認知度が上がっている。北海道先住民の最大グループのコトバ,アイヌ語は,アイヌ新法制定以後,認知度が上がってはいるが,一般には接する機会が少ないのが実情である。

こうした,言語の社会的序列がある場合,母語が「標準語」に近い方が,受験にとっては都合がよい。もちろん,序列が下だとされる言語が母語の場合,それを逆手に取れれば,「標準語」とのバイリンガルになりやすく,また自分たちの地域の文化を理解し発信するチャンスにもなる。

国際的にも,言語序列はある。国際的補助言語で見ると,かつてのフランス語,旧ソ連圏でのロシア語,現在の英語などに母語が近い人は,受験や国際生活では有利である。これらの言語を母語としない人たちは不利だが,開き直れれば,バイリンガル,トリリンガルのチャンスがある,ともいえる。

### 機会へのアクセスの格差拡大

文字の読み書きの技能がないと,生活と社会の主人公になりきれず,不利益を被りやすい。契約書の内容を理解せずにサインすれば,騙される確率が高まる。法律を読めなければ,自分の権利,国家と人々との約束ごとの理解も難しい。複雑な計算や物事の設計,日記を書くこと,自分の願いをうまく人に伝えることも難しい。

リテラシー習得機会を多くの人々に開くために,日本の国公立大学の授業料

が無償に近い程度に低く抑えられていた時代もあった。その時期には，親の収入が少ない若者にも，子ども時代から培った生活経験と学校での学業経験をふまえた努力によって，大学で習得する高度な技や智慧と学問とを繋いで階層上昇をするチャンスがあった。

しかし，1970年代以後，国公立大学の授業料がどんどん上がり，現在の日本では，子ども1人あたり年間100万円を親が負担できるかどうかで，大学で学べるかどうかが決まると言われる。そして，これが階層固定化の原因の1つと考えられている。そしてこの格差の固定化が，社会的な停滞感，閉塞感を生み，自殺，鬱，ひきこもり，無差別・凶悪犯罪，いじめなどを含む社会不安の大きな原因であることは，誰も否定しえない。

また，「日系ブラジル人」の子どもたちなど，移民・移民労働者の子どもたちは，母語と日本語との間で揺れながら生活しているが，ブラジル人学校の授業料が高いので，学校に行っていない場合も多い。

この格差は国際的にもある。「南北問題」と言われるように，旧植民地宗主国や多国籍企業本拠地である「北」の国々に多くの富が集まっている。旧植民地で，工業製品の輸入国，原材料や労働力の提供地となっている「南」の国々には，富の配分が少ない。かつてほとんど存在しなかった飢えや栄養失調がアフリカを中心に生まれ，北の資本が関与する金，ダイヤモンド，レア・アースなどをめぐる戦争で生命が奪われ，学校に行く機会がない子どもたちも多い。


「先進国」におけるリテラシー，コンピテンシー低下

「発展途上国から」多国籍企業本拠地である国々には「超過利潤」が還流し，それが，ときに社会福祉の原資の一部になっていることも事実である。その環境のなかで，いわゆる「先進国」では，「職がなくても飢え死には起こりにくい」という状況もある。そして，「先進国」の子どもや若者は，塾や予備校などで「文字漬け」「受験漬け」「テレビゲーム漬け」にされ，現実の「仕事」にかかわる技や知識，智慧を身につけることが弱くとも，身体だけは大きくなる。宮崎駿『千と千尋の神隠し』における「湯婆婆」の息子「坊」の状態で育ってしまうことも珍しくない。そして就職してから，「使えないやつ」「指示待ち」「レポートが書けない」「空気が読めない」と非難されたりもしている。

自己家畜化としてのリテラシーゲーム

　騙しや詐欺はリテラシーと結びついているが，その最たるものの1つが，マネーゲームとリテラシーゲームとの結びつきである。一般に経済循環は，モノやサービスが実際に作られ取引され，消費され，その利潤の一定分量がモノづくりその他に再投資される。

　最近の「アベノミクス」でも繰り返されているように，マネーゲームはこの経済循環を無視して，米ドル，ユーロ，日本円，中国圓（元）の紙幣をどんどん印刷し，株価を上げて，景気が良くなるように見せかける。それは実体経済の拡大局面を産むとは限らないので，紙幣の増刷による貨幣価値の低下が起き，結局は調整局面に入って株が暴落し，銀行が破綻する。この過程で「見事に高値で売り抜けた」人や投資ファンドが大儲けをし，マスメディアに「個人投資家」とおだてられた庶民は損をして，実体経済は混乱する。だから株の乱高下は大口の投資機関が小口の「個人投資家」のなけなしのお金を巻き上げる，「ビジネスチャンス」となっている。

　サブプライムローンのように，このマネーゲームを，数式としての完成度が高い「金融工学」が支えた。そしてその旗手とされる人はノーベル経済学賞を授与されたが，金融工学は破綻した。金融市場と実体経済との循環という事実を踏まえて，それを正確に文字・記号化するという，リテラシーの基本法則を無視したからである。文字や数字で人をごまかすことは，金融工学に限らない。「イラクの大量破壊兵器」発言も，振り込め詐欺も，学位取得によって仕事が見つかり給料が上がるという幻想をふりまいているアメリカや韓国，中国，日本などでの学歴インフレ・資格インフレ詐欺も，リテラシーゲームである。

　2012年のNHKのドキュメンタリー番組によれば，最近の証券会社などでは株式の売り買いを，人ではなくコンピューターが判断・実行している。もちろん，投資の基本的方向性は人間が設計するが，あとは機械＝コンピューターが自動的に実行する。それは便利だが，「投資」が無限に利潤を積み上げることはありえず，必ずどこかで調整局面になる。だから，投資するコンピューターは，必ず不幸な人間を創り出す役割も果たしている。これは，コンピューターを使った空爆による殺戮ともどこか共通する。コンピューターに関する無批判な「学習」は，人間を不幸にする「学習のパラドックス」の典型の1つでもある。

　人間は，衣食住の確保のために多大な努力を積み上げ，「便利に，便利に」

とコンピューターを作ってきた。それは一面では必要なものだが，人間が直接に自然や人とかかわる機会を減らしたという点で，人間という名の動物に「ひ弱さ」と，大規模な殺戮，マネーゲーム，金融恐慌，家計破綻をも，もたらしている。ヒトの自己家畜化が生み出し続けている不幸，ヘーゲル＝マルクス風邪に言えば「人間の自己疎外」の典型の 1 つである。

## 3. リテラシーと正しく付き合う方法──批判的・機能的識字

### (a) リテラシー・識字──その効用と 2 種類の機能

　学習のパラドックスはリテラシー・識字に内在する矛盾の 1 つの現象形態である。だから，リテラシー・識字の基本とその活用法についての人類の智慧の到達点を知ることが，学習のパラドックスを克服する道である。

　リテラシー（literacy）とは，letter＝文字の活用能力・運用能力のことで，中国や日本では文字を識るという意味で「識字」，韓国では文章を解するという意味で「文解（문해）」という単語が使われている。

　世界に文字の種類は多いが，①個々の文字は音を表すだけで，意味をもたない表音文字（letter），②個々の文字に意味がある表意文字（character）の，2 種類に大別される。前者には，ギリシャ文字，ローマ字，キリル文字（ロシア文字），アラビア文字，満州・モンゴル文字，タイ文字，デバナガリ文字（インド文字），ハングル（チョソングル），平仮名・カタカナなどがある。後者には，ヒエログリフ（古代エジプト文字）や漢字などがある。

　音声言語が使った瞬間に消えることに起因する，意思疎通上の種々のトラブル防止のために，文字・記号という簡便な象徴が使われ始めた。文字の使用によって，時間と空間とを超えて伝えたい内容を維持し，比較的正確に伝えることができる。この効用には，歴史的に見て，①横の意思疎通の強化，②縦の意思疎通の強化の 2 つがある。

　横の意思疎通には，交易などにおける契約文書，または私信や日記や随筆，詩などがある。後者には，友情を含む愛情表現や自己対話の機能がある。小説，芝居や落語の台本などはもう少し広く，社会での共感を創り出す。学術論文，学術書，設計図，星座の記録，カレンダー・暦などは，複雑な自然や社会，人間機能の解明を意図する複雑な思考を助け，その成果を共有するためのもので

ある。ここには，国家の権力の関与が比較的少ない。

　これに対して，縦のつながりでは，大きな組織における意思疎通の機能が重視される。それには，宗教の経典，軍隊や官僚機構の命令書・復命書，法律文書などが含まれる。また，これらには，宗教的権威や政治権力が深く関与してきた。中央政府からの命令を伝えるために，「木簡」など，木や竹の板に命令内容を文字で記し，それを運び，地方からの報告も文字でなされた。

(b)　リテラシー・識字の範囲

何語のリテラシー？――複数言語を使用する国々

　リテラシーの論点の1つは，何語のリテラシーか？　ということである。

　世界には，複数言語を使う国家も珍しくない。シンガポールでは，英語，マレー語，中国語（北京語），タミル語の4言語が公用語で，住民の多数である広東系の人々は広東語を話す。カナダでは，ケベック州がフランス語を主としているので，英語と共にフランス語が公用語である。北欧のフィンランドでは，先住民スオミの言葉を基礎とするフィンランド語と旧宗主国の1つであるスウェーデンのスウェーデン語が，ともに公用語であり，英語も広く使われている。イギリス植民地時代の香港の議会「立法会」では，英語と広東語が公用語とされてきたが，1997年以後の中国特別行政区になってからは，これに北京語が加わった。

　公用語は1つだが，事実上の複数言語体制の国も多い。「大清国」では，表向きでは，皇帝一族の中国語発音による中国語＝北京官話（Mandarin Chinese）が話されていた。しかし，皇帝の居城（紫禁城）の特に後宮では，皇帝一族の言語である満州語と北京官話の2言語併用で，公文書における皇帝の署名・捺印においても，漢字と満州文字とが併用されていた。かつてイギリス（United Kingdom）では英語とスコットランド語が併用されていたが，公的な場でのウェールズ語使用は禁止されていた。しかし，1970年代以後，ウェールズ語も準公用語化され，鉄道の駅などにも2言語表記がおこなわれている。オーストラリアやニュージーランドでは，かつて「白豪主義」の下で，英語のみの公用語政策をとったが，1970年代以後の多文化・多言語政策の下で，先住民であるアボリジニ，マオリの言語の使用が奨励されてきた。日本でも1997年のア

イヌ新法制定によって，アイヌ語の保存が奨励されている。

　今日のリテラシーでは，国際的補助言語である英語習得も話題になる。かつてのヨーロッパではフランス語がこの位置にあったが，英語がそれにとって代わった。その理由の1つは，ビクトリア朝以後のイギリス，そして第2次世界大戦後のアメリカという，英語を公用語とする2つの帝国が続いて世界の政治経済を仕切ってきたことである。もう1つの理由は，名詞に性がなく動詞の格変化もほとんどないなど，ヨーロッパ語としては例外的に文法規則が緩いので，初心者にとってとっつきやすいこと，である。

　フィンランドを含む北欧諸国は，人口が500〜1000万人と少ないので，英語のリテラシーが強く奨励されている。また，EUにおける若者の就業力向上政策でも，英語の習得が一つの課題とされている。第2次大戦後，アメリカの影響力が極端に大きくなった西太平洋地域でも，ハワイ，フィリピンに続いて，日本，台湾，韓国で，英語習得が必須であると意識され始めている。イギリスの影響のもとで英語が公用語・準公用語とされてきた国々も多い。ナイジェリアなどのアフリカ諸国やパキスタン，インド，ネパール，バングラデシュ，スリランカ，シンガポール，マレーシアなどであり，英語はアジアの共通補助言語となっている。

　このように，強い影響力を持つ国家の公用語がその地域の国際補助言語もしくは共通語となる現象は，歴史的には多い。イスラム教を国教とする国が今でも多い西アジア，北アフリカ地域では，イスラム教の経典であるコーランを記しているアラビア語が補助言語となっている。先住民の言葉はあっても文字がなかったり，共通言語が確立していない場合には，植民地宗主国の言語が，国際補助言語もしくは，共通語となっている。アフリカではフランス語と英語が二分し，中南米ではブラジルのポルトガル語を除くと，ほとんどの国家でスペイン語が共通言語となっている。

　近隣諸国の言語による放送や文字表記が取り入れられている国も多い。「サン・フランシスコ」「ロス・アンジェルス」というスペイン語地名が示すように，カリフォルニア州などのアメリカ西部の州には，アメリカがスペインから買ったり，奪ったりしたものも多い。その結果，言語的には，先住民の言語の上にスペイン語が被さり，さらに英語でコーティングした状態になっている。加えて，かつては一体の地域だったメキシコからの移民も多く，日常語としてスペ

イン語が広く使われている。そして,これを追認するように一部の空港では英語とスペイン語の2言語による放送や表示が見られる。

　ヨーロッパでは,イタリア語とスペイン語とポルトガル語,ドイツ語とオランダ語のように,それぞれの言葉で互いに意思疎通ができるほど似ているものも多く,隣国語を使うことは,ときに常識となっている。

　日本でも,成田・羽田の国際空港やそこに乗り入れている鉄道では,日本語,英語,中国語(簡体字と繁体字),韓国語の4言語,5種類の文字による表記が,2000年前後から始まっている。商売,楽しみ,隣国文化理解のために「話す,聴く,読む,書く」のバランスを取って隣国語を学ぶ人が増えており,4言語での放送・表記に異和感がない状態になっている。これは,台湾,韓国,香港,中国大陸の一部でも進みつつあり,今後の東北アジアでは,英語・中国語・日本語・韓国語の4言語習得が必須になるとみられる。

　文字・記号の多様性——点字,楽譜,数式,手話,指点字
　1つの言語が複数の文字で表記されている国も多い。日本語は漢字,ひらがな・カタカナ,ローマ字によって,朝鮮・韓国語はハングルと漢字によって表記される。モンゴルではかつて,世俗世界ではモンゴル文字,仏教寺院ではチベット文字が使用されていた。しかし,モンゴル文字の習得が難しいという理由やソ連による支配の強い影響から,1921年に36のキリル文字(ロシア・アルファベット)が公式に採用されて,モンゴル文字はほとんど使われなくなった。ソ連解体後のナショナリズムの高揚のなかで,モンゴル文字が復活し,現在のモンゴルにおいては,世俗世界では,キリル文字とモンゴル文字の2種類のモンゴル語表記が併用され,仏教寺院ではチベット文字の使用が続いている。ベトナムの例もこれと似ている。ベトナムのグエン王朝では,ベトナム漢字(チュノム)を加えたベトナム語の漢字表記が一般的だったが,1860年のフランスによる保護国化によって,チュノムが全廃されローマ字表記となった。しかし,近年,ベトナム漢字が復活する兆しが見えている。

　文字には,視力の不都合がない人間が一般に使う「墨字」の他に,視覚障碍者が使う「点字」もある。点字は記録に残るという点では,文字の一種である。人間が操る音声を記録する記号としての「楽譜」もある。「五線紙」に音の高低や長さ,強弱を記した"オタマジャクシ楽譜"の他に,日本の三味線や

琴，お囃子のように，「テンステテン」などの言葉を表記したものもある。また，数字の計算式を示すさまざまな数式，化学反応を示す化学式の操作・活用能力も，人間の言語の記号化という点で識字の一種だといえる。

言葉を表すという点では，手による信号である「手話」がある。手話は文字の一種というよりも，音声言語とは異なる話し言葉である。また，指点字は，視覚と聴覚の両方に障害がある「重複障碍者」が使う信号である。

### 母語，地域語，公用語・国語――リテラシーとアイデンティティー

中国語には，北京語，西安語，上海語，四川語，福建語・台湾語，広東語，客家語など多くの地域語がある。文法と基本的文字は共通だが，香港の広東語のように口語表現を示す特別な文字をもつこともある。同じ文字でもその発音はそれぞれ別々であり，スペイン語とポルトガル語が別の言語だという基準からすると，それぞれ別の言語である。例えば，「私たちは日本人です」は次のようになる。

「我們是日本人（ウォーメン・シー・リーベンレン）」北京語

「阿垃日本人（アラ・ジッポニン）」上海語

「我地係日本人（ンゴーデイ・ハイ・ヤップンニャン）」広東語

文法が同じでも単語や言い回しが違うことは，日本の言語にもある。例えば，「〜だ」を示す語尾は，長野県でも「〜だに（伊那）」「〜ずら（木曽・松本）」と異なる。また，「サツマイモ」は，沖縄では「唐芋（カライモ）」，薩摩では「琉球芋（リュウキュウイモ）」，東京では「薩摩芋（サツマイモ）」と，伝播経路を反映して単語が異なる。

人が言葉や文字を覚え使いこなす点では，親から教わった母語と生まれ育った地域の言葉である地域語・方言の習得が最も大切である。その基礎の上に，国家の公用語または「国語」を習得し，さらに隣国語・国際補助言語を習得することが望ましい。《母語・地域語⇔公用語・国語⇔隣国語・国際補助言語》という図式になる。言語差別など，なんらかの事情でこれが逆転すると，認識的・心理的，あるいは対人関係のトラブルにつながることもある。

(c) 批判的思考を伴う機能的識字

「○○リテラシー」の効用

「コンピューターリテラシー（computer literacy）」という用語が，世界中で使われている。「コンピューターの活用能力」という意味で，リテラシーの「文字記号の活用」という面に注目した造語である。キーボード操作，マニュアル理解，文書作成，表計算，eメール，プログラミングなど，コンピューターの活用には，文字記号操作が欠かせない。

こうした「○○リテラシー」の用語法が，さらに拡大している。最近20～30年ほどの間に，「ポリティカルリテラシー（政治制度等の活用能力）」「カルチュラルリテラシー（文化活用能力）」「フィジカルリテラシー（身体活用能力）」「ヘルスリテラシー（健康知識の活用能力）」「メディアリテラシー」など，「○○リテラシー」が造語され，使われてきた。このルールに従えば，人間生活のあらゆる領域について「○○リテラシー」という用語が成立する。例えば宇宙についての知識の習得や活用能力は「スペースリテラシー」，世界遺産の知識とその活用は「世界遺産リテラシー」となる。

この使用法に立つと，人間生活にかかわる全領域を，「○○リテラシー」でカバーできる。中心軸に，「仕事，遊び，祈り，学び・意味づけ」からなる生活実践と表現活動があり，その周囲に，母語・地域語，国語・公用語，隣国語・国際補助言語からなる話し言葉の世界，それらに対応する文字・記号習得と活用の世界がある。そしてその外側に，「○○リテラシー」の世界が配置される。この図式は，「リテラシー」という視点から一元的にものを見ようとする点で整合性がある，といえる。

ファンクショナルリテラシー

しかし，ここに1つの問題が起こる。functional illiteracy（機能的な非識字）の問題である。それは，いったんは覚えた文字を忘れる「学力の剝落」（大田堯）現象，文字が生活から分離して日常生活で機能しない現象である。これは，発展途上国だけでなく，アメリカや日本などの先進国でも広くみられる。文字は生活の中で機能し定着して初めて，意味をもつ。そこで，「ファンクショナルリテラシー（functional literacy）」という発想が重視される。

批判的識字

　では，「機能する」とは何か？　「人から言われたことを決まったパターンで実行すること」も，「機能」には違いない。しかしこれには，「それで人々や組織，国家の自立・自律的な行動が実現できるのか？」という反論がある。

　この視点から生まれた用語が「critical literacy（批判的識字）」である。例えば，非正規雇用拡大の下で，大学生が「就職のため」にもっぱらエントリーシートの書き方と面接の練習だけをしているとする。この場合，その限りで文字は活用されている。しかし，それだけではイス取りゲームでイスを取るための訓練をしているにすぎない。非正規雇用拡大の状況や原因，その状況を改善するための方策などにも目を向け，そのために本を読み，現場訪問やインタビューをして，論文を仕上げ，それを素材に多くの人と意見交換をする。そうしてこそ，文字を使いこなしていると言える。そのような状況分析や改善方策提案をおこなわない，critical thinking（批判的思考）を欠く学生では，採用には至らない可能性も高い。その結果，その学生は内定を取れず，適応主義に傾いた機能的識字は，結局は効果がなかった，機能しなかったということになる。また，就職しても分析力やシナリオ提案能力が低いので，早晩ゆきづまることとなる。

　そこで，疑問を持ち，調査し，分析し，自問自答し，友人や先輩・師匠

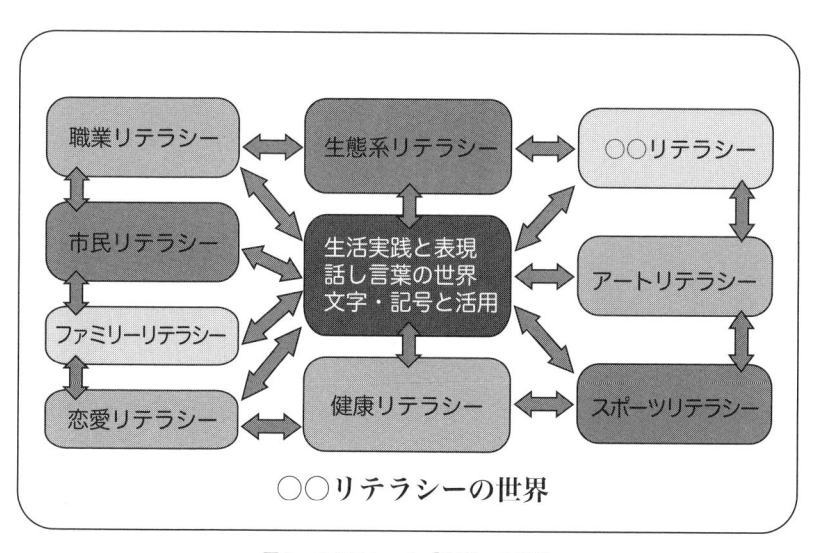

図9　リテラシーと「知識」の世界

たちと意見交換して，独自のレポートをまとめる「批判的な思考を伴った functional literacy」，すなわち，「critical and functional literacy（批判的な思考を伴う，実生活で機能する識字）」が重要だという考え方が重視されるに至った。

学習の組み替え

この critical and functional literacy は，unlearning の視点を伴う。unlearning とは，「学習」とそれによって形成された認識を，自分たち自身でチェックし修正する作用である。それは，コンピューターのソフトウェアを更新するときにおこなう「uninstallment」のイメージによる。

critical and functional literacy は，自分の中での常識を疑い，偏見や思い込みを取り除き，複数の見解を対比し，自分で事実を調べ，よく考えて判断すること，そのためにリテラシーを使うことである。そのさい，日頃から，自分自身が感じているちょっとした疑問を大切にし，自分で調べ，事実と照合する習慣が大切である。また，①「伝聞情報」と，②「事実に基づく断定」と，③伝聞や確認できる事実からの「推定」とを，きちんと区分けして考え，議論することなども求められる。そして，このクリティカルリテラシーとファンクショナルリテラシーとアンラーニングの三者が，全体を貫く視点として補強されて，先の○○リテラシーの図式は，一応の完成を見る。

リテラシーの広がりと活用法

このような方法でリテラシーとつきあうことができれば，リテラシーは便利なものである。とくに，批判的識字といわれる分野では，literacy（識字），literate（活用能力あり），illiteracy（非識字），illiterate（活用能力なし），という用語を使って，生活のありとあらゆる分野をカバーできる。そして，このような発想に立つと，リテラシー＝文字の読み書きというきわめて単純なことがらを基礎に，世界を再構成することが可能となる。

中心には，「生活」という心棒があり，その周りに言葉と文字の読み書きがある。その文字の読み書きには，母語，国語・公用語，エスニックマイノリティーの言語，国際補助言語，隣国語，その他の言語が含まれる。また，文字記号は，ひらがなやカタカナ，簡体字，ハングルなどのように必要に応じて修正・創造されるとともに，筆記用具等に応じて，篆書，隷書，楷書，行書，草

書，ひげ文字，ゴシック文字など，多様な様式で表現されもする。その外側に，コンピューターなどの機械や辞書があり，それによってもたらされる情報や知識がある。

 こうしたコア部分の周囲に，「生活リテラシー」「仕事リテラシー」「遊びリテラシー」「身体表現リテラシー」「芸術リテラシー」「恋愛リテラシー」「結婚リテラシー」「政治リテラシー」「経済リテラシー」「国際リテラシー」など，生活のあらゆる領域にわたる，具体的な部分がある。

 そしてそれをチェックするものとして，「批判的識字」「学問」がある。格差是正の問題，文字に振り回される危険の回避，リテラシーの広がりの探求を明確に意識するときに，文字を活用する主体，学習の主体，そして生活と自分自身の主人公，人々と協力して歴史を綴り創り出す主体になれるのである。

# 第3章
# 「学問」「学習」「学力」とコンピテンシー

## 1. リテラシーを生かす「学問」「学習」

「学習」に不可欠なリテラシーの矛盾を知り，3種類のリテラシーを意識することで，リテラシーのリスク回避と積極的活用が可能となる。すなわち①ファンクショナルリテラシーによって，リテラシーと現実生活との結びつきを強化する。②クリティカルリテラシーによって，現実の反映の状態を点検する。③「○○リテラシー」によって，リテラシーの扱う領域を拡張する。そして，これを「学習」との関係で整理するためには，「学習」と「学問」との関係を問うこと，「勉強」に対する「勉学」の復権が必要となる。

(a) 「学習」と「学問」

「学習」というコトバは，「学」と「習」から成り立つ。
　先人の経験は，さまざまな書物や作品，社会の常識，両親・祖父母，先輩や先生の中に蓄積されている。その技や知識，智慧を，私たち自身の身体や意識の中に取り込む行為が「学」である。「学」は視野を広げ，「学」がないと独り善がりになる。
　一方，「習」とは，自分の身体器官を使って，ある動作を反復訓練して，身体的に熟達すること，身体が直観的に反応するように自らを変えることを指す。だから，「学習」とは，①自分の外界にある，知識や作品を自分の意識・認識システムに取り込む行為=「学」と，②ある行為を繰り返して，半ば自動的に身体が動くように熟達させる=「習」と，③この2つの行為を結びつけること

の，3つの部分から成ると言える。

(b) 「学問」——疑問をもちながら学ぶ，より良い方法を求めて学ぶ

「学問」というコトバは，「学」と「問」が結びついて成り立っている。「問」とは「問うこと」であり，物事を絶対視せず，疑問をもち，相対化し，より良いやり方によって，真理，真実に近づくことである。それによって，「通説」や「常識」を修正し，豊かにすることである。だから，「学問」には次の3つの要素がある。①自分の外にある技や知識や知慧を，それらが集約された作品や人を介して意識の中に取り込む行為としての「学」。②実際の状況との関係で，物事の成り立ちやより良いやり方のための工夫について，これでよいかどうかを自ら問い，友人や先輩とともに考えつつ，「定説」「常識」を相対化し，疑いをもちながら事実を集め，実験すること＝「問」。そして③「学」と「問」を結びつけて，新しい技や知識，知慧を創り出していくこと，である。

(c) 「勉強」に対する「勉学」の復権

「学問に勉強せよ」——「勉学」というコトバ

　私たちの実際の生活の充実には，取り込んで身体化する「学習」とともに「学問」も欠かせない。そして，学問に勉励することを「勉学」という。

　学校についての日本の最初の法律である「学制」の序文，「學事奬勵ニ關スル被仰出書」（通称「被仰出書」明治5（1872）年）のキーワードは，「学」「学問」であった。士族や男だけでなく農民，商人，職人も女も，すべての人が<u>「學事……勉勵シテ之ニ従事」</u>すべしとしたこの文書の主眼は，国家のためも視野に入れつつ，個人のために「学事に勉励」せよとのことであった。この「被仰出書」の論理は，同じ年に出版され，続編で「学問に勉強せよ」と述べた，福沢諭吉『学問のすゝめ』とほぼ同じである。

　個人のため，産業や国家のために「学問」を奨励する「勉学」の伝統は，日本国憲法にも受け継がれている。この現行憲法においては，戦争や言論弾圧の歴史への反省を踏まえて制定された現行憲法は，国民主権，平和主義，基本的人権の尊重，地方自治を掲げ，世界で「名誉ある地位を占める」こと，知り表

現する権利が大事にされている。集会・結社・表現の自由の基盤として,「学問の自由はこれを保証する」(第23条)。その上で,健康で文化的な生活を営む権利(第25条),教育を受ける権利(第26条),働く権利(第27条),団結し,団体交渉・団体行動をする権利(第28条)が実現する,という構成になっている。

この憲法を受けて,教育基本法が,「未来を切り拓く教育の基本を確立し,その振興を図る」ために制定された。同法は,「人格の完成を目指し,平和で民主的な国家及び社会の形成者として必要な資質を備えた心身ともに健康な国民の育成」(第1条)のための教育は,「学問の自由を尊重」することが前提だとする。これを受けた,学校教育法「第9章　大学」の中心概念は,「学術」「知識」「専門の学芸」「教授研究」「知的,道徳的……応用能力を展開」することである。

「学芸」とは,「学問」と「芸術」もしくは,「学術」と「芸術」である。

> 「大学は,学術の中心として,広く知識を授けるとともに,深く専門の学芸を教授研究し,知的,道徳的及び応用的能力を展開させることを目的とする。」
> (第83条。下線は引用者)

「○○に勉強する」——「勉強」は目的語を必要とする

しかし現在,「学習」「学力」「勉強」は頻繁に使われるが,「学問」「勉学」はあまり口にされない。「勉強」とは,これ以上できないほど,熱心に作業をすることである。そしてそれは,目的語を必要とする。「大工仕事に勉強する」(春風亭柳橋「子別れ」下),「歌道に勉強する」(柳家小さん「道灌」),「大いに学問に勉強せよ」(福沢諭吉『学問のすゝめ』)というようにである。今でも価格交渉のさいに「もう少し(値下げに)勉強できませんか」「これで,ぎりぎりの勉強です」というやりとりがある。この文脈で,「学問に勉強」「学事に勉励」という表現が生まれ,その短縮形が「勉学」であり,「勉学に勤しむ」とも言われてきた。

「勉強」から目的語としての「学問」が脱落した

しかし1960年代に,「勉学」は「勉強」に取って代わられた。1964〜69年の人気テレビ番組,井上ひさしらの脚本によるNHK『ひょっこりひょうたん島』で,「勉強なさい」とサンデー先生が歌う。

「勉強なさい，勉強なさい，大人は子供に命令するよ，勉強なさい，偉くなるために，お金持ちになるために，あ〜，あ〜，あ〜，あ〜，そんなの聞き飽きた」（子供たち）。「いいえ賢くなるためよ，男らしい男，女らしい女，人間らしい人間，そうよ，人間になるために，さあ，勉強なさい」（サンデー先生）。

　これは，当時の子どもたちに人気の歌だった。「勉強」の目的は「賢くなる」「男らしい男」「女らしい女」「人間らしい人間になる」ことだと述べ，「偉くなる」「お金持ちになる」ことを否定したことも，人気の理由の1つだった。同時に，今から約50年前に，学校で学ぶことを「勉学」とは言わず「勉強」と呼んでいたことをもこの歌は示している。この時期は，高校進学率が急上昇し，中学校の校内に高校入試の模擬テストの順位表が張り出され，大学が大衆化する前夜だった。抽象的な点数が重視され「偏差値輪切り」が始まったこの時期に，学校で「学ぶ」ことから，「学問」の具体的な内容が脱落し始めたのである。

## 2. 「学問」の構造，「学力」，コンピテンシー

### (a) 「学問」の構造——「道理」を知る

「学」と「知」——宋学・朱子学における「学」の拡張

　11〜12世紀に成立した「宋学＝朱子学」以前の，東アジアの伝統学問である「儒学＝人が需める学問」においては，「学」は限定的に理解されてきた。例えば，孔子の言行録である『論語』の世界において「学」は，物事について，経験を積んで知識を蓄えた人の話を聞き，知識を蓄積した書物を読んで，知識を自分の内部に取り込むことであった。そこでは，「知る」ことが「学」の上位概念であり，「学」は「知る」ために必須な手段の1つであった。そして，具体的なものを知って一般的真理に到達するという，「下学上達」の認識論が強調された。

　12世紀になると，国家経営論を含む『孟子』，学問の目的・手順を示した『大学』，人の徳を述べた『中庸』を『論語』に加えた「四書」が，宋学＝朱子学（「新儒学」）の基本テキストとされた。これに，宇宙論・自然論・生命論の『老子』『荘子』，物質循環や死生論の仏教経典とくに「色即是空　空即是色」で有名な『般若心経』を取り入れて，朱子学は成立する。そのなかで「学」は，その範囲を拡張して「知ること」と同義に近いものとなった。

## 「道」における「気」と「物」の循環と「理」

　東アジア的な学問伝統では、「宇」＝屋根があり、「宙」＝空に向かって広がった空間では、すべての物事は多様で独自だが、相互に関連しあって一体である、と考えられてきた。それは「道」と呼ばれてきた。『老子』は、「道」とは「一が二になり、二が多になり、しかも一である」と、宇宙における多様性と関連性と一体性を強調する。例えば、人間も魚も鳥もミミズも、桜の木もサクランボも、雨も雪も雲も海も川も湖も地下水系も、それぞれ独自だが、互いに関連しあっている。人間は死んで他の動植物のえさや肥料となり、サクランボも食べられて芽をだし、花をつける。そして、これらの生命体を水が繋いでいると、『老子』は考える。「水があれば柔らかく、水が無くなれば固くなって死ぬ」。

　そして、この生命体と水の循環に沿う生き方を心がける生活スタイルが、人の生き方としての「徳」の基本である。だから、「戦争に勝ったと言って男たちは浮かれているが、そういう日こそ、情けない日だと思うべきだ」という。それは、生命を育む「子宮」の大切さへの暗示でもあり、ここから、都市や建物などの空間設計のコンセプトである「風水」も生まれたとされる。

　この「道」を構成するものは、「気」と「物」との循環である。「気」は、すべてのものの源であり、「気」の具体的現象が「物」である。「気」はこの宇宙に充満する一種のエネルギーであり、目に見えず触ることもできない。気は、それ自体の運動によって、人間も含む具体的で知覚できる「物」に転化する。だから、この世に存在するすべてのものには、もともと、根本的に、気が備わ

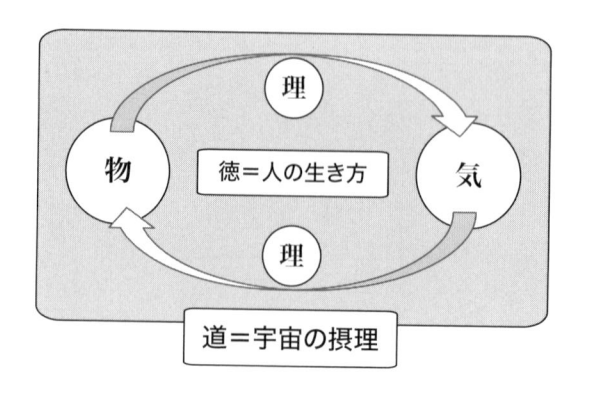

図10　「気」と「物」の循環と「理」「道」「徳」

っている。それを「元気」「根気」という。天に備わる「天気」，暖かければ「陽気」，寒ければ「寒気」，無であるように見えながら存在する「空気」。「物」は，気の一時的形態なので，気の運動に従って常に変化し，また分解して気の世界に戻り，そこからまた，新たに物が発生する（図10）。

　道における，この気と物との循環を司るものが「理」である。例えば，人間が生まれて死ぬまでの変化も，雲が作られ，雨や雪が降ることも，「理」の働きによる。そして道と理を合わせて「道理」という。道理は，具体的な物の具体的な道理でありながら，全体の循環をも指す。だから，具体物に即し，筋道が通った説明に対して「道理で……」と言う。1つの可能な説明に「一理ある」と言い，理に合致せずに実現不可能なことを「無理」という。

　1つの現象には1つの理がある。物体の理は「物理」，心の理は「心理」，数の理は「数理」，権力や権限に関する理が「権理」である。また，基本的「理」を「原理」，誰も否定できない「理」を「公理」，規則正しく起こる変化を「摂理」，すでに確立して疑いの余地がない理を「定理」などと言う。さらに，「理」の探求によって把握された理について論じたものを「理論」，「理」とされるが実態に合わないものを「空理」，実体と合致している理を「真理」という。

### 基礎研究を不可欠な構成要素とする「実学」

　このような「理」を，人間が把握する行為が，「窮理」としての学問である。真理を把握できれば，生活において失敗を減らし成功を増やせる。例えば地震や津波という「物の道理」を把握できれば，その発生は阻止できないこと，予知や避難計画，事故対策の強化・訓練によって被害を減らせることがわかり，具体的対応が可能となる。だから，朱子学的伝統では，実際の物事に即した真理・道理を知ることと，それを生活に生かすことは，ともに学問にとっての必須要件とされた。そしてとくにこの面を強調するときに，それは「実学」と表現されるのである。

　この実学は「道理」の把握，「窮理」の一環である。だから「実学」において，基礎的な研究は，その不可欠な構成要素である。また，明の時代になると王陽明らがこの関係性を強調し，道理を知ることと行動との一致が強調して，「知行合一」を唱えた。

## 「知る」ことと「格物致知窮理」——「学問」の8工程

　道理の状態としての「真理」は、直接的には姿を現さない。目の前にあるのは、個々の事柄の道理である。そこで、人間は、観察や実験によるデータ収集やその整理、推論などによって、具体的なものと取り組み、個々の理を探求し、それを繋いで、「真理」に漸近する。それを「格物致知窮理（物と取り組んで知を働かせて理を窮める）」という。そして、この過程には、「学問」に固有の工程が必要になる。

　「学問」には少なくとも8つの工程がある（図11）。

　①日常生活の経験の中で培われる「格物」によって、経験知を豊かにする。これは図の「土台」の部分である。

　②独自作業として、基礎的な知識、ものづくりやアートのスキル、記号のスキル、そしてイメージを含む問題設定方法の訓練を受け、習得する。これは図の上下左右にある白い部分である。

　③《問題との遭遇⇒経験知の発動＋知識・スキル・イメージを含む問題設定事例の取り込みと調査・問題設定⇒処方箋作成⇒実践⇒経験則》という問題解決の回路を機能させる。これは図の中央部分である。

　④実践過程の一区切りで新たに得られた経験知を整理し、既知の経験値と照合する。これは、中心部から上下左右の濃い網かけの矢印部分である。

　⑤通説との照合による、一般知・経験知・常識の確認・修正と基礎研究の促進。これは、その先の網かけ矢印部分で示される。

　⑥確認・修正した一般知、経験知を再ストックする。これは上下左右の枠の中に示されている。そして「ローカルな技・知」とも呼ばれるものが、後に述べるコンピテンシー＝臨機応変の能力のコアとなる。

　⑦新たな問題設定の出発点として更新された経験知・普遍知を整備する。

　⑧「実学」＝「実業」の社会的展開・発信。

　この8工程の図を頭の中に置き、現在、自分が実行している工程を意識することで勉学は進捗する。学問の全体のどの部分に今の自分が取り組んでいるのかが意識化されないまま、闇雲におこなう「勉強」では先が見えず、持続しない。

### 日常生活経験の中で培われる「格物」と経験知

　学問の基盤は、生活体験を積む（格物）である。体験によって、感覚を通し

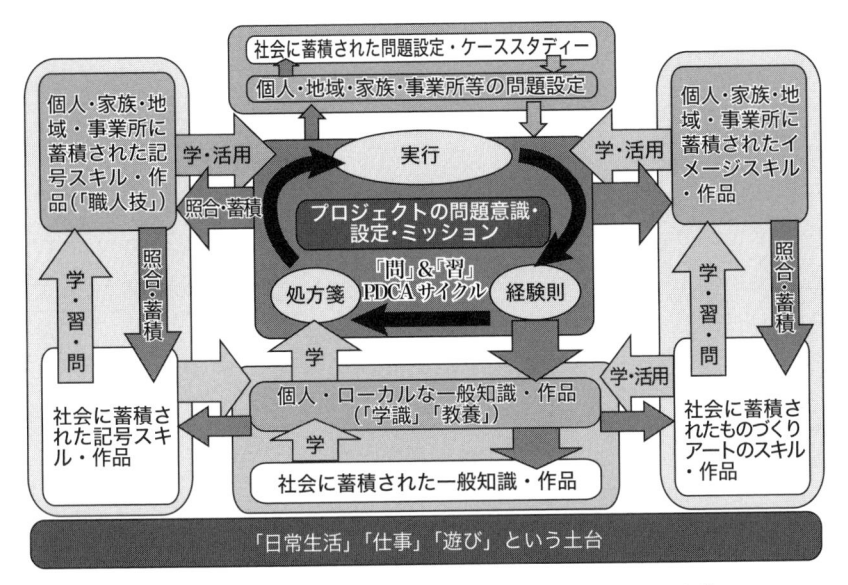

図11 「学」「習」「問」——経験的・一般的・ローカルなスキルと知識

て認識が生まれる。成功や失敗を積み重ねて考え，疑問をもち，「知る」機能（致知）が実現し，技が磨かれ，経験知が生まれる。朱子の『大学章句序』では，小学校における「小学」（基礎的な学問）は掃除から始まる。現在でも日本の小中高校で生徒が教室を掃除しているのは，実際の仕事をするために身体器官，感覚を活性化し，経験知を高めるためである。学問のための生活空間である「学校」を自分たちで快適に保つために働く掃除は，また，学問生活にルールをもたらし，学問に取り組む心構えと誇りを培う。

日常生活で得られた経験知を定着させるために，経験を記録し分類・整理する。それによって，情報と情報との関連づけとしての知識が作られ，日常生活の価値基準が生まれ，生活に自律性・自立性が生まれ，人々との協力関係もできるようになる。

これらの経験知は，"作品化"過程の葛藤を通じて，自分の中に定着し，他の人と共有される。作品の形態には，①ダンス，スポーツなどの身体表現，②料理，音楽，絵画，都市設計などの具体的対象表現，③公式・図式，詩・小説・随筆，論文などの文字・記号表現がある。

### 独自作業としての基礎的な知識，スキル，問題設定方法の習得

作品化には，そのためのツール習得が必須である。朱子によれば，「小学」では，掃除の次に「六芸」(りくげい)を学ぶ。①乗馬と射撃（弓）という身体技能スキル，②音楽と詩という感情・イメージ表現スキル，③そして，算と書という言語・文字・数字表現スキルの3分野6種類である。3分野のバランスと美が重んじられている。それらを，「掃除リテラシー」をふまえた「乗馬リテラシー」「音楽リテラシー」「算術リテラシー」などと呼んでもよい。

その後15～16歳から，テキストに沿って学び，過去の事例を調査し，状況に即した政策立案をして文章で著す，高度な学問の道＝「大学」に入る。そしてそれに先立って，先人たちが遺した知識やアートの技を習得することが必須となる。その方法には，①作品鑑賞と，②具体的なものに即する探究・演習の，2つがある。前者には，古典をはじめ，書物，音楽，絵画，芝居や落語，建築などの作品鑑賞が含まれ，そこから作品の技法，コンセプトなどが吸収される。後者には，**一定のテーマ設定の下での具体的観察やケーススタディー，書物の探索，インタビューなどに基づく作品化が含まれる**。この演習によって，対象に即しながら自分たちのニーズを展開する，問題設定の方法も学ぶ。また，基礎的リテラシーが活用され，その精度が高められる。

生活のなかで技は鍛えられるが，正確な技の習得のためには，「詰め込み」も含めた，独自の修業が必要である。なかには遊び感覚，パズル感覚でおこなえることもある。すべてが生活経験によって習得されると考え，暗記，ドリルなどの詰め込みをすべて排除する一種のロマンチシズムは誤りである。

トータルに見れば「学問」は喜び，楽しみだが，個々の局面では苦しい「勉強」も必要である。万感の書を読み，実験・調査を繰り返して基礎概念を精査したり，基礎技能の鍛錬をすること，それでも新たなチャレンジにおいて，自分の力量が追いつかない時は，楽しさよりも苦しさ・辛さが強く感じられる。この"勉強としての学問"と"楽しみとしての学問"は，その相互依存関係が意識されながら，相対的に独自のものとして，それぞれ取り組まれることが適切である。

そのためには，図11に示された学問の全体構造のなかで，現在自分が取り組んでいる事柄はどこに位置するのかを明確に認識して，当面の課題を「攻略」していくことが必要である。これによって，次のステージが意識されるの

で，現在の「勉強」を意味づけられる。このような「攻略図」の提示がないままに「勉強」だけをさせられると，出口が見えず，ただ苦しく不安になり，学問は放棄されることとなる。

問題との遭遇⇒知識とスキルの活用⇒実践

以上を前提に，実際の日常生活の意識的設計に取り組むこととなる。まず必要なことは，問題状況の把握である。それは，次の5つの問いを含む。

①日常生活の中で気になること，問題となる現象は何か？
②それがなぜ気になるのか？　生活上での不都合，メリットは何か？
③いつから現象し，いつから気になっているのか？
④自分はそれをどうしたいのか，どうすればよいと感じ・考えているのか？
⑤それが実現する兆候，現実的な具体的手立てがどこにあるのか？

これら，5つの問いに対する自分の答えを素材にして，信頼できる複数の人と意見交換をし，必要に応じて，データ収集，自分史・家族史・社史・地域史などの検討をおこないながら，テーマを設定し，処方箋を描く。そのさいに大切なことは，一般知と経験知の両側から「調べる」ことである。課題の性質にもよるが，処方箋は，3〜5年程度の中期計画を軸に，1〜2年の短期計画，8〜10年程度の長期計画が適当である。計画では，ミッションの性質を明確にし，具体的な目標を短期，中期，長期ごとに設定し，うまく接続するように調整する。短期計画部分は，年間スケジュールを立てて，月ごとの作業を明確にしておく。また，これまでの経験や資金，人員やその能力評価を含めた主体的力量を踏まえる。さらに，実施組織と役割分担や意思決定の方法を，期限を区切って，明確にしておく。これらは，「行程表」「進行表」に表現され，皆で共有される。

この処方箋にもとづいて，実際に物事に取り組む。実施過程での「想定外」は当たり前なので，作業経過の共有，チェック，評価，必要な修正をおこなう。

目標の達成状況とともに，構成メンバーの喜び，チームワーク，予算の執行状況，新しく発生したプラス材料やマイナス材料もチェックし，随時修正をして，プロジェクトを遂行する。思うように事態が展開せず，極端な困難が現れて，とまどい，落胆し，「嫌気がさす」こともある。その時には，大胆に人に

相談し，気晴らしで気を取り直して，粘り強くミッションを遂行することが肝要である。それをやり抜くことで，最終的には，自分もチームも鍛えられ，結束も強まる。

　この一連のサイクルは，経験的には何百年も以前からおこなわれてきたことである。これについて最近，Plan, Do, Check and Action ⇒「PDCA サイクル」という言い方が広がっている。それ自体は大切なことであるが「PDCA サイクル」を金科玉条のようにもてはやすのは，自分たちの先人の知慧をないがしろにする，一種の事大主義である。

　プロジェクト評価による経験知の整理

　「仕事」はやりっぱなしにせず，実践過程が一区切りした段階で，プロジェクトの評価をおこなう。①仕事そのもの，②仕事に働きかける道具や装置，システム，それらを運用する技能，③「仕事」の担い手，④組織との関連，の4つに評価は分節化される。そして，次の方向性を見出し，経験知を整理し，個人あるいは複数の人，組織の認識として共有する。それらは必要に応じて文書にしておく。その際，事実に即して具体的に丁寧に評価し共有し，必要最小限のところは数値化することが，経験知の結晶化，蓄積には大事である。

　第1に，「仕事」そのものの評価。(1)結果の評価。その仕事の基本目標がどこまで達成されたのか。残った課題は何か。(2)仕事を進めるなかで，仕事の性質や素材についての認識の深化。(3)仕事を通じた社会貢献。

　第2に，使った道具や装置，運用技能の評価。(1)ツールや機材・装置の妥当性。(2)作業の途中での不具合と修正・改善。(3)ツールや装置を運用し操作する担当者の認識や技能の準備状況。(4)作業途中での，認識や技能のすり合わせと標準化のための，補足的「研修」。(5)今後，必要な改善と研鑽。

　第3は，「仕事」の担い手とチームについての評価。(1)チーム全体で達成できたこと，できなかったこと。(2)チームワーク，意思疎通，合意形成システムや指揮命令系統とその運用の妥当性。チーム構成員の間での率直な意見交換，相互理解と協力，チームの結束力強化。(3)協力者，協力機関・組織の増減と関係強化。ライバルたちとの積極的な競り合い，部分的協力関係，相互理解の深化。(4)誹謗中傷などによって妨害する人や組織への対応。(5)チームの構成員1人ひとりの能力の発揮と展開，パフォーマンス。達成感，チャレンジ，ワーク・

ライフ・スタディーバランス，人生におけるその仕事の位置，働き甲斐。次のアイディア，意欲，目標など。

　第4は，その仕事と組織本体との関連である。(1)そのプロジェクトが事業所や組織本体に与えた積極的影響。(2)組織の長所の発揮と短所の克服。(3)その組織に関する，内部的・外部的評価，社会的ステイタスの変化などである。

### 通説との照合，一般知・経験知・常識の確認・修正，基礎研究の促進

　実践過程と結果に対する評価によって得られた経験知を，それまでの経験知と照らし合わせて，「私・私たちの技と知識と智慧とこだわり・美意識」が更新する。そして，この更新された「技と知識と智慧とこだわり・美意識」＝経験知を，その分野の一般知と照合し，必要に応じて，定説や概念，原理・公理・定理の修正提案をする。装置や技能では，特許申請や新技術や技能の普及，コンテストへの参加をする。これらは，ときに共感を呼び，活発なディスカッション・論争，競い合いを呼び起こす。見解が異なったり，さらなる探求が必要なことについては，専門的基礎研究として，事例や基礎データの集積と分析，概念の再検討などをおこなう。

### 確認・修正した一般知，経験知を再ストックする

　確認・修正された一般知・経験知は，自分，人々，家族，地域，国，職場などに蓄積され，1人ひとりの世界，1つひとつの家族や地域，学校や職場，国などに応じた特色を育む。また，基礎研究の結果は，専門的な学会・協会，論文，講演会，研究会，マスメディアを通じて再び社会に発信され，新たなデータや見解は社会全体で共有され精査される。それらはまた作品化され，書籍や雑誌，DVD，電子ファイルなどの形態で，図書館や博物館，資料室，学校などにストックされ，市民に広く開放される。そして，この再ストックされたローカルな知，技，課題設定が後に述べる「コンピテンシー」＝共に探求する能力，競い合いに参加できる能力，臨機応変の能力，個人や組織の強みを示す能力である。

### 新たな課題設定の出発点——更新された「経験知」と「普遍知」

　だから，更新された「経験知」と，個別事例をより豊かに踏まえた「普遍知」とは，学問の次のサイクルの出発点となり，「実学＝実業」の推進力になる。

それは，家庭，地域，職場，NGO，国際社会などあらゆる生活の現場で，また，大学を含む学校・研究機関，公民館や図書館や博物館などの研究・教育施設でも役立つ。それらがいずれも「実学＝実業」の舞台だからである。

「実学」＝「実業」の社会的展開──誰もが現場の「学者」になる時代

この「学問」工程を念頭に置きつつ，実際に学問に取り組むことで，すべての人において，「学者」としてのキャリアが展開する。実際に，大学や研究機関に所属していない農林漁業従事者，工場勤務者，エンジニア，会社員，公務員，NGO職員，市民たちが，日々の実践と技術を踏まえて，「実学＝実業」を担っている。農家，漁業者の家，工場や会社，自治体や政府機関，NGOや住宅地の家庭などが，「実学＝実業」研究・実践の第1の現場である。

また，その人たちの組織と小中高校や大学の教員，さまざまな研究所員，社会教育主事，図書館司書，博物館学芸員，地域学習コーディネーターなどの専門家，学校・研究所，公民館，図書館，博物館などの専門機関の協力も進んでいる。この協力により，すべての人が「学者」，すべての組織が「学習組織 (learning organization)」「研究機関 (study institute)」になる時代が，すでに始まっている。

「実学」としての「学問」の構造

以上を踏まえて，「実学」としての「学問」の構造を整理する。まず，実学には5つの領域がある。

その第1は，日常生活と，意識的な課題解決実践の場である。これは先の8工程の①と③に当たる。

第2は，課題設定の方法を訓練する領域で，これも②に入る。

第3は，知識の取り込みの領域で，これは②に入る。

第4は，道具を使って具体的作業をおこなう身体的スキル，およびコトバや文字・記号のスキルという，2つのスキルを訓練する領域である。技の修得には独自訓練が必要であり，生活するだけでは十分には達成されない。これも知識と同様に，②に入る。

そして第5は，経験を集約し，経験知を整理し，一般知と照合し，経験知と一般知の修正をし，必要に応じてコトバや文字・記号も修正・創造される領域である。これは④⑤⑥⑦に当たる。

実学はまた，4つの層からなる。

その第1は，実践と直結したOJT・「事上練磨」の層である。

第2は，経験則に基づく，技・知識・智慧の世界である。さまざまな体験も，一般知も，個々の人や組織の経験則や経験知の層に具体的に蓄積されないと，具体的な実践は生かされない。ここには，信念やこだわり，美意識，智慧，身体化された技，個人・家族・地域・職場などの常識が含まれる。この蓄積と洗練が，物事に対して瞬時に直感的におこなう反応を，的確なものにしていく。

第3は，一般知，あるいは技の社会標準の世界である。この世界は，さまざまな具体的な事例の検証を含んで，そこから引き出された一般的な知識の世界である。これは，キーワードの世界，人間にかかわる宇宙や世界の構造を示すものである。それは，その時代や社会における，人間による認識の到達点を示すもので，一定の手続きの下に常に更新される。

そして第4に，自分たちのコンピテンス，ローカルな技・知識・智慧を形成する世界である。経験知も一般知も不断に更新されている。しかし，個々の人や組織が，物事の実際の変化とそれを反映した一般知，さまざまな人や地域における経験知を，自動的にキャッチし更新しているわけではない。そこで必要に応じて，自分たちの地域や企業の実態や他の人々や地域，企業の経験知，社会の一般知を調査して，自分たちの経験知と問題設定を修正し更新する必要がある。

基礎研究と"実学""PDCAサイクル"の功罪——「実学」についての誤解

以上のように「実学」の構造を理解すると，「実学」について大きな誤解があることに気づく。実践場面と直結する相だけに目を向け，基礎研究を軽視する誤解で，それはある種の"実学"論と先にのべた「PDCAサイクル」論に示されている。そして，この2つの議論は，すでに述べた「8工程」の③，「5領域」の①，「4層」の①に該当する，それは実践場面と直結する相に注目するもので，「実学」のコアである。それは，受験勉強やいわゆる"学問"が，実践場面を想定しない書物の暗記などの「知識」に傾きがちな点への批判も含むので，ここへの注目という点では正鵠を射ている。

しかし，いわゆる"実学"論も「PDCAサイクル」論も，基礎的な研究成果に基づく，課題設定の基礎訓練，知識に関する一般知の習得，身体的なスキル

とコトバや文字・記号の基礎的スキルの習得に論及することが少ない。結果的に，基礎的なリテラシーやスキルの習得の軽視を助長し，そのために「PDCA」が経験主義に陥り，機能しなくなるという結果が起きやすくなる。そこでは，とくに経験知の整理と一般知との照合・修正が十分視野に入っていないので，実践面での創意性，つまり人々が考え，工夫し，状況を切り拓く力をつける点で，成功が期待できない。

したがって，「PDCAサイクル」を「実学」のコアとして位置づけつつも，図11に示した「実学」の全体を見て，基礎的スキルや知識の習得との接合，基礎研究や経験知と一般知との照合・更新にも明確な位置を与えることが必要であろう。

知識創造の主体とプロセスがあいまいな「知識基盤社会」論の危うさ

近年，「知識基盤社会」が，今後の日本社会や教育政策の基本だという声がある。例えば，中央教育審議会答申「我が国の高等教育の将来像」は，次のように言う。「21世紀は，新しい知識・情報・技術が政治・経済・文化をはじめ社会のあらゆる領域での活動の基盤として飛躍的に重要性を増す，いわゆる『知識基盤社会 (knowledge-based society)』の時代であると言われている」。答申によれば，「知識基盤社会」では，「①精神的文化的側面と物質的経済的側面のバランスのとれた個々人の人間性の追求が社会構築の基調」となり，「②国内・国際社会の流動化と複雑化の中で，相互信頼と共生を支える基盤として，他者の歴史・文化・宗教・風俗習慣等の理解・尊重，他者との積極的なコミュニケーションの力が重要になる」。そこでは，「新たな知の創造・継承・活用が社会の発展の基盤」となる（下線は引用者）。

「人々の知的活動・創造力」「新たな知の創造・継承・活用」が社会発展の基盤だという答申の趣旨は，妥当であり歓迎すべきものである。しかし，「専攻分野についての専門性」「幅広い教養」「高い公共性・倫理性を保持」「時代の変化に合わせて積極的に社会を支え……改善」することが，どのように「新たな知の創造・継承・活用」へと繋がるのか，答申は踏み込んでいない。

この答申を踏まえて，小中高校に適用されている現行の学習指導要領も「知識基盤社会」を大きく扱っている。新指導要領についての答申は，生涯学習を視野に入れた改訂教育基本法を援用しながら，「その定義が常に議論されてき

た学力の重要な要素」として，①基礎的・基本的な知識や技能の習得，②知識や技能を活用して課題を解決するために必要な思考力・判断力・表現力など，③学習意欲の3つを含むとする。この発想もその限りでは妥当と見えるが，高等教育では重要だとされていた「創造」という文字が見当たらない。

その理由として考えられるのは，次のような発想である。「新たな知の創造」の主体が，専門研究者・技術者やエリート大学の博士課程院生たちに限られているのだ。そして，多くの大学生や小中高校生たちは，その創造された知をただ吸収することを主とする層と位置づけられる。しかし，日本での教育実践の積み上げによれば，少なくとも，高校生のクラブ活動が，観察，実験，調査などによって，地域の課題に関する「知識の創造」を担ってきた事例はたくさんある。したがって，一般の大学生や高校生たちには知識創造の能力がないと仮に答申が考えているならば，その考えは実態に合わない。それは，現実の若者たちの能力を引き出し，評価し，伸ばす目的に対応しない不適切な政策である。そうなると，答申がイメージする「知識基盤社会」というのは，一部の人が創った知識を多くの人が吸収し活用するという構図になり，現実の知的生産過程とも答申がいう「市民の育成」という点でも，適切さを欠くことになる。

### (b) 「学力」と「受験学力」「学力論争」

#### 「学力」＝学問工程の運用能力とその担い手

「学」に「力」を加えて「学力」というコトバができる。「学力」とは，狭義には（あるいは古くは），知識などを引き出し，吸収する力を指すが，広義には（あるいは時代が下っては），《「学問」を運用する力の全体》を指す。それは，①知識など，学問等の成果を引き出し吸収する力，②学問を活用して実際生活に生かす力，③学問的成果を出し，知を創造する力，から成る。学問の担い手と同様に，学力の担い手にも子どもと大人がともに含まれる。

現代日本では，「学力テスト」，高校や大学の入試に対応できる能力を指して「学力」といい，大人の「学力」は問わない傾向も強い。しかしこの「学力」観は，「学問」不在でテストに従属するので，自律性が担保されていない。また，「学問」＝おとな，「勉強」＝子ども・若者と分離していて，「学力」における大人と子どもの接続が不明確である。その結果，子どもや若者が「知識創造」の担い

手として育つ筋道が不明確で,「知識基盤社会」で大学が知の創造の場になるべきだと強調されるが, その具体的な論理と方法が共有されにくくなっている。

そこで, あらためて,「学力とは, 学問の運用能力で, それは習得・活用・創造能力からなる」と定義してみる。するとそれは, すでに述べた「学問」の構造に対応する「8工程」「5領域」「4層構造」を, 必要に応じて運用する能力だと言える。

その第1は, 先の「学問の工程管理能力」である。これは, 現代社会では誰もが必要とする能力であり,「学力テスト」作成の基盤となる。そのさい,「おとなのための学問運用能力検定」など, 大人のためのテストがあってもよい。それには, 個別に具体的場面で評価・指導していた学力評価の伝統に帰って, 数値化を併用しつつも, 具体的なことがらを具体的に評価するテストの方法が工夫されてよいだろう。この具体化の1つの事例として, 2013年10月にOECDが, ①読解力, ②数的思考力, ③IT活用による問題解決能力, の3分野について実施した「成人力調査」(大人の学力調査)結果が公表された。日本は①②で1位, ③で10位だったとされたが, OECDとの協力も含めて, 日本やアジアにおける今後の展開が期待される。

「学力」の5分野と技の創造的変化
第2は,「実学の5領域」の運用能力である。
①課題解決実践の場を運用する能力。
②課題設定方法の訓練の領域を運用する能力。それは, 問題の解決の方向性についてのイメージや美意識の訓練を軸とする。そしてそこには問題の構造, 適切な働きかけのための道具・装置, 人の技能, チームや母体となる組織体, 必要な費用, 課題設定の歴史や他の地域での事例を知ることも含まれる。
③構成されたひとまとまりの情報としての知識の領域を運用する能力。人間や自分にかかわる事柄について, 自然や人間の組織や社会との関係などの大きな領域を念頭に, それらの内的な論理,「物理」や「心理」などに則した具体的知識の吸収を基本とする。それによって知的関心のシステムを強化し運用する能力である。
④道具を使って, 具体的な作業をおこなうアナログな身体的技能の自己訓練の領域を運用する能力, およびコトバや文字・記号などデジタルな道具を使う

スキルを自己訓練する能力。

⑤経験知を整理し，一般知と照合し，両者をともに更新する能力。

## 「学力」の4層構造と創造性につながるスキル・知識・智慧

第3に，創造性にとって特に重要な，「4層構造」の学力である。

①実践と直結した，OJT・事上錬磨の能力。②経験則あるいは，経験に基づく，技・知識・智慧を育てる能力。一般的な知・スキルに対する，「ローカルな知・スキル」と言ってもよい。③一般知，あるいは技の社会標準を習得し運用する能力。そして，現状を把握するための④調査の能力である。

このとき，②「ローカルな知・スキル」で，創造性につながる技・知識・智慧の変化が起こる。②が経験知と一般知の両方を反映したときに，それは創造性の源となる。この「ローカルな知・スキル」は，私や私たちに関するものなので，どこにも売っていないし，どの本にも纏まった形では書かれていない。だから，自分・自分たちで紡ぎだし，定着させることをするか，しないかによって個人やさまざまな組織の創造的力量に大きな差が生まれるのである。

そしてそのさい，スキルにおける創造的な変化も起こる。その1つは再定義である。例えば，「キャリア」には，人生，職業人生などの意味を当てることが多い。しかし，実際に即すると，人の一生とともに，それにかかわる組織の一生も重要となる。そこで，人生，職業人生だけでなく，組織の維持・展開，世代間継承も含めたものとして「キャリア」を再定義すると，それによって分析枠組みが変わる。明治の人々に，また今日においても人々に大きな影響を与えている福沢の「一身独立して一国独立す」も，『大学』の「修身斉家治国平天下」の一種の再定義である。

再定義で不十分な場合には，コトバを作る「造語」という方法がある。例えば，「キャリアデザイン」は，キャリアを現実に即して柔軟に主体的に形成する柔構造を示すための造語である。福沢の「独立自尊」も造語である。

再定義や造語などに伴って，文字やツールや技法も変化する。かつて日本では，日本語を漢字だけで表記していたが，漢字の一部分からカタカナが創られ，草書体をもとにひらがなが，7〜8世紀に成立した。朝鮮語では，16世紀，朝鮮王朝時代にハングルが作られ，話し言葉の文字表記が可能となった。江戸時代の絵文字の伝統が，メールで使う絵文字や顔文字に生きているとも見られ

る。楽譜の世界にもさまざまな流れや変化があった。アナログ表現スキルとしての画法において，写実的画法を基礎に，モネの「睡蓮」など，小さな色彩の断片で絵をかく方法が19世紀末に現れる。さらに「後期印象派」では，スーラの「グランドジャット島の日曜日」に代表される「点描画法」が現れる。また，高度なデッサン力をもつピカソは平面に立体を表現するためのキュビズムを，具象画から出発したカンディンスキーは，物の本質に迫ることを意図して抽象画の世界を開いた。東山魁夷は日本画の顔料を用いて遠近感のある西洋画風の技法を確立した。

　課題設定の分野では，問題設定のさまざまな型を表現した基本文書が，ナショナルなものから，一方ではローカル化・個人化する方向へ，他方では国際化する方向で展開している。たとえば「自治体憲章」「建学の精神」「社是」「家訓」「座右の銘」がローカル化・個人化の方向であり，国連憲章，国連の条約，多国間条約などは後者である。また，さまざまな会議で採択される，「方針」「決議」「勧告」「答申」なども，その組織の範囲内での，その時々の課題設定の方向性を示す文書である。


**受験勉強で鍛えられる学力，鍛えられない学力**

　現在の高校や大学の入学試験問題を前提とした場合，8工程，5分野，4層の学力の内，「受験勉強」で鍛えられるものも多い。

　まず，8工程の場合には，「④基礎的なスキル，知識，課題設定方法を習得する能力」のうち，基礎的なスキルと知識。「⑤テキストに沿って学び，具体的場面を想定した演習問題に取り組む能力」の内，テキストに沿って学ぶ部分。5領域では，「⑤コトバや文字・記号のスキルを自己訓練する能力」の一定部分。「③知識の領域を運用する能力」の一部分。そして，4層構造でも，「③一般知，あるいは技の社会標準を習得し運用する能力」のうち，一般知の部分は受験勉強で鍛えられうる。

　要するに，現在の入試のための受験勉強で，基礎的な知識の習得と，コトバや文字・記号の基礎的スキルの自己訓練能力の2つは，大いに鍛えられる。だからこの限りで，受験勉強は学力の全体を培ううえでも大いに役立つ。

　しかし，現在の入試対応の受験勉強で，これ以外の学力を鍛えることは難しい。そこでは，「実践と直結した，OJT・事上練磨の能力」「経験則に基づく，

技・知識・智慧を育てる能力，ローカルな知・スキル」「調査の能力」などは鍛えられにくい。また，基礎的スキルでも，非文字記号的なアナログのスキルは，現在の一般的な受験勉強では培われにくい。だからそれらを日常生活，受験勉強以外の場面でしっかり習得し，受験勉強で得られるものと合流させることが，学力の全体的な習得には大切である。これを欠くと，「学校は卒業したが使えない人」になってしまう。

### 入試改革，学校改革，生活改善で鍛えられる学力と OECD 国際学力調査

以上は，現在の日本で支配的な入試問題への対応という意味での「受験勉強」が前提なので，入試問題で記述式設問が多くなれば，受験勉強の効果も変わってくる。それによって，「具体的場面を想定した演習問題に取り組む能力」「処方箋を描き，計画を策定する能力」「経験知を整理する能力」「通説との照合，一般知・経験知・常識を確認・修正する能力」などを培うことがもっとできるようになるだろう。

学校におけるカリキュラムを変更できれば，学校で多くの「学力」訓練が期待できる。8工程でいえば，「プロジェクト学習」「課題解決学習」などによって，「現実の課題解決のための計画策定・実行・修正能力」「実践過程の一区切りで，経験知を整理する能力」「通説との照合，一般知・経験知・常識の確認・修正する能力」「更新された経験知・普遍知を発信・蓄積・活用する能力」などは，ある程度可能となるだろう。そして，こうした方向での学力改善は，OECDの国際学力調査のねらいの方向でもある。

これは，正課授業とクラブ活動との連携でおこなわれる場合もある。そしてまた，学校における生活全体を，「学問をおこなう力としての学力」を育てる場として再編成することでも実現される。学校における生徒や学生の自治や教職員たちの同僚としての仕事上の協力が，生徒や教職員における学問の力としての学力を支える。そのためには，適切な「クラスサイズ」「学校博物館」「学校図書館」「学校市民館」などを含む多様な「教室」の種類や大きさ，配置なども求められる。そして，こうした学校改革をおこなうためには，とくに石原都政で悪化したような学校長の形式主義的な権限の振りまわしを改めて，学校教職員や父母，生徒による自由で創造的な取り組みを奨励する必要がある。またそのための研修時間や研究集会の設定を改善することも大切である。

家庭や地域での日常生活を通じた学力の醸成

　入試問題の改革と学校での教育内容・方法の改革によって，受験勉強や学校での生活を通して，8工程，5領域，4層の学力習得のかなりの部分が，カバーできる。しかし，学校での生活は人生の中の限られた時期，1日の中の限られた時間帯でしかない。就学前の時期はもちろん，就学期にも，家庭や地域での生活を通じて形成される学問の習得・活用・創造能力としての「学力1」が，学力全体の基層を成す。そしてその基層の上に第二層として，学校で培われる「学力2」が形成される。

　そこで最も重要なことは，「日常生活経験と経験知を豊かにする能力」形成の基盤を作り，日常生活や家族旅行，大掃除，冠婚葬祭，親類のパーティーなどのイベントを通して，次の諸能力を養うことである。すなわち，生活と生活表現の「基礎的スキル・知識・課題設定方法を習得する能力」「現実の課題解決のための計画策定・実行・修正能力」「実践過程の一区切りで，経験知を整理する能力」「通説との照合，一般知・経験知・常識を確認・修正する能力」「更新された経験知・普遍知を発信・蓄積・活用する能力」などである。それが可能なのは，そこに，仕事と遊びと祈りの現場があり，大人と子ども，経験の多い人と少ない人がともに働き，遊ぶことができるからである。

　これらは，家族だけに限られたことではなく，地域の諸団体やNGOなどに自治的な要素があれば，どこでも可能なことである。そして，おとなが先頭になって，家庭で，学校・地域・職場・国・国際社会で学力を豊かにするために協力しあうことが，sustainable Learning, Life, Society and Globe ＝持続可能な学習・人生・生命・社会と地球を創り出してゆくにちがいない。


「学力論争」とその帰結

　「学力」をめぐる議論には長い歴史がある。古くは，「学」あるいは「学問」と関連して，内容や方法の議論があった。東北アジアでは，『論語』『大学』『中庸』やその注釈書を基盤とし，「学を志す」人々を前提として論じられてきた。また，デカルトの『方法序説』も学問論であり，学力論であった。これらも，自己の意思で「学に志す」者を対象としていた。

　日本では明治時代に成立した，普通国民学校の成立以後の「学力」論は，これとは様相を異にする。そこでは，必ずしも「学を志す」とは限らない人々が

「学力」を身につける方法がテーマであり，「学力の低さ」の解決が，議論において大きな位置を占めてきた。

例えば，1945年以前の「壮丁学力調査」に基づく「学力の剝落」論がある。1945年までの日本には徴兵制があり，軍隊での任務遂行には文字記号の基礎的操作能力が不可欠だった。当時の平均的な学歴は小学校卒業，高等小学校卒業だったが，その卒業時の12歳または14歳で読み書きができても，20歳までに読み書きを忘れてしまうことが大問題となっていた。

後に大田堯は「農民は学校から何を学んだか」で次のように述べた。その最大の問題は，地主・小作制度下での小作人にとって農業や生活を改善する経済的余裕がなく，生活の工夫改善に文字記号を生かす機会が極端に小さかったことだった。したがって，「学力の剝落」を防ぐには，①生活改善の可能性追求によってリテラシーの基盤強化を図る，②その基盤の上でリテラシーを活用して生活改善を図る，そして，③この2つを循環させることが重要だった。こうした議論は，絶対的天皇制の下でも，一部では議論された。それは，映画『二十四の瞳』にも描かれたように，自分たちの状況を作文に書くことで生活の課題を意識化する「生活綴り方」としても実践された。しかし，これらの実践は「国体の変更を企てるもの」＝治安維持法違反とされ，少なくない関係者たちが逮捕・投獄された。

第2次世界大戦後は，アメリカ占領軍の強いイニシアティブで，生活の中から課題を見つけてテーマを立ててカリキュラムを組む「コア・カリキュラム」が導入された。これは，生活との結びつきの点では積極的意味をもっていた。しかし，綴り方教師の国分一太郎などから次のような批判があった。すなわち，①設定されるテーマが，生活現象の表面を撫でるだけで，その矛盾や課題をとらえる点が弱い，②「コア・カリキュラム」に焦点化することで，「人類文化の宝庫を開く鍵」であるリテラシーの基礎＝「基礎学力」習得を軽視する愚民政策である，と。

そして1950年代半ばに，教育科学研究会などから次のような戦略が打ち出された。①生活の中の矛盾を捉え，調査し，その解決を志向する「生活綴り方」と，国語・算数などの教科による基礎学力の育成とを結びつける教育を推進する。それによって，②「生活と科学・文化」を結びつける。③この結びつきにより，生活改善も，「科学・文化」の民衆的基盤も強化される。

この背後には，戦後の教育界に大きな影響を与えた山形県の山元中学校の『山びこ学校』や農村文化協会長野県支部の『農村青年通信講座』を舞台とする「村の生活記録」，東亜紡績の女子労働者たちの『母の歴史』などの実践があった。これらによって，綴り方・生活記録と基礎的リテラシー，科学・文化の習得・再生産と生活改善とを結びつけて，子ども・中学生・若者・おとなという生涯をつなぐ学習・教育・自己教育のサイクルが，実践的・理論的に鮮明になった。
　しかし，その後の社会変化によって，1950年代の議論は，新たな舞台での展開を迫られた。1970年代になると，生活綴り方研究者でもある坂本忠芳は，大量生産大量消費システムの進展や核家族化の下で起きている，子どもたちの「生活の抽象化」に注目し，「子どもを丸ごととらえ生きる力を育む」ことが「学力」問題の緊急課題だと述べた。これに対しては，多くの人々の共感が寄せられた。しかし他方では，「生きる力」という言い方では，学校現場で「学力」として評価することが難しい，という批判も寄せられた。藤岡信勝は，「学力」は「計測可能でなければならない」「生きる力」は計測可能な学力へ変換されるべきだ，と述べた。

### 現行学習指導要領の積極的な役割——「生きる力，確かな学力」

　この議論は文部省にも影響を与えたと見え，その後，文部省は「生きる力」を育む「総合的な学習」を提案する。これは基礎学力を排除するものではなかった。しかし，マスメディアは「ゆとりの教育」と概括し，「基礎学力 vs. ゆとりの教育」という，対立物を構成しないものを対立物に仕立てあげるという論理学上の誤りをあえて冒して，「総合的学習」批判を展開した。そして，「総合的学習」自体に問題があるかのようなイメージが強引に作り出された。
　問題の核心は，「基礎学力 vs. ゆとりの教育」ではなく「基礎学力も応用学力も両立するカリキュラムの組み方を工夫する」点にあった。この点で，2013年度から全面施行された新指導要領が，「生きる力と確かな学力」を提起し，総合的学習の時間などを使って「全教科を横串にする課題解決型学習」を進めるとしていることには，妥当性がある。

全社会的な「生きる力と確かな学力」育成の見取り図の課題

そして，この新学習指導要領を通じて改めて明らかになったのは，①学校の可能性および限界と，全社会的な取り組みの必要性，②そのさいの自治的活動の重要性である。前者について，学習指導要領も家庭との連携による生活習慣の確立の重要性に論及しており，それは妥当なところである。

同時に，それらを含む全社会的な取り組みも必要であるが，この点ではなお調整が必要である。教育基本法の枠組みでは，「学校教育・家庭教育・社会教育」となっているが，この場合の「社会教育」は事実上「地域教育」であり，そこからは職場・事業所での教育が抜け落ちている。事業所ではOJTとしてPDCAを中心にスキルや知識，問題設定の実際上の訓練がおこなわれており，経営者団体などを通して学校への要請も出されている。しかし，職業人の視点からのワーク・ライフ・スタディーバランスの提案において，それが企業における働き方・学び方の改善へと展開する筋道が，必ずしも十分に整理されていないように見える。それは，労働時間の制限や，家族とともに楽しむ自由な活動時間の確保，企業内研修，職業人としてだけでなく家庭人，市民などとして必要な「学問の運用能力としての学力」の育成などである。

この点については，この世で長く人生を経験し，そこで必要な「学力」・能力を実体験してきた高齢者，おとなを起点として，若者，子ども，乳幼児へと広げていきながら，それらをサポートする全社会的なシステムが構想されてよい。そのさい，エリクソンやレビンソンが告発・批判するUSAにおける老人蔑視の風潮の克服の努力と，彼らも評価する老人を尊重する東洋の伝統の再評価の視点も重要である。そしてそれは，スーパーの「キャリア・レインボー」になぞらえて言えば，「学力，能力，キャリア・レインボー」実現のための構想とセットになる。そのさい行動の自律性の軸となる，「自己教育・相互教育」能力の展開に注目することも必要であろう。


(c) 臨機応変の能力・協働力としてのコンピテンシー

「仕事」が求める能力の三層構造──仕事に必要な3つの能力
(1) 基礎的・個別的能力 abilities
成人の学力状況を1つのモデルとして，生涯にわたる学力習得を考えるとき，

仕事や遊びで培われ，求められる3つの能力について考えておく必要がある。その1つは，人間の能力の基盤を形作る，基礎的・個別的能力 (abilities) である。歩く，書く，読む，調べる，田植えをする，稲刈りをする，ねじ切りをする，車を組み立てる，布を裁断する，縫い合わせる，包丁で野菜を切るなど，個々の工程を全うする能力である。これらの基礎的個別的能力なしには，米づくりも自動車製造も，服作りも料理もできず，また，どんなプロジェクトも遂行することはできない。

(2) プロジェクトの遂行・完遂能力としての capability

この abilities（基礎的・個別的能力）の対極に，プロジェクトの遂行・完遂能力としての capability がある。プロジェクト遂行のプロセスでは，予想とのズレ，事柄の変動，自分たちの能力の未熟さなどによって，修正作業がつきものである。予測よりも良い局面も，反対に予測よりはるかに悪い局面もある。そのような変動の中で，奢らず有頂天にならず，落胆せず腐らず，チームを鼓舞し，自分自身を保ちながら，プロジェクトを遂行しぬく能力が，家族，職場，地域，国家，国際社会でも大切である（図12）。

(3) 臨機応変の能力・協働力としての competency あるいは competence

そしてこの capability と abilities との間をつなぐものが，臨機応変の能力としての competency あるいは competence である。臨機応変の能力とは，機＝状況に臨んで，応変＝それに応じて変化・修正できることである。

> 英和辞典によれば，【competence】＝ competent ＋ -ency，［…する］能力，力量，反応能，母語を操る能力，【competency】＝能力，腕前であり，【competent】の名詞形である。語源はラテン語の【competent】で，14～16世紀に英語として使われ始めた（『ジーニアス英和大辞典』大修館, 2001年）。そしてラテン語では，次のようになっている。【competo】＝一緒に追求する，共同で得ようと努力する，一致する，成すことができる，【competens】＝適当な，適切な，【competentia】＝適当，適切，権限，能力，範囲，【competentio】＝競争（田中秀央編『研究社羅和辞典』1966年）。また，ふつう「競争」と訳されている【compete】は「ラテン語 competere（…をめざして，一緒に励む）より, com 一緒に＋ pere 求める」で，そこから「競う，競技などに参加する」とある（『ジーニアス英和大辞典』）。

以上から，competence, competency とは，**共同で何かを達成することを目指**

```
┌─────────────────────────────────────────────────┐
│ 偶                  capability＝プロジェクト遂行能力      計 │
│ 発ピ                         ↑↓                  画 │
│ 的ン                                             す │
│ なチ                 competency＝臨機応変の能力        る │
│ 出を               ←            協働力          →  ・ │
│ 来チ                                             条 │
│ 事ャ                         ↑↓                  件 │
│ ・ン                                             を │
│ ス                   abilities＝個別諸能力           作 │
│ にに                                             り │
│ 変                                               出 │
│ える                  生活経験・訓練                    す │
│        ↑                              ↓         │
└─────────────────────────────────────────────────┘
         ┌────────────────────────────────────────┐
         │  「自己・世間・世界」イメージ＋「美意識」         │
         └────────────────────────────────────────┘
```

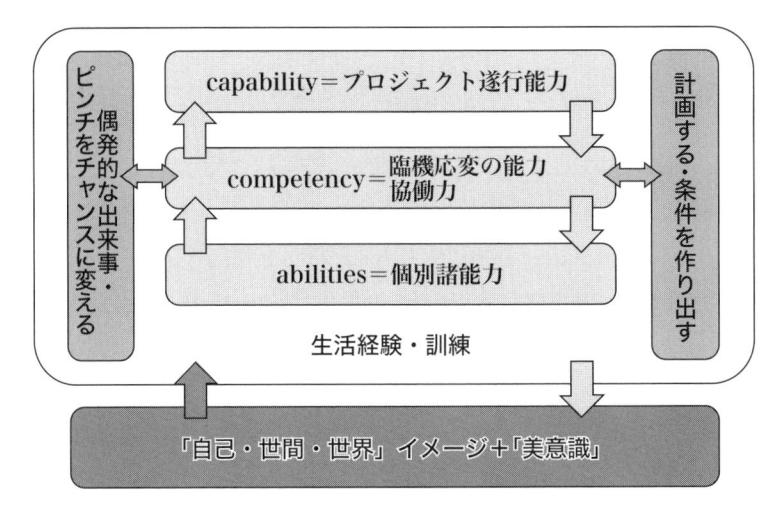

図12　仕事と遊びに必要な能力

すさいに必要な，状況に適切に対処する能力や権限を意味する。また，人も含めて，状況と競りあう能力，状況に参加するに足る能力も意味する。時間や場所，自然やチーム構成，資金や市場，道具や先行する理論・製品，そして何よりも自分自身の変化する心と競りあって，プロジェクト遂行を個々の要素の側面から支える能力である。それは，自分や自分たちのもてる能力を適宜発揮し，足りない能力を適宜取り込む能力でもあって，決して他人を蹴落とすためのものではない。

　そしてこれは，一方で偶発的できごとに対応してチャンスをつかみとり，ピンチをチャンスに変える能力であるとともに，具体的状況をふまえて条件を作り出し，計画を立てる能力でもある。言いかえると「偶発的計画性」（クランボルツ）を具体化する能力でもある。

　状況の中で最適方法を提案するブラックボックス
　この臨機応変の能力，人々と協力しながら，共通の目的のために状況と競りあえる能力としてのコンピテンスは，さしあたって，1つのブラックボックスである。そこに，環境の変化，新しい体験，偶然の出来事などをインプットすると，その人のその状況の中で，より良い結果を生み出す。もし，このようなブラックボックスがあれば，「鬼に金棒，人にコンピテンス」で，どんな環境

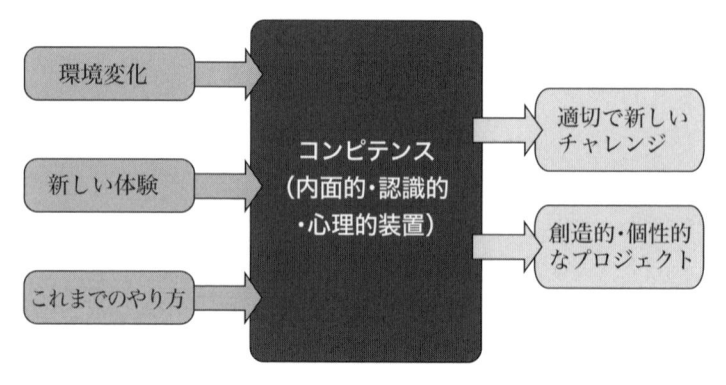

```
┌──────────┐
│ 環境変化  │──┐
└──────────┘  │
              ▼
┌──────────┐  ┌─────────────┐    ┌──────────┐
│ 新しい体験│─▶│ コンピテンス │───▶│適切で新しい│
└──────────┘  │(内面的・認識的│    │ チャレンジ │
              │・心理的装置) │    └──────────┘
┌──────────┐  │             │    ┌──────────┐
│これまでの│─▶│             │───▶│創造的・個性的│
│ やり方   │  └─────────────┘    │なプロジェクト│
└──────────┘                     └──────────┘
```

図13　ブラックボックスとしてのコンピテンス

変化，新しい体験，偶然の出来事も，人生の仕事や遊びや祈りの新しい展開の糧となる。だから，環境の変化を楽しもう，積極的にチャレンジしよう，という意欲が湧く（図13）。

「個性」的な仕事を生み出すコンピテンス

　ブラックボックスとしてのコンピテンスでは，特殊性と普遍性とがせめぎ合っている。一方には，経験から得られる素材，すなわち経験則・経験知が詰まっている。これは，その人が担っている課題や能力の特殊性の側面であり，他の人によって代替することは不可能である。

　コンピテンスには，もう一方で，普遍的あるいは，その社会における標準的な常識，知識，スキル，智慧などが詰まっている。これは代替可能なものである。そしてこの2つがせめぎ合うことによって，普遍性に裏付けられた特殊性，あるいは特殊性を貫く普遍性としての「個性」が生まれる。

　ビジネス書では，コンピテンスとは「高い収益を生み出す人の行動特性」などと説明されていることも多い。それは，普遍性と特殊性を重ね合わせて「個性」のある仕事をすることで，成果が出るからである。例えば，ある商品が，商品として顧客の使用目的を充たしていながら，同時に他の商品にはない付加価値があることによって，「売れ筋商品」になる。それは，商品の基本的機能＝普遍性と他の商品にない特徴・付加価値＝特殊性が結びついていることによる。だから，そのような商品を開発できる人，あるいはその商品の特徴を前面に出しながらも，基本を踏まえた営業活動ができる人を「コンピテンスの高い

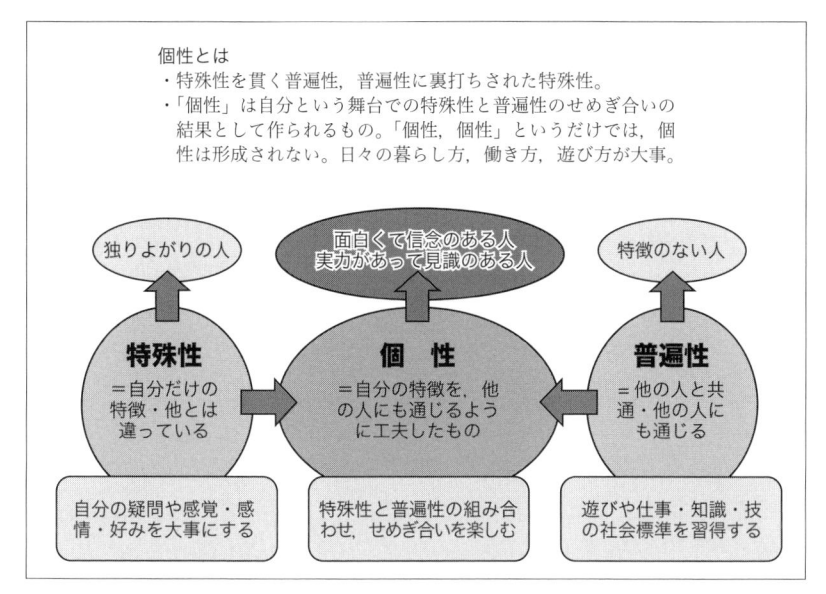

図14　個性

人」と言ったりもする。逆に，その商品が特殊性だけで普遍性を欠くときには，「変わっているだけで，使えない品物」となり，普遍性はあるが特殊性に乏しい商品は，「使えるけど面白みのない製品」となる。

　人間も同じで，特殊性だけが前に出て普遍性が乏しい人は「変わっているけど独りよがりの人」。普遍性はあるが特殊性が薄い人は「ソツはないが面白くない人」。そして，両方を備えている人は，「頼りになって味がある人」になる。

　自分自身で作り出すコンピテンス

　もしそうだとすれば，ほとんどの人は，このコンピテンスというブラックボックスが欲しいと思うだろう。だが，このブラックボックスは，既製品としては，どこにも売っていない。また，誰かが本人の代わりに作ることもできない。生活の中で「学問」をし，自分で努力して創る以外に方法はない。なぜならば，コンピテンスは，ヒトという生命体，人間という社会的な普遍性，自分の人生や仕事に内在する特殊な要素とがせめぎ合った結果として成立するものだからである。そして，その人の身体と繋がって脳内に成立している認識・心理に関する内的な反応回路だからである。

普遍性と特殊性とのせめぎ合いは，長期にわたって続き，「身体化された普遍性」「普遍性を内包した身体」としての「個性」が，徐々に形作られる。だから，生活や仕事の経験が少ない子どもや若者においては，「個性」は簡単には実現しない。当分は，①自分の好きな特殊なものを大胆に追求することと，②自分の好き嫌いにかかわらず，普遍的とされている技や知識を習得し磨くことを，並行することが適切である。

　その2つの作業を並行するなかで，部分的に両者の一致が成立する。そこから，①と②の作業を継続しながら，試行錯誤することが繰り返される。そして，いくつかの作品を振り返って，「ひょっとしたら，これが自分の個性かな？」と気づく。

　この個性形成の実際を無視して，無理に「個性」を発見させたり発見しようとする指導や試みは，人の成長・発達を阻害する，誤った方法である。それを無理におこなうと，「自分には個性がない」と嘆き焦らせることになる。あるいは，「特殊性」を個性と思い込み，その地域，業界，世界に通ずる普遍的な技・知識・智慧を磨く修業をおろそかにしがちになる。その結果，永遠に個性は成立せず，「風変わりな人」「変わっているが使えない仕事」になる。

## OECD デセコ・プロジェクトの「キー・コンピテンシー」提案

　20世紀末にOECD（経済協力開発機構）は，「Definition and Selection of Competencies: the conceptual and theoretical foundation」（通称：「DeSeCo」）プロジェクトを立ち上げた。そして，21世紀初頭には，企業も含めた状況に的確に対応できるための能力の集合体として，その内容を3つに大きく括った「キー・コンピテンシー」を発表した。それは，次のようなものである。

>　「1. 道具を相互作用的に用いるコンピテンシー：A) 言語，記号，テキストを相互作用的に用いる力，B) 知識や情報を相互作用的に用いる力，C) 技術を相互作用的に用いる力」。ここで，「道具」とは，人が周りの環境と積極的対話をおこなうための装置で，知識や情報，技術などの「文化的道具」も含む。世界や他者と双方向的に対話するための「道具」活用能力をチェックするため，PISAの読解力リテラシー (reading literacy)，数学リテラシー (mathematical literacy) や計算リテラシー (numeracy) は，コンピテンシーAの具体化である。
>　「2. 自律的に活動する力は，A) 大きな展望の中で活動する力，B) 人生計画や個

人的活動を設計し実行する力，C) 自らの権利，利害，限界やニーズを表明する力」である。「自律的に活動するとは，明らかな自己概念を伴い，意思を持った行為をおこなえること」を意味し，「決定や選択，自らの欲求や要求を実際の活動に置き換える力」が求められる。

「3. 異質な集団で交流する力は，A) 他者と良好な関係を作る力，B) 協力する力，C) 争いを処理し，解決する力」である。「他者と共に学び，働き，円滑に交流する力」「新しい人間関係を形作り，良好な関係を図る力」は，「個人にとっても新しい社会を作る上でも重要」で「社会参加，ソーシャルスキル，異文化間能力などの用語と関係する力」だとされる。

「国際学力テスト」として，今日よく話題になる OECD の PISA（the Programme for International Student Assessment ＝国際学生調査プログラム）は，このキー・コンピテンシーの理解との関連を意識して，問題が作成・実施されている。

内部調整をおこなうコア・コンピテンス

そして，この「3つのコンピテンシーの枠組みの中心にある」「コンピテンシーの核心」は，「思慮深さ（Reflectiveness）」だとされている。それは「個人が深く考え，行動すること」であり，「変化に対応する力，経験から学ぶ力，批判的な立場で考え，行動する力」を含む。そこで，この「コンピテンシーの核心」である「思慮深さ」の構造の検討が必要になる。

【reflectiveness】とは動詞【reflect】の形容詞形【reflective】の名詞形である。【reflect】は，「ラテン語 reflectere（曲げ返す）。re（もとへ）＋ flect（曲げる）」に由来し，「反射する」「反映する」「反省する」「熟考する」ことである。

このことを念頭に，筆者は，所属するアジア・ヨーロッパ会合（Asian European Meeting：ASEM）」の「生涯学習ハブ（Life Long Learning Hub：LLL Hub）」の第5部会「Core Competence（コア・コンピテンス）」において，2011年以来，次のような提案をしている。そして同部会で肯定的に受け止められているので，その概略を紹介しておく。

このコア・コンピテンスは，人の内部にあって，外からの刺激（環境変化や新たな体験）を消化して，新たな環境や新しい実践的チャレンジ（プロジェクト設定，商品開発など）に適切に対処する方策を示す，内面的世界（心理的・認識的・神経的装置）である。その中心には「私・私たち」と「家族・地域・職場・学

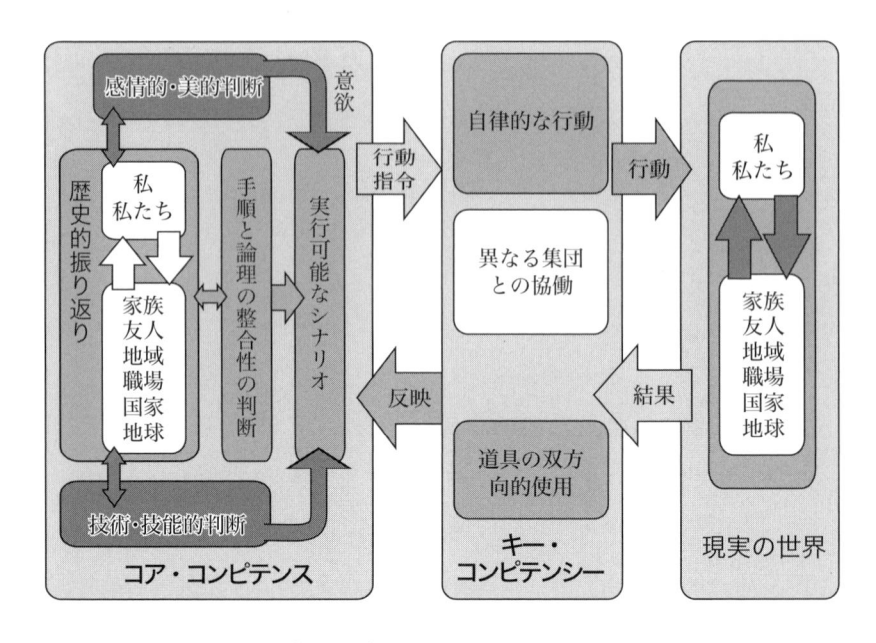

図15　私・私たち・自然・社会とキー・コンピテンシー，コア・コンピテンス

校・友人・自然」などとの接触・働きかけあいがある。そして，その背後には時間的振り返りとしての「歴史的参照」機能がある。この「私・私たち」から欲求が生み出される。この欲求は，「意欲」を司る「感情的・美的判断」，「確信」を司る「技術的・技能的判断」，「シナリオ」を司る「手順と論理の整合性の判断」の3つの判断によってフィルタリングされる。この4つの要素が機能して，私・私たちが実現したいことが，技術的・技能的に可能であり，手順と論理の整合性の見通しが立つ，実行可能なシナリオを構成できる。そして，そのときに，GO! サインが出される。逆に，なんらかの要素に欠けるとき，その補充サインが出される。

　このコア・コンピテンスは，外界とのインターフェイスとしての，「キー・コンピテンシー」（道具の双方向的使用，自律的行動，異なるものとの協働）を介して，実際の世界へと繋がっている。そして，実際の世界で実践的行為をおこない，他の人々とともに働き，遊び，祈り，学び，世界の中に自分のポジションを作りながら社会貢献をおこなう。そして，その行動の経過や結果は，キー・コンピテンシーを介して，再びコア・コンピテンスへと還流する。そして，コ

ア・コンピテンスは，振り返りをおこないつつ，新たな意欲，技術的判断，手順と論理，実行可能なシナリオと確信をキー・コンピテンスへ送る。

今日の日本で，「人間力」「社会人基礎力」「学士力」などが提案されてきたが，これらはいずれも，この，キー・コンピテンシーとコア・コンピテンスをなんらかの意味で意識していると思われる。つまり，「基礎諸能力」「臨機応変の能力」「プロジェクト遂行能力」という3つの能力が機能するように，1人ひとりの内面が形成されているかどうかのチェックを提起した，と考えられる。

　私の知識は私が創る——方法を伴う「学問」，コンピテンスは陳腐化しない
　現代の日本で，"知識が陳腐化する"という議論に接することがある。「知識」を覚えても時代の変化によってその内容が古くなる，という意味である。これは一面では正しいが，一面ではウソである。なるほど，「知識」を1つの完結した無謬のものと見なし，それを受け止めて記憶するというだけならば，その知識はやがて古くなり役立たなくなる。そこには，経験によって修正された経験知と一般知とを照合し，経験知・一般知を更新する，知識の再生産の方法が含まれないからである。

　しかし，完結した絶対的なものでなく，常に生成過程にあり再生産の方法と一体のものとして「知識」をとらえ，その創造・修正方法を身につけ，その過程に参加すれば「知識」は古くならない。それによって，経験や調査結果を踏まえて，従来の常識・通説を修正でき，方法をも更新して状況の変化に適切に対応できるからである。これによって，「学問」がもつ柔軟性を確保し，学問によって生産される最先端の知識を実生活に役立てられる。

　このような方法でリニューアルされた学問や知識には，何ほどか私の経験という要素が入る。それは，「私・私たちについての学問・知識」である。同時に，私がその知識を紡ぎだす点では，「私・私たちが創った学問・知識」でもある。目的の点から言えば「私・私たちのための学問・知識」である。リンカーン風に言えば"study and knowledge of myself/ourselves, by myself/ourselves and for myself/ourselves"である。そのような「私・私たちの学問・知識」は，私・私たち自身が作る以外に方法はない。「私の知識は私が創る」「私たちの学問は私たちが創る」ことが，学問の唯一の道である。

## 3. 研究集会，自分史，キャリア教育──コンピテンスを育てるツール

### (a) コア・コンピテンスを豊かにするための学問・学習・研究ツール

キー・コンピテンスは，自分・自分たちという「小状況」と地域社会，企業社会，国家や世界，宇宙などの「大状況」とをつなぐ結節点・ジャンクションである。そこからは，大状況も小状況も見える。そして，個々人やそれぞれの地域や組織＝小状況の内側に作られ，外界＝大状況と交際・接触するシナリオを臨機応変に作り，修正していくものが，「コア・コンピテンス」である。

コア・コンピテンスの世界を豊かにするには，次の5工程が必要となる。①まず，課題となること，気になることを特定する。②その課題に関する「小状況」の情報・常識・知識を多く集め，それらを叙述する。③課題となることに関連する大状況を調べなおす。④両者を関連づける。⑤関連づけの結果を叙述し，適切な範囲の人々で共有し，発信する。

この5つの工程を内包して実際におこなわれている，コア・コンピテンスを豊かにするツールはいろいろある。①現状分析，課題解決の調査・学習・研究（→自分研究，家族研究，地域研究，会社研究，プロジェクト分析……）。②時間・歴史研究（→「自分史」「家族史」「地域史」「社史」「国家史」「研究史」「プロジェクト史」……）。③空間研究・地理的比較研究（→隣人研究，親類研究，他地域研究，他企業研究，他国研究……）。④コンセプト・概念，キーワード研究と「カタログ」作り（→①〜③において必要なキーワードの検討）などである。この4つは，①を軸に，互いに支えあう，一つの構造を作っている。以下代表的なものとして，「ワークショップ・研究集会」と「自分史」，「地域研究」「カタログ作り」について述べる。

### (b) コア・コンピテンスツールの事例──「研究集会」活動・ワークショップ

人は誰でも，日々の自分の取り組みについて，自問自答しながら，意味づけをする。それを誰かに語り，他の人の話を聞き，智慧を出しあい，支えあう。この基盤の上に，気になること，系統的な実践について，互いに経験を報告し，質問し，概括し，それぞれの次の課題・取り組みの見通しをつける。

こうしたことは，古くは，村の寄合や「講」などでもおこなわれてきた。明

治以後，改めて「農業会」「商工会」「労働組合」「農民組合」「水平社」「患者会」などが組織され，団体ごとに「研究会」「研究大会」などが開かれるようになった。そして第2次世界大戦後には，青年団，母親大会，日本教職員組合，新聞労働者組合などの研究集会，『月刊社会教育』読者会が基礎になった「社会教育研究全国集会」も毎年開催されるようになった。それは，1人ひとり，家族や地域や職場から都道府県，日本，アジア，世界まで，経験と技・知識と学問・アートを循環させながら1人ひとりのコア・コンピテンスを充実させる，知とアートの創造・再生産のシステムである。

研究集会の組織論

これらの研究集会には，次のような組織論がある。社会教育研究全国集会の場合を次に示しておく。
* 実行委員会とテーマ設定，宣伝，参加者の確保

  実行委員会：a) その研究集会がカバーする地域で実行委員会を作る。本部団体がある場合には，本部が実行委員会，開催地が現地実行委員会を組織する場合もある。各実行委員会は，地元の実践家・研究者を含め，実践や実践的研究をおこなう多様な人々で構成する。b) テーマ設定：実行委員会は，地域の課題

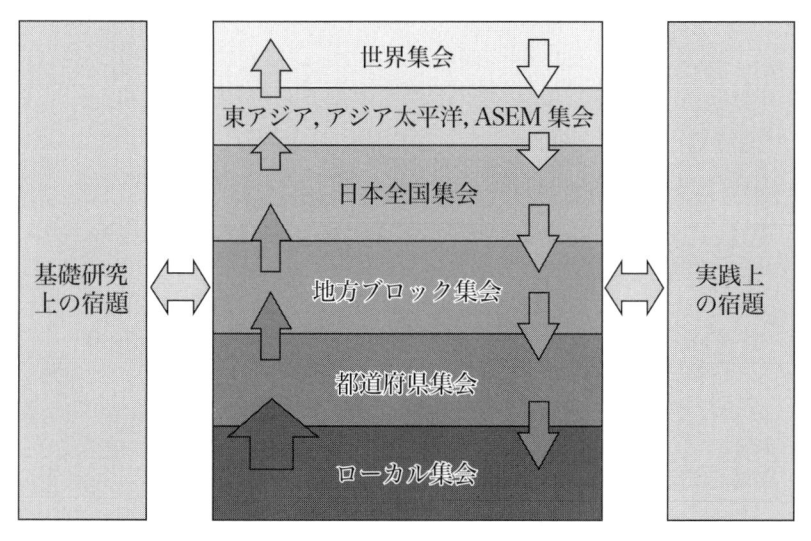

図16　研究集会の積み上げ

第3章　「学問」「学習」「学力」とコンピテンシー　　155

と実践状況を調査検討して研究集会テーマを設定する。c) 分科会・分散会の設定：設定されたテーマ下に，分科会・分散会を設定する。d) 共催・後援・協賛団体：両実行委員会は，共催や後援，協賛団体を選び依頼する。e) 広報と参加者の組織化：両実行委員会は，適切な参加者の確保のために，広報と組織化をおこなう。

＊第1全体会：

全体会のプログラム：開会・基調提案等をおこなう第1全体会と，閉会・集会のまとめをおこなう第2全体会を設定する。第1全体会では，主催者・来賓の挨拶，外国からのゲスト紹介，基調提案，記念講演，実践報告・公演等がおこなわれる。a) 基調提案：基調提案は，その地域での取り組みの状況や前進，考慮すべき新しい事態，研究集会の目標・経験交流・討論のポイントなどを文章と口頭で提示する。作成には，実行委員会内に設置された基調提案作成委員会が当たる。パワーポイント，映像を使うことも多い。b) 記念講演，パネルディスカッション：記念講演は，テーマに関する問題構造や実践の分析，予測される事態の展開の方向性，実践の基本的視点などについて，テーマに詳しい外部専門家に依頼することが多い。パネルディスカッション形式の場合も多い。大会全体のテーマの明確化のために，歴史的経緯，他地域との比較，実践上の焦点を明らかにするなどの工夫をする。テーマに関して長年取り組んできた実践家が，経緯や成果，困難・課題について話すことも多い。c) 実践報告・公演：テーマにかかわる地元の取り組みで，研究集会全体として共有したいものについて報告する。土地の郷土芸能・太鼓やロックバンド，寸劇なども含まれる。地元の古老からの証言映像を上映することもある。d)『資料集』：以上の事柄や各分科会の「討議の柱」，実践レポートを収録した『資料集』を作成し，当日配布する。

＊分科会・分散会・特別分科会

a) 分科等の設定：第1全体会の後，分科会・分散会に分かれて報告と討論に入る。研究集会が継続的におこなわれている場合，常設分科会の設定も多い。テーマの分節化が難しい場合は，すべてのグループが同じテーマで話す「分散会」方式がとられる。また，その時点で共通の関心事があれば「特別分科会」を設定する。b) 全参加者が発言できる分科会サイズ：分科会・分散会では，全参加者が発言できるように配慮し，1分科会・分散会あたりの人数を，20〜30名以下に調整する。小さな研究集会・ワークショップの場合，各分科会・分散会の人数は，4〜12名程度が望ましい。c) 世話人集団：分科会・分散会には「世話人」集団を立てる。世話人は，その分科会の昨年までの議論を振り

返り，最近のトピック，取り組みの前進について，情報を出しあう。必要に応じて，聞き取り調査，文献調査をおこない，その年の分科会としてのテーマを設定する。そのさいに，研究集会の全体テーマとの関連を考慮する。d) <u>分科会の基調提案と報告者，指定討論者</u>：それらを踏まえ，分科会世話人は分科会の基調提案を起草し，実践報告者を選び依頼，ときに指定討論者を立てる。報告者等を選ぶさいには，取り組みそのものの話題性，地域や年齢，ジェンダーのバランスに配慮する。e) 分科会の進行：分科会では世話人が司会進行をする。f) 基調提案（「討議の柱」）によって，分科会の経緯や趣旨，今回のねらいと討論の柱について説明する。g) 分科会参加者が 1 人 1 分程度で自己紹介をする。居住や仕事の地域，テーマにかかわる問題や取り組みの状況，成果と課題，この分科会参加の動機や期待などを含める。h) 2, 3 の実践報告を，それぞれ 15～30 分の範囲でおこなう。事実確認などの質問と答えの時間を作る。i) 指定討論者のコメントをもらい，報告者とのやりとりをする。j) 分科会参加者全員による討論に入る。質問，意見を自由に交換する。各参加者が自分の取り組みや課題を簡潔に報告する時間がゆったりある場合には，報告者を分散させた小グループを設定し，自由に話す時間を作ってもよい。その場合，分散会の後に分科会全体会を開き，各グループからの報告時間を作る。k) 議論が終わったら，今回の分科会で分かったことの確認，今後の取り組みの方向性や次回研究集会までの「宿題」について，分科会としての積み上げの側面から，また 1 人ひとりの参加者の側面からの発言と意見交換をおこなう。l) 最後に各パネリストからまとめの発言をおこない，司会者がまとめのことばをのべる。そのさい事例の収集や分析，分析をおこなう上での基礎概念の再検討なども併せて確認する。m)『記録集』に収録する分科会報告の執筆者も実務的に確認する。n) 成果と課題の整理：分科会が終わった後，世話人集団は会合を開き，本年の総括と，来年に向けた課題を確認し，『記録集』の分科会報告の骨子を検討する。

＊現地見学・フィールドワーク

第 1 全体会，分科会・特別分科会等に先立って，現地見学をおこなう。予め見学先，訪問先を準備しておき，適切な解説付きで見学する。必要があれば，その場で，また後に意見交換をおこなう。

＊交流会

第 1 全体会の日の夜に，夕食を兼ねた交流会を開く。a) 立食パーティー形式で，費用は各自負担する。b) 主催者や開催地からの挨拶，出し物の他，各地から集まった人たちが地域ごとに登壇して近況を報告し，各地の歌なども披露する。「旧交を温め」，面白い実践をしている人と知り合いになる。これによって，自

分は，世界，アジア，全国，全県，全市のつながりの中にいることを実感する。
c) 日程が 2 泊 3 日以上の場合には，分科会ごとの交流会を開いてもよい。

＊第 2 全体会

振り返りと来年度への見通し：a) 最終日に第 2 全体会を開く。研究大会の振り返りと来年度への見通しや抱負を語る。b)「まとめの報告」：「まとめの報告」「総括報告」もおこなわれる。「まとめの報告」を創るために，実行委員会の担当者たちは，事前に会議を開く。そこでは，今年の特徴に焦点を当て，各分科会などからの報告が集約される。c) 特徴的な実践報告：特徴的な分科会や特別分科会から，数名の実践家の報告をおこない，研究集会の全体で共有する。d) 次回開催地の発表：最後に，次の開催地が発表され，次期開催地の代表が抱負を述べる。

＊記録集

a) 研究大会の後に記録集を作成する。作成は，実行委員会内部の資料作成部会が担う。b) 記録集には，大会概要と報告内容について，すべての資料を収録する場合と，『資料集』に収録されたものは省いて，「まとめ」にかかわる部分だけを収録する場合と 2 種類ある。c) 集会参加者が 100 名以下で比較的少数の場合は，録音しておいて，会議の全文を文字化することもある。その場合には，担当者で原稿を整理した後に，各発言者に加除修正を依頼する。d) 臨場感が出るように写真を配置する。費用がある場合にはカラーページをつける。e) 記録集は PDF ファイル化し，「大会」予告と並んで，主催者のホームページに掲載し，参加できなかった人も内容を知ることができるようにする。f) 記録がある程度蓄積された場合，それらを整理して本を作ったり，圧縮してパンフレットにしたりする場合もある。また，DVD を作成して，広報することもある。

　これらのユニットを通じて，実践研究を軸とする基礎研究と実践との協演が成立する。一方で，実践家が自ら「実践」を検討する。他方で，スペシャリストは実践研究で共通の関心事について，概念，基礎データの収集，分析などの基礎研究をおこなう。この両者の協力によって，「実践」「実践研究」「基礎研究」のトリオが成立し，実践現場で役に立つ，基礎研究に裏付けられた実学が展開し，それは具体的な実践とその総括を通して豊かになる。

地域的に重層的な構成と認識・実践の循環

　以上のようなユニットから成る「研究集会」「ワークショップ」は，《ローカ

ルコミュニティー⇔市町村⇔都道府県⇔国内地域ブロック（○○地方）⇔国⇔国際ブロック（東アジア，アジア太平洋，アジア・ヨーロッパ）⇔世界》と，地域的に重層的に組織化される。それによって，ローカルコミュニティーでの出来事・実践・技・知識・智慧が，市町村，都道府県……国際ブロック，世界の中に位置づけられ，浸透する。また，世界，国際ブロックでの出来事・実践・技・智慧・知識が，市町村やローカルコミュニティーにおいて具体化される。この循環によって，それぞれのレベルで，実践・技・知識・智慧に関するコンピテンシーが整理され，蓄積される。

成果物の作成──事例集，担い手の記録，実践記録と批評

作業を踏まえて，成果物が作られる。「実践」分野では，実践事例集，実践家の自己形成史，「実践技術」講習会・研究会の資料・テキストが作られる。

「実践研究」分野では，《「実践記録」＋「実践記録批評」》または《「実践報告」＋「ディスカッション」》の記録が作られる。《「課題の性質，基本的事項，実践の歴史や到達点などを記した概説」＋「事例分析集」》の場合もある。

「基礎研究」分野では，課題の構造と歴史的の分析，基礎用語・概念の定義の変遷，必要に応じた再定義や造語＝新概念の提案，テーマにかかわる歴史研究や比較研究，関係基本文献集の編纂，用語集などがある。

参画と伝統継承と他流試合による人材育成

研究集会の運営者として育つには，集会を長く担ってきた先輩たちとともに，準備や運営の仕事を担うことが肝心である。それによって，細部にわたる実務に習熟し，率直な意見交換，各人の長所を生かし短所を補いあう役割分担や協力をし，組織的な運営を覚える。志を同じくする多くの「同志」と知りあい，各人の多面的なキャリアを知り，自分と照らし合わせ，自らの多面的キャリアを不断に改善する習慣ができる。そのワークショップや研究集会の歴史や理念を知り，実感して，自分がその伝統の中で後継者として存在し，同志とともに現在と未来を拓いている感覚を身体化する。

同時に，外国も含む他の地域や他の分野・業界などの研究集会に参加して刺激を受けることも，視野を広げる上で大切である。

(c) 自分についての「知識」創造を軸に世界を広げる——自分史

　研究集会は，課題・テーマの下に集団でコンピテンシーを高めることに重点を置いている。これに対して，個人や家族などに絞って，とくに内面のコア・コンピテンシーを育てようとする動きの1つとして，「自分史学習」「生活史学習」「自己形成史学習」がある。これは，自分の日常生活とその歴史を描くことを通して，自分と自分を取り巻く事柄に気づき，自覚的になる作業である。なお，「生活史」は生活の事実を克明に叙述することに主眼を置き，「自己形成史」は自分という人間が形成されてきた事実の叙述に重点を置くものであり，「自分史」はそれらの総称である。ここでは，便宜上「自分史」とする。この自分史については，「コア・コンピテンスを豊かにする『自分史学習』について」（『法政大学資格課程年報』第1号，2012年3月）に詳述したので，ここでは概略だけを述べる。

「自分の課題を軸に書く」ことと年齢による書き方の違い
　自分史の基本は，自分が直面している課題を軸に述べることであり，年齢の違いによって課題は異なるが，その基本は変わらない。
　しかし，発達段階から見て，3歳の子どもが自分史を語り書くことは不可能なので，絵本や紙芝居，お話などに親しみながら，日々の出来事について，会話を楽しむことが大切である。4〜5歳になると親や幼稚園や保育園の先生に話しかけたりする。この時期の子どもが話しかける内容を書き留めて子どもに聞かせて共有する実践に，「先生あのね」がある。小学校入学前後から文字を覚え，しだいに生活表現を覚える。小学校低学年では，「絵日記」や作文を書ける。
　思春期前後になると，家族のことや物語の感想を書き，自分を相対化できるようになる。青年期に近づくと，自分を一個の独立した人格と考え始めるので，両親や祖父母の歴史を聞いて書けるようになる。また，身体的変化や恋愛，進路選択への直面によって，自分への関心が強まり，自分の歴史を書けるようになる。
　この作業を通して，「わかっているつもり」だった，自分や自分にかかわる人々や事柄とのつながりについて，気づき，再認識する。この過程で，自分の

内面における認識・意欲・判断のシステム（コア・コンピテンス）が豊かになり，ポジショニングや行動の変化も起きる。

　成人期の場合も，《課題，気になること，表現したいこと》から入ってよい。「生活の変化の節目で書く」ことが多い。扱うトピックは，青年期の場合とはいくらか異なり，「社内異動，転職，失業，メンタルヘルス」「離婚・再婚」「子育て一段落」「退職，再就職」などが登場する。高齢期の場合には，「人生をつらつらと書く」方式に変化する方がよい。この時期は，自分がこの世と「さようなら」をすることを意識し，自分の人生や自分に連なる人々のことを，ぜひ次世代，次々世代に伝えたいという「願い」が，この時期の「気になること」の基本となるからである。

3世代以上にわたって，時代と地域の中での自分を描く

　自分の歴史を書く方法の1つとして，自分・両親・祖父母と3世代にわたって書く方法がある。若者の場合，人生の体験年数は長くないが，両親・祖父母までさかのぼると，約100年が視野に入る。まず事実を知り，自分が両親・祖父母から受け継いだもの，異和感，自分の世代で拓いたことを分析する。それによって，地球という空間や時代の中での，自分のポジションがわかってくる。共に生きてきた人々，これから生きていく人々も見えてくる。また，人は誰も具体的な時代に具体的な地域で生きているが，自分の生きている，あるいは生きてきた時代と地域がすべてだと思い込んでいることも多い。そこで，時代と地域を調べ，それとの関連を分析的にとらえることが大事である。

　両親や祖父母，自分が育った地域，自分が出くわした事件などを調べ知ることは，「小状況」＝自分を軸に見た状況と「大状況」＝世の中を軸に見た状況とをつなぐ，「中状況」の世界をもつことである。両親・祖父母の歴史を知ることで《私（小状況）－両親・祖父母（中状況）－世の中（大状況）》という世界がつくられ，「私」が時代と社会の中で捉えかえされるのである。

　人は誰しも矛盾した自然と社会の中で矛盾した生活を送り，矛盾した心理状態を生きている。矛盾は自然や社会，人間の心理の正常な状態であって，それ自体は良いことでも悪いことでもない。大事なことは，矛盾の性質を捉え，展開を予測し，状況展開のエネルギーとして活用して，仕事と遊び，祈りや学びを楽しむことにある。しかし，矛盾は悪いことで，取り除かれるべきだと教え

込まれていることも多い。そこで，この矛盾を直視し，自分がどういう種類の矛盾に直面し，抱えているかを丁寧にほぐすことが必要になる。そのため，プラトンの対話篇や中江兆民の『三酔人経綸問答』のように，複数の人物による対話の形式がとられることもある。

　自分史を書く際には，自分の記憶にあることを吐き出し，記憶を手繰って叙述したうえで，事実を調べながら書くさまざまな方法がある。小学生の時の作文や絵日記，習字や絵，写真，戸籍，家系図，墓碑も手掛かりになる。文字資料や石碑などの資料の他に，インタビューも重要な情報源となる。並行して，学校史，市町村史（誌），社史なども「中状況」を知る上では大切な資料である。そして，世の中の状況を知るには，『近代日本総合年表』（岩波書店）なども，参考になる。集めた情報を，「山田太郎総合年表」のように，年表にする。そこに，「山田太郎」関連の，「家族」「手伝い・仕事」「遊び」「祈り」「学問・芸術」「地域・国際関係」などの項目を作る。生まれ育った地域や日本・世界の関連事項の行も作る。年表作りによって，自分や自分にかかわる情報が整理され，関連づけられ，自分についてのオリジナルの「知識」が豊かに形成される。

### 「最近気になること」「書いてみたいこと」を軸とする自分史の書き方

　次に，法政大学の「社会教育演習（「笹川ゼミ」）」で 2000 年以来 13 年間にわたっておこなっている「自分史」の方法について述べる。これは，私自身が学生時代に書いた経験，東京都立大学（現「首都大学東京」）での 3 年間のゼミや長野県連合青年団における「自己形成史」学習実践，私なりの研究を踏まえて始めたもので，「最近気になること」「書いてみたいこと」を軸に書く方法である。

　この方法では，最初に次の「5 つの問い」を出す。

　　①最近，気になっていることは何か？
　　　　（自分史のテーマとして，書いてみたいことは何か？）
　　②それはいつから気になっているのか？
　　　　（いつごろから書いてみたいと思うようになったのか？）
　　③なぜ，それが気になっているのか？
　　　　（なぜそのテーマで書いてみたいと思うのか？）
　　④それを，どうしたいのか？

（そのテーマで書くことに，何を期待しているのか？）
　⑤そのようになる兆候はどこにあるか？
　　（期待していることは実現しそうか？）
　学生は，①この5つの問いに対するメモを書いて，②信頼できる人々の間で話す。ゼミのさまざまな共同作業を通じて，ある程度信頼関係が作られていることが前提となる。そこでは，1人ひとりがメモを提示しながら，説明する。他の学生たちは，③質問，コメントをする。④話し合いに基づいて，文章を起こし，全体会で発表し，意見交換をする。⑤その文章に基づき，私は，学生1人ひとりと面談する。この面談の過程には，"カウンセリング"的な要素が入る。学生が言いたいことをほぐし，引き出していく。自己肯定感が薄い学生の場合は，学生のそれまでの人生の中でのポジティブな側面を引き出す。この時，涙や笑顔，さっぱりした表情になる。涙には悲しみや苦しみが，笑顔には心の奥底で封印していたことが言えた嬉しさが込められている。ここまでは小状況をていねいに書いていく作業である。
　面談によって，自分が気になっていたことは自分だけでは完結しないことに気づき，⑥関連する事柄を調べて書く作業をおこなう。両親・祖父母の影響，地域の影響，友人や恋人の影響，学校教員やさまざまな指導者の影響などが，「気になること」と関連していることがわかる。社会人学生の場合は，職場や配偶者，子どもたちも関連してくる。時代性や地域性との関連の検討のためにも，⑥年表を作る作業を併せておこなう。これは小状況と大状況をつなぐ中状況を掘り下げ，自分＝小状況と大状況との関係を意識する作業である。
　このさいに重要なことは，起きたこと，おこなったこと，考えたことを含めて過去の事実を克明に書くことに主眼を置くことである。言いかえれば，現在の自分からのコメントを差しはさまないことである。もしも，現在の感情を書き込んでしまうと，ひたすら否定的になって「自分が壊れそうになる」ことがあるからである。
　一定の作業が進んだところで，書いた文章の概略を，⑦信頼感が醸成されているゼミの人々の間で発表し，質問・コメントを受けて，答える。⑧また共通課題が浮かび上がることが多いので，それらについて整理して意見交換する。その後は，④〜⑧のサイクルを時間のある限り繰り返す。
　学生たちが書くなかで，青年期に固有な共通課題が浮かび上がってくる。①

進路選択：学校，職業，②恋愛，結婚……，③趣味，気晴らしの世界，④両親や家族との関係，「親離れ，子離れ」と自律・自立，両親の離婚などである。社会人学生の場合にも，その人の年齢や性によって，共通の課題が出てくる。

　適当なところで，印刷・製本工程に入る。そのさい，人目に触れる形でどこまで，何を書くか，書かないか，どう配列するかという葛藤が起こる。その葛藤がコア・コンピテンスを鍛えるので，「書かないこと，書けないこと」があってもよいし，「感じるが言語化しないこと」「心の中ではコトバにしても，声に出して言わないこと」「声には出すが，書かないこと」があってもよい。文体は，「まえがき」と「あとがき」以外は，事実のみを書く文体とする。当時思ったことは過去の事実として書いてもよいが，過去のことについての現在の感想は，極力書かない。

　毎年1月末もしくは2月最初に「ゼミ（社会教育演習）修了式」をおこなう。そこに向けて，『レポート集 No. 3』を作成する。表題をつけ，写真を張り込み，自分史と1年間のまとめを収録する。合宿やゼミの場面を1年間撮りためた写真や動画を編集し，BGMと字幕，ナレーションを入れて，DVDアルバムを作る。そして，1人ひとりにコメントを付けた「修了証書」を渡す。

　自分史を書き終えた学生たちは，誰もがさっぱりとした素敵な笑顔になっている。自分自身や自分にかかわる人たちの歴史を知り，自分がどんなふうに生きてきたのか，「自己」というものがどう形成されたのか，自分が気になっていたことにかかわって，深層心理と対話する。同時に時代と地域を感じ取り，その中で生きる視点をぼんやりと持ち始め，自分の「進路」を修正し，行動を変える。「自分は自分，世界は世界」になりがちな時に，自分が両親・祖父母をはじめ，友人や先生たちと繋がって今があることの再確認は，コア・コンピテンスを豊かにする基盤形成ができたことを意味する。

《自分史の心理・認識過程》――「さっぱりとした素敵な笑顔」の秘密

　要約すれば，次のようになる。①学生たちの「この頃気になること」には，大人になることへの期待と不安が混在し，進路選択，恋愛・結婚・友人，おしゃれ，親離れ・子離れという青年期特有の課題が反映している。自分史作成は，この課題を自分の歴史に即して意識する過程である。②それを思い出し，調べ，書き，感情の揺れを伴いながら，自分自身の人生を再構成する。悩み考え，「自

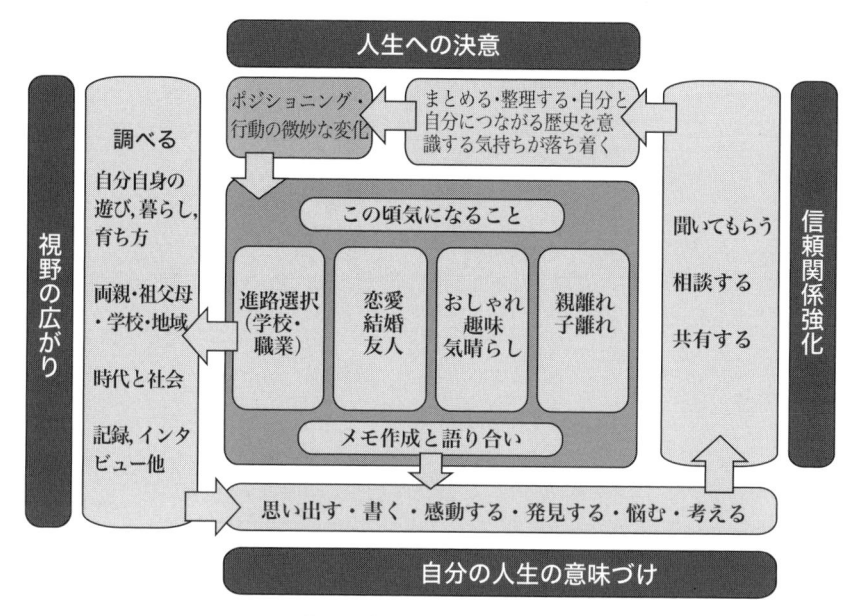

図17 自分史の心理・認識過程

分の人生の意味づけなおしの過程」を実践する。③それを信頼できる人に聞いてもらい，相談し，他の人のことも聞いて，共有・共感する。それは，「他の人々との信頼関係強化の過程」であり，その関係性の中に身を置こうと決意する過程でもある。④その内容を，文章としてまとめ，整理し，自分と自分につながる歴史を意識すると，気持ちが落ち着く。それは，「人生への決意の過程」であり，人々や社会や自然の中でのポジショニングと，行動の微妙な変化の過程でもある。⑤そして，改めて，両親・祖父母，学校や地域，自分自身の遊びや暮らし，育ち方，時代と地域を，インタビューや記録，年表などを使って調べ整理する。「視野の広がりの過程」「中状況を介して小状況と大状況をつなぐ過程」である。⑥これらの経験を通して，必要に応じて，自分史を書きなおす習慣が生まれる。これが，「さっぱりとした素敵な笑顔」の理由である。

　肯定すべき自己と社会の発見——"ego-societas"に向けて
　自分史学習・研究は，状況に対して適切に，自分が他の人と一緒に取り組むための能力＝コア・コンピテンスを豊かにする学習方法である。それが，コ

第3章　「学問」「学習」「学力」とコンピテンシー　165

ア・コンピテンスの核心である「私」「自分」「ego」の歩みを，他の人々・社会制度・習慣・自然との関係で，具体的にとらえ直す作業だからである。

　西欧近代の成立において，①「ego」(＝私) を出発点とすることと，②ego と ego とのつながりを大切にすること，つまり，「socio」(＝結び合わす)，「societas」(＝共同，結合，団体) を重視する「social-ism」(＝共同主義) は，一対のものとして登場した。しかし日本の場合には，徳川260年間および1889（明治22）–1945（昭和20）年までの合計320年間を通じて，絶対権力を持つ「将軍家」や「天皇陛下」が「公」とされてきた。そのため，「私」＝ ego が多くの場合否定的に扱われてきた。その結果，ego の連携集合体としての私たちも否定的に評価され，「公」＝ public と見なされてはこなかった。この構造が，家族や企業でも再生産されてきた。そのために，とくに女性において私の肯定をためらう風潮が強く，それが「自己効力感」が低い人を再生産し，キャリアデザインの妨げにもなっている。

　自分史学習を通して私自身も家族をはじめとする共同体も再発見し，「私」と「ego-societas-ism」＝「私・共同体主義」のイメージを広げ，身近なところから「ego-societas-ism」を実践する生活様式＝文化を，社会の「気風」とすること。それが日本における個人や社会のキャリアデザインに必須と考えられる。しかし，準備のないままに安易にとりくむと，収拾のつかないプライバシーの流出や無理に書かされる苦痛になることもある。そうならないためには，信頼関係のある人々の中で，経験と見識のある指導者の下で書くことが大事である。そこで，指導者養成とそのための研究も必要になる。

## 日本における自分史学習の歴史的・文化的背景

　現在世界では，"Guided Autobiography" "Autobiography Learning" など，アメリカ，カナダ，シンガポールなどでも，自分史を書くことが広がり始めているが，今のところそれは，成人に限定されているようである。

　これに対して，日本では全世代にわたっている。それには自分史を育てる土壌があるからだと考えられる。それは，①歌，俳句，狂歌，川柳などの「短詩」の伝統，②落語，読本，滑稽本などの庶民の物語作品の伝統，③学校における「綴り方」教育，「作文教育」の伝統，④「生活雑記」「村の生活記録」「おとなの綴り方」など，大人による生活表現の伝統，⑤地域史，郷土史，家族史，

学校史，社史などの伝統，である。日本の自分史学習は，これらの伝統を受け継いで，《個人と個人⇔私たち⇔私たちと社会システム⇔世代から世代へ⇔人間と生態系》を視野に入れて，具体的関係性の事実を記す。そして，問い，調べ，議論し表現する，コア・コンピテンス，キー・コンピテンシーを豊かにするものとして発展しており，国際的な発信と交流が求められている。

(d) 人物研究

「人物研究」とは，一人の人物に焦点を当てて，その人の多面的なキャリア形成の歩みをトレースするものである。「自分史」が，「私」という客観視しにくい個人から他の個人を介して社会に迫るのに対して，「人物研究」は，比較的客観視しやすい自分以外の個人から，他の個人・社会へとアプローチする。そこから，コンピテンス形成過程を含めて，キャリア形成・キャリアデザインを貫く法則性を抽出し，作業仮説を作り，事例を増やして一般化する。その作業によって，コンピテンスの理解が深まり，また，その人物を鏡として自分の場合のコンピテンス形成をとらえ直す。そして研究対象人物が自分の両親や祖父母などの場合，その作業は「自分史」とも重なり合う。なお，別の機会に詳述したので（笹川「キャリアデザイン研究における人物研究の意義と方法について」『法政大学キャリアデザイン学部紀要』第7号），ここでは概要にとどめる。

「人物研究」の焦点

人物研究では，①誕生から幼少期・少年期，青年期，成人期，高齢期，死という，人生の各時期の「転機」となる出来事とその展開，②生まれ育った土地の生活習慣や親や兄弟姉妹，師匠や先輩などから受け継ぎ自分自身で育てた生活文化や能力，③時代の課題との格闘，次世代への遺産などが，焦点となる。

課題の1つは，その人が生まれた時代，土地，家族の社会階層と家族の中での位置，その時代や土地や家族がもっていた広い意味での生活や表現の技術や智慧を分析することである。そして，それを本人がどのように修得・活用・発展させたかを分析する。また環境の中での本人による自分の人生の意味づけ，「願い」「こだわり」の形成・展開過程の分析も重要である。

また，青年期に人生の選択に苦しみ，努力・修業をして，何ほどかの到達

点に達し，独立を実現する。その過程と結果の分析も１つの焦点となる。また，人は誰でも挫折を経験する。子ども時代の病気，青年期の失恋，成人期の失業。その時期や原因は多様で，自殺に至ることもある。多くは，周囲や自分の智慧に助けられ，立ち直る。そして，挫折経験を糧に，ひと回り逞しくなる。コンピテンス＝智慧がついて，その後のキャリアを歩む。この〈挫折～立直り〉過程の分析は，人物研究の最も重要な部分の１つである。

　人はその活動のピークを過ぎて，自分の生きた人生を受け継いでほしいと願い，次世代にメッセージを託す。言語，作品，生活様式など，メッセージの種類は多様である。そして，これが次世代にどう受けとめられ，受け継がれたのか否かも，重要な分析課題である。


研究対象の選定

　人物研究では，研究対象としての「人物」を選ぶことが出発点となる。要点は，①対象とする人物に"惚れている""面白い"と思っていること，②研究史上での積極的な位置づけができること，③研究が実践に与える積極的な意味を明確にできること，④研究をおこなうだけの資料があること，である。

> そのさいに重要なことは，いわゆる有名人だけを対象とするのではなく，自分が課題とすることから探求して，"人物を発掘すること"である。私の経験では，『学問のすゝめ』の著者としての福沢諭吉とともに，『農村青年通信講座』の生みの親である八木林二や，「庶民大学三島教室」主催者の木部達二も対象としてきた。後者については新たに光をあてたので，"発掘"と言ってよいかもしれない。

「人物研究」の具体的手順――資料収集・整理から論文執筆へ

　研究を進めるうえでは，①自伝・伝記・作品の鑑賞，資料館・記念館訪問，聞き取り，フィールドワーク，インタビューなどによって，本人に直接かかわる資料を集め，感じることが，根本的に大事な作業である。そして，②大学図書館や国会図書館を活用して，先行研究をしっかりと検討すること。③文献等資料目録を作ること。④資料に当たりながら，重要なことをノートすること。⑤研究対象本人に関する事項，家族・師匠・友人・協力者等々本人の関係者や関係機関に関する事項，本人が生まれ育ち活躍した地域や国での関連事項などの事項を横軸に，時間を縦軸においた関係年表を作ること。

伝えたいことをイメージして，ストーリーを明確にし，章節立てをして，執筆を開始する。そして2度書き直しをして，構成や資料扱いの調整をし，文章の推敲をし，注や参考文献をつける。

人物研究の効果
　人物研究を通して，①コア・コンピテンスの基盤となる自分自身の生命の肯定と他の人への共感能力が高まる。②その人の人生＝キャリアを一定の時代や場所，家族や組織の中で再現する能力がつく。③特定の人物に即してキャリアとキャリアデザインとを追体験して，人生の節目，転換点での挫折やその乗り越え方，修業時代の努力や，偶然性を生かせる柔軟さについて学び，自分にも生かそうという指向性が強まる。④社会的条件に対する積極的な関与へのキャリアの大切さに気づき，現場での工夫の視野が広がる。⑤知識の創造力，構成力や表現力が鍛えられる。また，この過程をやり遂げることで，日常生活における粘り強さや議論・協力の能力も身につく。

(e)　カタログづくりと隣り町研究

　私たちの生活の中には，一定の地域で一定の人々によって作られ共有され発展させられてきた生活様式としての「文化」がある。文化の中に人は生まれ，文化を吸収・実践し，文化を展開させ創造しながら，そのキャリアを終える。この文化は，日常生活の中に馴染んで習慣となっており，状況によって柔軟に変化しうる臨機応変の技・知識・智慧をたくさん含んでいる。いわば，「コンピテンスの宝庫」である。しかし，市場原理が前に出る風潮の中では，これら日常生活の文化が軽視され，結果的に人々のコンピテンシー低下を招いている。そこで，これらの文化をカタログ化して，ローカルな技や智慧を共有することは，家族や地域や職場アイデンティティーを強化し，人々と家族・職場や国家などの地域コア・コンピテンスの強化に役立つ。

「わが家の生活文化カタログ」づくり
　かつて多世代家族が多かった時代には，家に「家訓」があり，それが代々受け継がれていたが，核家族化が普及した現在，家訓をもつ家は多くない。そこ

で,「わが家の生活文化カタログ」を作ることは,自分たちの日常生活の基本を振り返り,日常生活を柔軟に送るうえでも有効だと考えられる。つまり,「カタログ」＝内包の明確化が,実際生活＝外延の柔軟性を担保する。

> ①朝ご飯は一緒に食べる。夕食時テレビは点けず,鳥の声や音楽と団欒を楽しむ。②家事,育児,介護は工夫して,皆で協力。③仕事で貢献,遊び・気晴らしを楽しむ。④借金の保証人にはならない。⑤良いところを褒め合う。⑥家族メンバーのイベントはみんなで応援。⑦親戚づきあい,近所づきあい,友達づきあいを丁寧に。⑧結婚,誕生,葬儀,墓参りなどの儀式を,身の丈に合わせて大事にする。⑨誕生日,命日,還暦などを皆で祝う。⑩年に3度は家族旅行をおこなう。

こういうものを,家族で相談しながら作り,写真やイラストを貼り付けてカード化,冊子化,あるいは暖簾に染抜く。カレンダーにするのもよい。それによって,家族生活の原則と臨機応変の能力が身につき,社会生活での広がりのある能力展開の基礎となる。

### 『上毛かるた』と『かつしか郷土かるた』

地域の文化をカード化して,1947年に群馬県で作られた『上毛かるた』は,その後65年にわたって群馬県の子どもたちの「かるた競技大会」で使われ続けている。できた当時,小学校6年生だった人は2013年には78歳になるが,それ以下の年齢の群馬県出身者は,ほとんど誰もが札を暗記している。そして,それが人々の群馬県理解の知識と愛情の源泉となっている。

例えば,「仙境尾瀬沼花の原」には,ダム湖計画を中止にして守ってきた歴史があり,かるた競技をおこなうことで,群馬県民の生活上の好みや奮闘の歴史を確認する場ともなる。詳しい解説書も作られ,地域や家庭を中心に,群馬県理解が進み,県民の柔軟な性格形成にも影響を与えているとも見られる。

『上毛かるた』を見習って,およそ1100もの「郷土かるた」がその後作られたが,かるた大会で使われているのは,その1割前後の100程度といわれている。そして2009年から準備をして2012年に『かつしか郷土かるた』が作られた。これは「知って,創って,育てよう〜葛飾かるた〜」という区民大学の企画講座に始まり,これには私自身も区民として参画してきた。葛飾区民大学区民運営委員会と葛飾区教育委員会との共同で,子どもたちからの5000通を超

える提案を踏まえ，地域性などを調整し，切り絵作家に絵札を依頼して完成した。葛飾区教育委員会は，2011年度から全小学3年生に，この無償配布を開始した。「へーほんと，金魚の形の葛飾区」「金町に暮らし支える浄水場」「寅さんが駅で故郷ふりかえる」「町工場技とパワーが光ってる」などの読み札にはそれぞれ「100文字解説」がつけられ，内容理解を助けている。2013年には，内部資料として学校教員用の解説書の第1次草稿が作られ，ゆくゆくは区民への公開を予定している。これらによって，学校で特別授業とかるた会，地域での競技会とその交流大会，子どもや高齢者たちが，昔話をしながらかるた会を楽しむ動きも促進されている。郷土かるたは一種の地域文化カタログだが，その提示によって，子どもから年寄りまで，たくさんの人々の間で活発な会話がおこなわれ世代間の知識と智慧の継承がされている。また，それらを深く調べる人々も増え，ローカルな知の集積が加速されている。

『湿地の文化と技術33選〜地域・人々とのかかわり〜』
　「湿地」(wetland)の保全・再生，賢い利用，対話・教育・参加を目的とするラムサール条約とかかわって，日本各地の湿地の文化を集めカタログ化したものが『湿地の文化と技術33選〜地域・人々とのかかわり〜』である。
　ラムサール条約における「湿地」の定義は広いので，干潮時に水深6メートル以下の海域および陸上の水があるところは，湖や沼，川，水田，干潟，温泉＝地熱性湿地，サンゴ礁も，すべて「湿地」である。2013年現在，日本には46カ所のラムサール条約登録湿地があるが，登録後の保全・再生・活用の具体的な方策については共通理解が少なかった。そこで日本国際湿地保全連合(Wetland International Japan：WIJ)が，現地調査を踏まえて，2012年に『湿地の文化と技術33選』の英語版と日本語版とを刊行した。
　同書は，「Ⅰ．保全・再生の文化」「Ⅱ．ワイズユースの文化」「Ⅲ．CEPA(対話，教育，参加，啓発)の文化」に「湿地の文化」を分類している。各事例とも，写真入り，見開き2ページで叙述され，見開き左側の「メインページ」には，ラムサール条約湿地に限定せず，33の事例を挙げ，そこに，「湿地の文化の名称」「所在地」「概要」「目的」「歴史」「保全再生との関係」「ワイズユースとの関係」「CEPAとの関係」の項目を作って叙述している。見開きの右ページには「類似の文化と技術」を平均，5–6事例取り上げて述べている。そこで取り上げた

事例は 200 以上ある。メインページには,「佐潟の潟普請」「金町浄水場の東京水」「鳥が見つけた片山津温泉」「谷津干潟のバードウォッチング」「ラムサール条約登録湿地関係市町村会議」などがある。

　類書がなかったので,「へー, こんな事例があったのか」「こういったものは, 自分たちの土地にもある」などの感想も寄せられ, 各地で話題になっている。この点では, 基本的な考え方と具体的な地域の事例とをセットで提起していることもあって, ローカルから日本, 世界へと突き抜ける常識の再構成にも役立っている。また, 英語版が締約国会議や同事務局の HP で配布され, 地中海地域, イギリス, 東アジアでも共感を呼んでいる。

　この冊子を使って,『北海道の湿地の文化 33 選』などのローカル版を作成するためのワークショップが, 北海道, 山形, 滋賀, 鹿児島, 沖縄で開かれた。そこでは, 予め自治体・施設の職員と WIJ 事務局で,『33 選』のフォーマットを使った, その土地の湿地の文化の事例の下書きを作成した。当日は, ラムサール条約の基本的な考え方と湿地の文化の日本各地の事例を概説する基調報告をおこない, グループに分かれて, 下書きの修正作業をおこなう。すると, 地元の人が一番詳しいので, 下書きはより詳しく正確に修正される。そこから, 今後に向けた具体的な活動の方向性が引き出された。

　その後, 一方では, 韓国・中国・タイ・インドネシア・ネパールなどを含む『東アジア版』も取り組まれ, 他方では北海道版の作業が 2015 年を目指して進んでいる。また, 東京湾版, 加賀市版なども, 始動している。

　これらの作業は,『33 選』日本版によって,「一般知」が示され, それを東アジアというリージョナル化と北海道, 東京湾, 加賀市というローカル化が, 具体的現場の調査を伴って進行している。これに携わる人々の間で, 現場に即した具体的な技や知識が集積され始めている。そして, それを担う人々の間での相互刺激と自己訓練とが進行し, ローカル, ナショナル, リージョナルの 3 つのレベルで, コンピテンシーが積み上げられている。


### 隣り町研究——田端文士村と金町児童文化村

　東京空襲以前, 北区田端周辺には, 芥川龍之介や菊池寛らの「文士」が多く住んでいた。そして調査を踏まえて, 北区が「田端文士村」記念館を開設してからは, そこを訪れる人が増えている。一方, 葛飾区金町地域には, 戦後,「紙

芝居界の大物である加太こうじ」(「水木しげる年表」)が住んだことをきっかけに，後には大劇画作家になった白土三平や水木しげるなども集まった。また『たつのこたろう』などの作品で有名な児童文学作家の松谷みよ子も金町エリアに住み，人形劇団の経営もおこなっていた。さらに岩波新書『東京大空襲』を書いた児童文学作家の早乙女勝元も区内に住んでいた。そして，戦前の立石地区には，岩波文庫に収録されている『綴方教室』(岩波文庫，山住正己解説)の著者豊田正子も住んでいた。そこで，これまでの研究・発掘を踏まえ，区民の有志が「金町児童文化村」の調査をおこない，ゆくゆくはなんらかの形で「金町・葛飾児童文化村」の展示スペースを金町地域に作りたいと相談を始めている。

　そのさいに，荒川放水路でつながる「隣り町」である北区の田端文士村調査をおこない，参考にしている。また，墨田川以東，江戸川まで，今日の墨田，江東，足立区をも含む「南葛飾」，埼玉県南東部・茨城県南西部の「北葛飾」，千葉県西部の「東葛飾」を含む，万葉集以来の「広域葛飾」を調査して，この地域における児童文化の広がりを視野に入れることも構想されている。

　このようにして，自分たちの地域を深く知ろうとするときに，関連する「隣り町」から学ぶことで，ローカルな智慧や技を吸収することができる。

### (f) 自分と社会をつなぐ「キャリア教育」

#### キャリア教育の背景

　20世紀末から21世紀初頭にかけて，日本の小学校から大学までに「キャリア教育」が導入され，すでに実際に現場で実施されている。

　このキャリア教育の推進の背景には，3つのことがある。第1は，大量生産・大量消費システムのなかで，生活の抽象化と人間の身体的・精神的な能力の劣化が起きていることである。これによって，子どもや若者の生活能力・意志疎通能力が低下し，それは職場での職務能力の問題，家族，子育てにおける虐待，地域社会での通り魔的犯罪などとしても現象している。これには，利潤至上主義と非正規雇用の拡大も関係している。第2は，高学歴化，大学の大衆化である。高学歴化は，社会人学生，修士課程大学院生の増加として現れ，自分の職業や経験と結びつけた研究によって，職業も含む自分のキャリアデザインへの意識が高まっている。高学歴化は，大学とくに学士課程の大衆化としても現象

し，大学生の多様化と一部では低学力問題の深刻化がある。そして第3は，長寿化に伴う生涯学習の展開である。日本人の平均寿命は1960年代半ばに70歳を，90年代半ばに80歳を超え，2011年現在83歳であり，多くの人々がその一生を豊かに楽しみ，他の人々・世の中に貢献したいと願っている。そのなかで，就業年齢の延長に伴う「セカンドキャリア」も関心事になっている。

長寿化・生涯学習の側から──生涯学習体系への移行

具体的な動きはまず，生涯学習の側からやってきた。1965年のユネスコ会議におけるラングラン報告と波多野完治らによる精力的な紹介・解説，72年の第3回ユネスコ成人教育世界会議の東京開催，73年OECD「リカレント教育〜生涯学習のための戦略〜」，74年のILO有給休暇条約発足，85年の第4回ユネスコ成人教育世界会議（パリ）での「学習権宣言」採択など，国際的動きが先行した。そしてこれとクロスしながら，71年中教審答申「生涯教育について」，87年臨時教育審議会第4次答申における「生涯学習体系への移行」が出された。これを受けて，88年に，学校を含む教育政策全体の調整をおこなう局として，文部省で社会教育局を母体に生涯学習局が筆頭局として設置さ

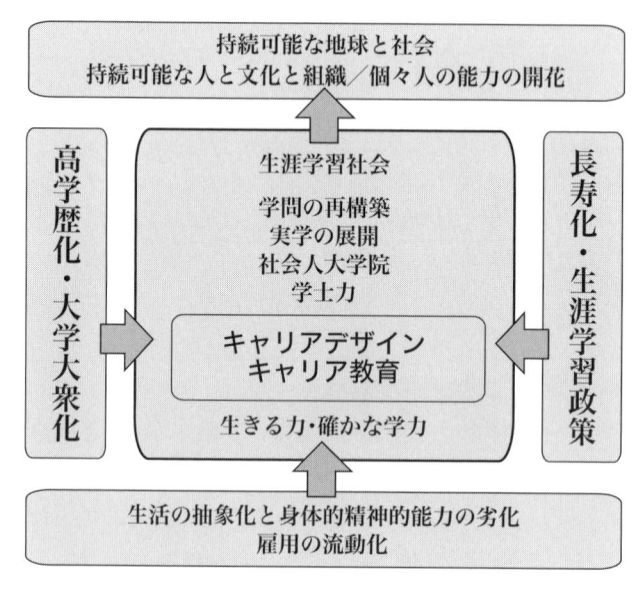

図18 「キャリア教育」の位置

れた。同局は後に文部科学省内部での政策調整と共に省庁連携のために「生涯学習政策局」と改称され，現在に至っている。1990年に中教審答申「新しい時代に対応する教育の諸制度の改革について」で教育制度全体の再編が視野に入れられ，96年の中教審答申「21世紀を展望した我が国教育の在り方について」において，変化に対応するための「生涯学習社会」における「生きる力」に言及がなされた。

### 身体・精神能力の劣化と「生きる力」の側から

同時に，身体・精神能力への劣化への対応が表面化する。1970年前後から続く「学力」と「生きる力」との関係についての論争を受けつつ，89年の学習指導要領改訂では，「1）豊かな心を持ち，たくましく生きる人間の育成を図る」「2）自ら学ぶ意欲と社会の変化に主体的に対応できる能力を育成する」「3）国民として必要とされる基礎的・基本的な内容を重視し，個性を生かす教育の充実を図る」ことを強調した。そして，バブル経済が崩壊し雇用が不安定化した上記の中教審答申「21世紀を展望した我が国教育の在り方について」（96年）では，「生涯学習社会」で「生きる力」が提起された。

> 答申によれば，「生きる力」とは，社会の変化の中で「自分で課題を見つけ，自ら学び，自ら考え，主体的に判断し，行動し，よりよく問題を解決する資質や能力」，「自らを律しつつ，他人とともに協調し，他人を思いやる心や感動する心など，豊かな人間性……たくましく生きるための健康や体力」である。また，知識と共に芸術的な感性を含む臨機応変な実践力であり智慧である。つまり，「生きる力」は「全人的な力」なので，幅広く応用がきき，「いかなる場面でも他人と協調しつつ自律的に社会生活を送っていくために必要」な「人間としての実践的な力」と強調する。それは，「紙の上だけの知識でなく，生きていくための『知恵』」であり，「我々の文化や社会についての知識を基礎にしつつ，社会生活において実際に生かされるもの」「初めて遭遇するような場面でも，自分で課題を見つけ，自ら考え，自ら問題を解決していく資質や能力」である。さらに，「理性的な判断力や合理的な精神だけでなく，美しいものや自然に感動する心といった柔らかな感性を含むもの」である。「よいおこないに感銘し，間違ったおこないを憎むといった正義感や公正さを重んじる心，生命を大切にし，人権を尊重する心などの基本的な倫理観や，他人を思いやる心や優しさ，相手の立場になって考えたり，共感することのできる温かい心，ボランティアなど社会貢献の精神」も，「［生きる力］を形作る大切な柱」である。

このような「生きる力」を「バランスよく育くんでいくこと」によって，「個性」と「創造性」を育て，「社会の変化に適切に対応」しながら，「子どもたちの『自分さがしの旅』を扶ける営み」は，「自己実現のための学習ニーズが増大していく，いわゆる生涯学習社会において，特に重要な課題」だとしていた。

　この「生きる力」論で，生涯学習の動きと，この能力劣化への対処との間に接点ができたが，これは 2002 年の学習指導要領改定における「生活科」「総合的学習の時間」設置へと展開する。一方 1997 年以後，OECD のキー・コンピテンシー選定といわゆる国際学力調査プロジェクトが始まり，2003 年にはその報告書「コンピテンシーの定義と選定」が発表される。そしてこれを意識しながら，一種のコンピテンシー論である，内閣府の「人間力戦略研究会報告書」(2003 年)，経済産業省「社会人基礎力」の提言（06 年）が出された。

　高学歴化，社会人大学院，大学大衆化の側から
　この文脈において，高学歴化と大学の大衆化，社会人大学院が議論されてきた。大学審議会が「21 世紀の大学像と今後の改革方策について」答申（1998 年）および「グローバル化時代に求められる高等教育の在り方について」答申（2000 年）で，大学院における「高度専門職業人の養成機能，社会人の再学習機能の強化」「生涯学習ニーズへの対応」としての「社会人の学習環境の充実」を打ち出した。中教審答申「我が国の高等教育の将来像」(05 年) は，これを受けつつ，大学院が「我が国の知識基盤社会を支える『21 世紀型市民』の高度な学習需要への対応」という機能をもつとして社会人大学院の拡充を求め，「高等教育機関と実社会との『往復型社会』への転換が加速」されることが重要だとした。そして，「産業界が社会人の大学院等への進学・再入学を積極的に支援することが重要である」，と述べた。このような，社会人大学院の機能充実は，仕事・暮らしと学問研究とを循環させる新しい段階における，学校改革と生涯学習・社会的教育との融合の象徴である。

　一方，大学の大衆化については，それまでのさまざまな議論を踏まえつつ，2008 年の中教審答申「学士課程教育の構築に向けて」において，「各専攻を通じて培われるべき学士力〜学士課程共通の学習成果に関する参考指針〜」が提起された。この背景には大学大衆化時代の中での「大学生の学力低下」と日本の大学教育がグローバル化に対応できないという，危機感があった。この答申

によれば，学士力とは次のようなものである。1. 知識・理解：①多文化・異文化に関する知識の理解，②人類の文化，社会と自然に関する知識と理解，2. 汎用的技能：①コミュニケーション・スキル，②数量的スキル，③情報リテラシー，④論理的思考力，⑤問題解決力，3. 態度・志向性：①自己管理力，②チームワーク，リーダーシップ，③倫理観，④市民としての社会的責任，⑤生涯学習力（卒業後も自律・自立して学習できる），4. 統合的な学習経験と創造的思考力。これは，OECD の「キー・コンピテンシー」の学士課程版とみてよいが，答申は，このために，「キャリア教育を，生涯を通じた持続的な就業力の育成を目指すものとして，教育課程の中に適切に位置づける」ことや，「初年次教育の導入・充実」「大学や学生の実情に応じて，補修・補完教育の充実を図る」ことを「大学に期待される取組み」とした。そしてこれらに対応するために，大学教員に求められる「四つの学識（発見，統合，応用，教育）」という考え方もあることを紹介しつつ，「教員の専門性の明確化と評価体制の確立」を，実情に即しながら丁寧に実現することが重要だとした。

### (8) 「キャリア教育」の導入過程

#### 学校と職場とのインターフェイスとしてのキャリア教育論

　キャリア教育は，これらの動きの中から出てきたが，とくに「生きる力」との関係が強かった。「生きる力」答申の 2 年後の 1999 年，中教審答申「初等中等教育と高等教育との接続の改善について」が，「キャリア教育」に論及した。

> この答申は，「(1)『自ら学び，自ら考える力』と『課題探求能力』の育成を軸にした教育，(2)後期中等教育段階における多様性と高等教育段階における多様性との『接続』，(3)大学と学生のより良い相互選択を目指して，(4)主体的な進路選択」が主な論点だとする。そして，「(4)主体的な進路選択」に関連して，「社会人の再教育の場として大学が機能を発揮すること」としつつ，次のように述べた。「学校教育と職業生活の円滑な接続を図るため，望ましい職業観・勤労観及び職業に関する知識や技能を身に付けさせるとともに，自己の個性を理解し，主体的に進路を選択する能力・態度を育てる教育（キャリア教育）を発達段階に応じて実施する必要がある」。この文脈では，「キャリア教育」は，「生きる力」習得の一環であり，「生涯学習」の一部を構成するものであった。

教育改革の基本的指針としてのキャリア教育

この時期に，若者の雇用状況の悪化とニート・フリーター化が社会問題となったが，それを受けて内閣府，文科省，厚労省，経産省との協働による若者自立・挑戦プランが策定された。そして文科省では「キャリア教育総合計画」の検討に入った。そして2004年に「キャリア教育の推進に関する総合的調査研究協力者会議報告書」が出され，2006年には『小学校・中学校・高等学校キャリア教育推進の手引』が発表された。

「キャリア」について，多様な定義があってよいとしたうえで，「個々人が生涯にわたって遂行するさまざまな立場や役割の連鎖およびその過程における自己と働くこととの関係付けや価値付けの連鎖」だとする。また，「キャリア発達」については次のように言う。「発達とは生涯にわたる変化の過程であり，人が環境に適応する能力を獲得していく過程である。その中で，キャリア発達とは，自己の知的，身体的，情緒的，社会的な特徴を一人一人の生き方として統合していく過程である」。さらに，《「学ぶこと」⇔「生きる力」⇔「働くこと」》という，キャリア教育の図式を示しつつ，「キャリア発達に関わる能力」として，「人間関係調整能力」(「自他の理解能力」「コミュニケーション能力」)」「情報活用能力」(「情報収集・探索能力」「職業理解能力」)「将来設計能力」(「役割把握・認識能力」「計画実行能力」)「意思決定能力」(「選択能力」「課題解決能力」) という「4領域の能力」を提起する。

その上で，「各学校におけるキャリア教育に取り組む意義」が，①教育改革の理念と方向性を示すキャリア教育，②子どもたちの「発達」を支援するキャリア教育，③教育課程の改善を示すキャリア教育，とされている。具体的には，総合的学習の時間や各教科の時間等を使うとしながら，職場体験とインターンシップを重視し，家庭での「しつけ」「家事の分担」や「労働者としての権利・義務」の理解，「社会に参画」する意義の理解，「関係機関」との連携や「キャリア・カウンセリングを担当する教員の養成」なども記されている。ここでは，「キャリア教育」は，教育全体，教育課程全体の改革を方向づけるもので，教育の一領域ではないとされている。

職業キャリア継続性のための「キャリア権」

一方2002年に経産省は，「キャリア形成を支援する労働市場政策研究会報告書」を発表した。ここでは，次のように「キャリア」と「キャリア形成」が分けられている。

> 「キャリア」とは，一般に「経歴」，「経験」，「発展」さらには，「関連した職務の連鎖」等と表現され，時間的持続性ないし継続性を持った概念として捉えられる。……（職業キャリアについて言えば）……「キャリア形成」とは……個人が……「関連した職務経験の連鎖を通して職業能力を形成していくこと」……動機，価値観，能力を自ら問いながら，職業を通して自己実現を図っていくプロセスとして考えられる。（『報告書』）

つまり，「キャリア」は経験を通して積み上げられた実体であり，「キャリア形成」は「動機，価値観，能力を自ら問う」という，人間の意識・認識・判断にかかわる行為によって，キャリアを積み上げる過程とされている。また，「キャリア」の複合性については，複合的なキャリアである「人生キャリア」の1つの柱として「職業キャリア」を位置づけている。

> 『キャリア』(career)は中世ラテン語の「車道」を起源とし，英語で，競馬場や競技場におけるコースやそのトラック（行路，足跡）を意味するものであった。そこから，人がたどる行路やその足跡，経歴，遍歴なども意味するようになり，このほか，特別な訓練を要する職業や生涯の仕事，職業上の出世や成功をも表すようになった。……経歴，遍歴，生涯と結びつけて『キャリア』という言葉が使われることが多くなっており，人の一生における経歴一般は頭にライフをつけて「人生キャリア」(life career)と呼び，<u>そのうち職業を切り口として捉えた場合の人の一生・経歴・履歴の特定部分を「職業キャリア」(professional/occupational/vocational career)と呼んで区別する</u>……。（『報告書』。下線は引用者）

そして，配置転換などの場合，キャリアの継続性が保証されるような権利として「キャリア権」を提起し，また，個人のキャリア形成支援が今後の重要な施策となるとした。

### 大学教育 GP ――学士力答申とキャリア教育答申

その後，大学におけるキャリア教育が次第に1つの焦点になる。すなわち，2003年から，文科省による大学教育の質を向上させるためのGP（Good Practice）プログラムが始まり，2006-07年の「現代的教育ニーズ取組支援プログラム（現代GP）」に「⑤実践的総合キャリア教育の推進」分野が設けられた。そしてこれは，「質の高い大学教育プログラムGP」「就業力育成プログラム」へと引き継がれていった。

次いで，中央教育審議会によって2008年の学士力答申で，大学におけるキャリア教育が打ち出され，2011年の中教審答申「今後の学校におけるキャリア教育・職業教育の在り方について」が，小中高校へのキャリア教育導入を前面に出した。そして，2011–13年にキャリア教育を組み込んだ「新学習指導要領・生きる力」を，小中高で順次施行することになった。

(h)　キャリア教育をめぐる論点と方向性

生きる力とキャリア教育との関係をめぐって
　キャリア教育は，身体・精神能力の劣化と生きる力への要求，高学歴化と大学大衆化，長寿化・生涯学習政策という3つの要素を背景に形成されてきた。とくに1996年答申は，「生きる力」は「全人的な力」なので，幅広く応用がきき，「いかなる場面でも他人と協調しつつ自律的に社会生活を送っていくために必要」な「人間としての実践的な力」だと述べていた。そして，2011年答申も，総論においては，「働くこと」も「社会人・職業人としての自立」も「キャリア教育」だと広くとらえている。すなわち，「人は，他者や社会とのかかわりの中で，職業人，家庭人，地域社会の一員等，さまざまな役割を担いながら生きている」とし，「このような自分の役割を果たして活動すること，つまり『働くこと』を通して人や社会にかかわ」るが，その「人が，生涯の中でさまざまな役割を果たす過程で，自らの役割の価値や役割との関係を見出していく，連なりや積み重ねが『キャリア』である」とした。そしてこの「キャリアの発達」には，外部からの働きかけも必要であり，「学校教育では，社会人・職業人として自立していくために必要な基盤となる能力を育成することを通じて，一人一人の発達を促」すのだという。これが「キャリア教育」だとされる。
　しかし，なぜか答申は結局，「職業生活において『仕事をすること』に焦点を当てた」だけにとどまってしまう。その結果，実際の「キャリア教育」には一種の混乱が見られる。文部科学省『小学校キャリア教育の手引き〈改訂版〉』(2011年5月刊)では，スーパーのキャリア・レインボーも紹介しながら，職業以外の事例も多く載せている。しかし，世に流布する「キャリア教育」の概説，手引き，実践例のほとんどでは，「仕事」＝職業という理解で，その内容を職業に絞り込んでしまう傾向があるのだ。

答申は，「社会的・職業的自立，学校から社会・職業への円滑な移行に必要な力の要素」として，「基礎的・基本的な知識・技能」「基礎的・汎用的能力（人間関係形成・社会形成能力，自己理解・自己管理能力，課題対応能力，キャリアプランニング能力）」「論理的思考力，創造力」「意欲・態度及び価値観」「専門的な知識・技能」を挙げている。しかし，「職業能力」の構造と「仕事の能力」の構造との異同を論じないままに，恣意的とも見える論法で「職業」に絞り込んでいる。

　このようなキャリア教育で，はたして上記の諸能力が養われるのだろうか。また，キャリア教育を職業に関する教育だけに絞り込んだ場合，多くの人の生活を職業中心の生活に追い込む危険がある。それによって，子育てを含めて，社会における職業以外の仕事が疎かになりかねない。大量生産・大量消費システムの下での身体・精神能力の劣化に対処するための柱の1つがキャリア教育のはずだが，キャリア教育の名による，事態の悪化の危険性が高い。

### コア・コンピテンス・人格機能・「キャリア発達」の位置づけと構造

　この点と関係する理論問題として，「コア・コンピテンス」「人格機能」「キャリア発達」の構造を明らかにする課題がある。答申は，「社会の中での自分の役割を果たしながら，自分らしい生き方を実現していく過程を『キャリア発達』という」とのべ，「一人一人の社会的・職業的な自立に向け，必要な基盤となる能力や態度を育てることを通して，キャリア発達を促す教育が『キャリア教育』である」（17 ページ）という。この定義は，日本キャリア教育学会編『キャリア教育概説』における，次の定義と重なる。

> 「キャリア発達は，過去・現在・未来の時間軸の中で，社会との相互関係を保ちつつ，自分らしい生き方を展望し，実現していく力の形成の過程である。社会認識と自己認識の結合としての自己理解と自己統制，つまり社会の中で自分をとらえ，自分の行動をコントロールし，方向づけていくことは生涯にわたるプロセスである。働くこと（さまざまなライフ・ロールを果たすこと）の中で，自分を生かし，そのことを通して社会の一員として主体的に生きていく力，つまり，自己の生き方と働くことの関連づけをおこない，自分で選択決定し，実行していく力は，ある年齢に達したからと言って自然に身につくものではなく，さまざまな経験を通して育成される」（15 ページ）。

この「キャリア発達」の定義では，人間の身体的行為としての行動とそれを支える内面的な調整機能，そしてその両者の相互関係を含むものとして「キャリア」が措定されている。客観的な行為の積み重ねと主観的な意味づけとが相互作用することに注目している点で，これにはメリットがある。しかし反面，両者がそれぞれ独自に考察されないままに，結果として，外側の世界との具体的関係への着目は弱まって内面に傾いていく。例えば，『概説』は，具体的な職場や労働市場，産業構造など，あるいは日常生活の組み替えと意味づけに進まぬままに，「職業指導」「意思決定理論」「キャリア・カウンセリング」などへと展開する。また答申も，労働法などについて「理解」することと，学校外における「職場体験」「就労体験」とその振り返りに重点を置いている。もちろん，理解と非日常としての「体験」そしてその振り返りは，重要である。しかし，最も重要なのは，日常生活を仕事の視点から組み替え，それを意味づけること，その構造を明らかにすることである。この点で，「3つのコンピテンシーの枠組みの中心にある」「コンピテンシーの核心」としての，「思慮深さ(Reflectiveness)」としてのコア・コンピテンスの構造を先に示したが，「キャリア発達」の視点から，「理解」や非日常的な体験が，どのようにして行為の変化につながっていくのかについて，踏み込んだ説明が欲しいところである。

### 夏目漱石の「自己本位」と《ego-societas-ism》

　関連して，日本人の若者が「ego・私」の面でも「societas・共同，絆，共同体」の面でもともに抑圧されてきたことを直視する必要がある。信長・秀吉までの下剋上の時代，日本人は男女を問わず，かなり自由に自己主張することが習慣としてあり，「私」を軸にそこから全体をとらえる社会だったと考えられる。しかし，すでに述べたように，徳川幕府260年間と明治20年代以後昭和20年までの65年間を通算した320年間にわたって，「私」を出すことは「わがまま」「利己主義」として排除されるとともに，「society・社会」は《「社会」⇒「社会主義」⇒アカ》という連想で否定されてきた。その結果，若者たちも大人世代も，「私」を押し殺して生きてきた側面があることは否定しきれない。その結果，日本人には，自分の身体を通した認識，自己主張をする習慣，自己表現欲求の低下という結果がもたらされた。そこで福沢諭吉は「独立自尊」を唱え，夏目漱石は「私の個人主義」で，自分の身体と感性を肯定し，それをくぐらせて認識

することの大切さを「自己本位」と呼んだ。こうしたいわば，《ego-societas-ism》＝自己本位を認めあう私たちの共同・絆づくりを軸とした実践的・心理的探求が，キャリア教育の根底に据えられる必要がある。そして，家庭，地域，学校，職場，国家，国際社会での「仕事」や「遊び」についての経験と研究の積み重ねによって，私たち＝公を築くことが大切である。

　そのさい，家庭，地域社会，学校・学級・クラス・ゼミ，事業所・職場，地方自治体・国家，国際社会などにおける自治的活動が果たしてきた，「創造性」研修の機会としての役割が再評価されるべきである。そのうえで，子ども〜大人の学習者が協力して企画立案・実施する，日常の組み替えによる「生活改善プロジェクト」が，あらゆる場において推進されることでキャリア＝人生・仕事・遊びについての教育が実施されていく。


キャリア教育と大学生の「学力」との関係性──正課授業と課外授業
　伝統的に大学では，講義＋ゼミ・実験で，実際上キャリア形成がおこなわれてきた。教養教育で人間の生活や社会や自然，心理や論理などが広く教えられ，専門の講義で専門知識が伝えられてきた。そして，ゼミ・実験・実習などで，研究のテーマ設定，先行事例・先行研究の批判的検討，文献・インタビュー・フィールド調査・実験などによるデータ収集，収集したデータの解析，下書き・試作品製作，チェック，補足調査などを踏まえて，論文制作，作品化，発表がおこなわれてきた。

　この過程で，研究方法の伝授・習得と研鑽もおこなわれた。記号の双方向的活用，自律的な行動，チームワークの力も培われてきた。また，合宿やパーティー，同窓会のつながりのなかで，先輩，同輩，後輩，教員と，人生や恋愛・結婚，就職，学問や芸術についての率直な意見交換もおこなわれてきた。

　この，正課授業としてのゼミナール活動の充実について「キャリア教育」の視点から分析したものは必ずしも多くないが，実践としては枚挙に暇がないほど多い。トータルに見た場合，大学での学生のキャリア形成は，このゼミ・研究室活動がこれまでも，また現在も軸になっている。「大学での学問は実社会では役に立たない」という大学関係者がときどきいる。そういう人は研究方法を自覚して学問を創ってはこなかった人，学生や院生とともに研究方法を探究してこなかった人かもしれない。なぜならば，図19に示したように，学問の

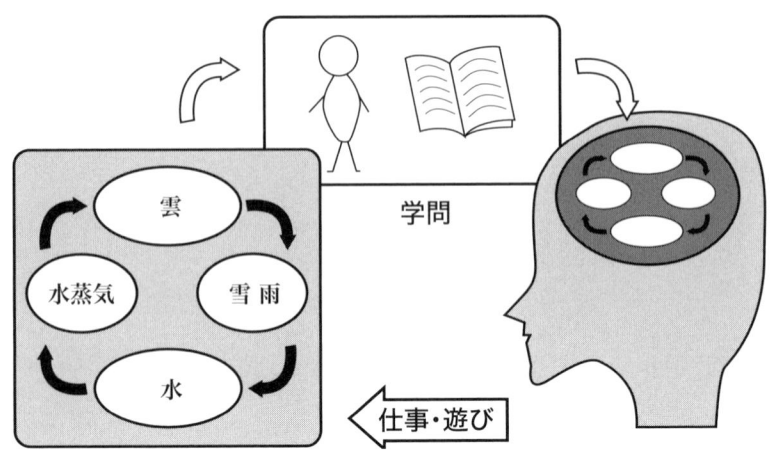

図19　学問の効用

効用は次の点にあるからである。すなわち，現実の自然界や人間界にある現象についての情報を集め，それらを関連づけて知識化し，それを人間の意識に反映させる。そしてその知識を使って，仕事や遊びを通じて現実に働きかけて，現実と折りあいをつけ，現実を活用する行為を展開させることができる。このような学問が役に立たないわけはない。それだけでは役に立たない学問は，結論だけを記憶して事足れりとする権威主義的「学問」である。

また，「キャリア教育と専門課程との結びつき」はコトバとしては強調されているが，ゼミ・研究室活動が持っている「専門」＋「汎用的能力」を育てる役割に注目した議論は必ずしも多くないように見える。そしてキャリアセンターの活動とゼミ活動が切れたまま「キャリアデザイン」などの講義がおこなわれていることも珍しくない。それぞれの大学において，実際におこなわれている「学問研究と仕事とコンピテンシー」を抽出・整理・交流して，可能な方法によって各学部内で，あるいは全学共通でプログラム化することは，もっとおこなわれてよいだろう。そして，この点での，学部とキャリアセンターなどとの協力が進めば，大学における「キャリア教育」は，ひと皮むけた状態，つまり一段上の水準に進んでゆけるだろう。

# 第4章
# 生涯学習実践としてのキャリアデザイン実践

## 1. 生涯学習・社会的教育実践とキャリアデザイン実践

### (a) 生涯学習実践としてのキャリアデザイン実践

キャリアデザインは，自己の主体的な認識と判断によって，自らのキャリア形成をコントロールする実践である。それは人生＝生涯という時間にかかわりながら，自分の学習を自分で制御する自己教育を不可欠な構成要素として成り立つ。多くの人々が指摘するように，この意味で，キャリアデザインの実践は生涯学習の実践である。

### (b) 生涯教育実践としてのキャリアデザイン実践

「学習」は自らおこなうものであるが，「学習」には，なんらかの「指導」，方向づけが介在する。そして，この学習の指導＝方向づけを「教育」という。白川静『字統』（平凡社）によれば，「教」の文字は，長老たちが自分たちの持つ文化を年少のものと共有する行為を指すという。

> 「【教】……屋上に千木のある建物……古代のメンズハウスとして神聖な形式をもつ建物で，ここに一定の年齢の子弟を集めて，秘密結社的な生活と教育を行なった。指導者は氏族の長老たちで，氏族の伝統や生活の規範を教える。……『教ふることは，学ぶことの半ばなり』という語がある。」（203ページ）

この文脈において，教育は，大人たちが自分たちの持つ文化を子どもや若者たちと共有することを通して，彼らの潜在能力の展開をサポートする行為である。それは，コトバによる一方的な方向づけではない。だから，一方的な押し

つけやインドクトリネーションが近代教育に典型的に見られることをもって，「教育」は一方通行だからよくないとして排除する見解は誤りである。教育一般が押しつけなのではない。また近代学校においても，一定のガイダンスの下ではあるが，あくまで学習者本人の自己教育を引き出すことを意識して「教育」をおこなうことに努力してきた教師も多い。

> 英語やフランス語の「education」の元であるラテン語の「educo」は「引き出す」「連れ出す，導き出す」「同伴する」「引き上げる」「養育する」「教育する」「しつける」という意味である。潜在的なものを外に引き出し展開することを助けることである。ドイツ語の「教育」＝「Erziehung」の「ziehung」は引っ張ること，引き出すことであり，「er」は強調なので，「教育」＝「Erziehung」は，能力・才能を引き出し育てることを意味する。

だから，学習の主体が乳幼児や少年少女，青年たちであれば，親や祖父母，兄や姉，保育士，学校教育，医師・看護師など，多くの人々が子どもや若者の学習を指導するが，それは彼ら・彼女らの潜在的能力を開花させるための行為なのである。そこには，本人たちの自己教育と調和するものも，調和しないものもある。そして多様な生活・学習指導＝教育がぶつかり合いながら，年齢相応の自己教育も機能しながら学習が展開することを伴って，キャリアデザインは進んでいく。自己教育能力が飛躍的に展開し，キャリア形成における「デザイン」の割合が高まっている成人学習の場合でも，他の人々による学習の指導・方向づけとしての教育は欠かせない。例えば，医師や看護師による健康指導，住宅建設に際しての建築士，職場復帰プログラムにおける職業カウンセラー，日常の職場における先輩や同輩のアドバイスなどである。

この文脈において，乳幼児から終末期までの人々に関する学習や教育，学力や人格を正面から対象として研究し体系化することが，教育学には求められている。この作業が進んでいくとき，キャリアデザイン実践は，生涯における学習の指導・自己指導の実践側面をもつことがあきらかになる。この意味で，キャリアデザインの実践は生涯教育実践となる。

(c) 社会的教育実践としてのキャリアデザイン実践

キャリアデザイン実践の舞台の中心は，個人の人生・生涯である。そして個

人の人生は，社会的文脈で成立している。個人がこの世に生まれ育つこと，楽しむこと，働くこと，祈ること，そして学び意味づけをすることも，すべて地球の生命体，他の人々，自分にかかわる組織など，「社会」との関係で成り立っている。

また，個人の内面においてさまざまな認識の調整をおこなう，学習・自己教育という行為において，その内容は，人と人とのつながりやそれが恒常化した組織との関係も含めて成り立っている。身体の変化や健康・病気に関することも，心の問題，自分が属する組織，自分が関心を持つ動植物のことも，社会的な文脈で存在している。また，認識調整の機能を担う認識システムそれ自体が，社会的に共有されている認識システムの，その人なりのバージョンでもある。

この文脈においては，キャリアデザイン実践は社会的な教育実践である。

## 2. いわゆる「生涯学習」「生涯教育」「社会教育」との関係

### (a) 成人の自己教育を軸とする学への期待

このように，キャリアデザイン実践は，論理的にあるいは実体として，生涯学習，二生涯教育実践，社会的教育実践である。そして世の中には，「生涯学習」「生涯教育」「社会教育」といわれる実践・研究領域がある。

しかし，いわゆる「生涯学習」などの研究の側がキャリアデザイン実践を視野に入れているかといえば，必ずしもそうではない。「生涯」という言葉は使うが，誕生から死に至るまでの一生涯を視野に入れた研究は，多くない。学校卒業後の人を対象とする「継続教育」と等しいものとして，「生涯教育」などのコトバが使われている。成人を典型とする自己教育を軸として，乳幼児から大人・高齢者までの社会的・個人的文脈での学習・学問をつなぐことが，その社会的使命だという意識は，乏しい。

また，多くの場合には，「学校教育」「家庭教育」「社会教育」という，「教育の三分法」による，領域概念としての「社会教育」，実体としては"地域社会教育"を「生涯教育」として扱ってきた。そこでは，家庭，地域，学校，職場における学習・教育を接続させる時代の要請には，あまり頓着されていない。

日本政府においては，文部科学省の機構改革などによって生涯学習政策局が筆頭局になり，若者支援プログラムなどによって，文部科学省，厚生労働

省，経済産業省との連携も徐々に進み，改定教育基本法では，「生涯学習」が教育全体を統括する理念とされている。しかし，地方自治体とくに市区町村では，相変わらず学校教育にかかわる「指導室」や「総務課」が筆頭課であり，「生涯学習課」は従来の「社会教育課」の看板の架け替えにすぎない状態にある。そして，研究の側でも，それを批判的に分析することは少なく，実態に追随している状況にある。

実際には，大学を含む学校，地域の農業や漁業，株式会社やNGO，地方自治体や政府の連携で成立しているプログラムが徐々に増えている。それらは，「学校教育」や「社会教育」の枠組みには収まらない。しかし，学校や企業を十分に位置づけた社会的教育としての社会教育は，合意された枠組みにはなっていない。「生涯学習」「生涯教育」「社会教育」研究が，その枠組みを再構成し，成人を典型とする「社会的自己教育」を軸とする生涯学習社会の可能性を探求する学問へと脱皮することが，強く求められている。

(b) 「教育」という行為の構造を明らかにする教育学への期待

これと表裏の関係で，いわゆる「教育学」の多くは，学校における子ども・若者に関する教育しか扱ってこなかった。それは，小児科外来のみを扱い，小児科病棟も成人病外来・病棟も扱わずに，「医学」と名乗ることに等しい。

「教育学」は子どもを中心に扱ってきたので，知識やアート作品，スキルの習得過程の研究に重点がかかり，知識，アート，スキルの創造過程をあまり研究してこなかった。また，「教育学」は「学力」を重視し，「教育と文化をつなぐ」「教育と科学をつなぐ」と言ってきたが，「文化」や「科学」，「学問」や「知識」の生成過程に立ち入ることは必ずしも多くなかった。教育学は，学問の運用・創造する能力としての「学力」の構造の解明に力を注いできたとは言えない。その結果，テスト対応の学力論になるか，具体的な知識や技の体系，学習・学問スキルとのつながりが明確ではない「生きる力」論になる傾向が強かった。そのことが現在，知識創造の担い手が不明確で，既存知識の習得と活用だけを主張する新指導要領の「知識基盤社会」論を，補足・修正する作業をうまく果たせない結果となって現れているのではないか？

「価値観を押しつけてはならない」という配慮から，戦後日本の「教育学」

には，人格のありようを論じることを避けてきた面がある。あるいは，学問運用・創造能力としての学力という視点があいまいなので，人格論と学力論とがかみ合っていない状況にある。教育に関する正義論や社会階層との相関関係などについての研究は，近年盛んである。しかし管見の限りでは，学習の指導としての教育活動による認識変化と，自己教育機能・人格機能の変容について，踏み込んではこなかったように見える。

その結果，教育学が論ずる内容は，大人を含む現代人が真剣に願い，悩み，考えている自分自身のキャリアデザインの深層，キー・コンピテンシーやコア・コンピテンスには届いていない状況が続いていると観察される。

(c) 教育実践の学としての「キャリアデザイン学」への期待

他方で，「キャリアデザイン学」では，「教育実践の」という視点が弱いように見える。先に述べたようにキャリアデザインは，自らのキャリアに対する意識的コントロールであるから，そこには自己教育という実践が，要素として含まれる。そして自己教育実践は，教育実践の柱の1つである。教育実践とは，「学習指導としての教育」の実践なので，たんなる講義による情報・知識の伝達ではない。そしてそこには次の4つの要素が含まれる。

第1は，キャリアデザインの主体である，子ども，学生，事業所の部下・社員などによる学習と自己教育・相互教育である。そこには，自分や自分たちのキャリア形成に必要な技や知識の習得や，実際の取り組みとその振り返り，今後についての願い，実現のための心がけや生活改善やプラン，次のステージの取り組み，サポート側の働きかけや評価に関する協議などの要素がある。

第2は，キャリアデザインの実践をサポートする側による働きかけである。これを担う人々には，親，保育士・教員，地域活動の指導者，事業所の上司・担当者，カウンセラー，友人や配偶者などが含まれる。これらのサポーターは，キャリアデザインの主体である個々の子どもや若者，社員，クライアントの状態を把握し，プログラムを組み立て，実施する。また，その結果・成果・課題について，振り返りをおこない，必要に応じて，その次のプログラムを立てる。

第3は，両者の実際のやりとり，コミュニケーションである。そこでは，キャリアデザインの主体の側の必要や欲求，意図や計画と，働きかける側の分析，

意図，プログラムが，ときにかみ合い，ときにすれ違う。そして，双方の心が揺れ動き，双方の協議と合意によってプログラムや働きかけの修正がおこなわれる。

第4は，この過程を記録化することである。それは，学習者とサポーターとの両者によるモニタリングと振り返り，評価，次のプログラムの展望にもとづいておこなわれる。そのさい，自分の「学問の習得・運用・創造能力としての学力」，自分の人格＝コア・コンピテンスと，仕事に必要な3つの能力がどのように展開し充実したかについて，自己評価を含む評価が重要な要素になる。そして，「保育実践記録」「教育実践記録」「カウンセリング面談記録」などの「キャリアデザイン支援実践記録」と，本人による「キャリアデザイン実践記録」の両方が書かれ突きあわされることが望まれる。

講義などによる知識の伝達は，このプロセスの中に位置づけられるので，それだけを切り離し，学習者の視点を欠いたまま「キャリア教育実践」として扱うことは，必ずしも適切ではない。また，評価についても，アンケートでの質問による「満足度調査」も意味はあるが，その方法だけで評価することも，必ずしも適切とは言えない。

以上のように，キャリアデザイン実践と，キャリアサポート実践とを包括的に扱うためには，①「生涯学習」「生涯教育」「社会教育」研究の「社会的・生涯学習学」としての展開，②人の生涯全体を対象にできる教育学への脱皮，③コンピテンスを含むキャリアデザインに必要な能力形成とそのサポート過程を分析できるキャリアデザイン学の充実が，期待されている。

## 3. 社会的教育学としての生涯学習学の苦闘と展望

### (a) 課題が残されてきた歴史的理由

3つの学問が，時代の要請にこたえられていない現状には，理由がある。「教育学」に関連しては，次の点が大きい。まず，①西欧をキャッチアップするために，明治以来の政府が学校での教育活動に教育関係予算の大半を割き，「教育といえば学校」という固定観念が作られたこと。また，②学校教員の数が多く，関係マーケットが大きいので出版物の規模が違うことが，「教育といえば学校」という固定観念を助長したこと。さらに，③学校教育法上の学校での教

育活動は文科省が一括して管轄するが，他の教育活動の場は，農水省，経産省，国交省，厚労省，環境省など，所轄官庁が多岐にわたっており，現場の研究活動に「横串を指す」ことが簡単でない事情もある。

　キャリアデザイン学の場合，「キャリア」という名前を冠した「キャリア学」では，企業における人材育成論の分野が先行していた。そこでは「企業が求める人材」がまず前提にあり，そこに，被雇用者の側からの人生設計論が加わるという構造になっている。

　しかし，従業員という面だけに限定せず，一個の人間としての多面的・全体的なキャリアデザインを論じた場合，要望や苦情が企業の経営方針の枠をはみ出すことが想像されるので，「企業の中で従業員のキャリアデザインを全面的におこなうことは難しい」（M社人事担当者の証言）と言われる。初任者研修，3年研修，係長研修などの「階層別研修」や定年を控えた「セカンドキャリア研修」などはおこなわれるが，日常的なキャリアデザイン研修をおこなっている企業は少ない，とされる。そして階層別研修においても，会社の方針は大前提という枠がはまっていることがほとんどとされる。いわゆる「バブル期」には「研修休暇」等の制度を設ける企業も増え，今日でも楽天が3年休暇制度を導入すると伝えられている。しかし一般的には，その後の不況でこの制度は縮小したと言われている。これらの結果，レポート提出や満足度調査アンケートなどは実施されるが，研修の結果が，「学問の修得・運用・創造力としての学力」やコンピテンスの深部に届くには至っていないように見える。

　また，目標管理や成果主義システムの下で，従業員のすべてが，事業所の方針に基づき，自分の昨年度の職務遂行状況の振り返り，自己評価をおこない，今年度の業務改善目標やそのための研修予定などを記入して，上司と検討している職場は少なくない。この場合，限定された範囲ではあるが，職務能力の向上を軸に，丁寧な検討がおこなわれる可能性がある。しかし実際には，文書作成に時間がかかり，忙しさのなかで，上司との面談も形骸化し，チームとしての連携も機能していない状況があるとも言われている。

　職場に関連する産業医，産業カウンセラー，職業カウンセラーなどがおこなう「職場復帰プログラム」がある。そこでは，職場に行かれなくなった理由を自分で振り返り，自分がそれまでもっていた自己や他者についての認識などを事実に即して整理し，事実を受け入れて事実に即した自己像を作り直す作業な

どが丁寧におこなわれている。美意識や価値観の修正も重要な課題となっており，一種の「自己教育実践」として取り組まれている。今後の展開が期待されるが，企業サイドからは，職場に来られない特殊な人々のこととして扱われる傾向も根強い。

　社会的教育学の場合，大正から昭和にかけて，社会的自己教育としての生涯教育の枠組みを作るチャレンジがおこなわれた。しかし，その動きを潰して，「社会教育は社会的教育ではない」と強調する枠組みが昭和初期に作られ，実体は地域教育である内容があえて「社会教育」と呼ばれ，「社会的教育」というコトバが，世間からほぼ抹殺される出来事があった。それによって，「社会教育」という用語が領域概念としてのみ使われる傾向が続いた。「生涯学習」が「学校教育」「家庭教育」「社会教育」を統括する用語として教育基本法に明記されたが，社会的教育という用語が復活していないので，「生涯学習」という用語の中に社会的教育と対になる「自己教育・相互教育」が位置づけられていない。その結果，実体はどんどん展開しているにもかかわらず，それを分析する枠組みが追いついていない状況が続いている。

(b)　「社会教育＝社会的教育」論の成立

**福沢諭吉「人間社会教育」論と山名次郎『社会教育論』**
　日本での「社会教育」というコトバの最初の使用例は，福沢諭吉が 1876（明治9）年に刊行した『福沢文集』での「人間社会教育」という言葉だとされる。
　この少し前の時期に，福沢は「society」の翻訳語として「人間交際」を造語した。この文脈で見るとき，「人間社会教育」には次の要素があったと考えられる。①社会的な環境に対して，積極的に対応しながら環境も変えていくために「学問」を重視する。②「一身独立して一国独立す」などとのべたように，その核心は，地球上の生命体としての人が誰でも人として生きられるように，「権理通義」を実現すること，および専制政治と欧米諸国との不平等な関係を終焉させること。そして人と人，人民と国家，国家と国家が対等である社会の実現をめざすこと。③そのために，宇宙から人体，産業や人のモラルに至るまで，「物事の道理」を知り，「権利通義」を実現できる創造的な生活と学問を担える「国民」を創り出すことが急務である。④その学問を，学校も含めて，

現実のさまざまな場でおこなうが，その主な担い手は，「ミッヅルカラス」（ミドルクラス）である。

　福沢の弟子で札幌師範学校校長を務めた山名次郎が，大日本帝国憲法が発布された明治22（1889）年に『社会教育論』を刊行した。そこで山名は学校を含めて，人々の自主的な意思と契約によって成立するソサエティ＝「社会」が，時代の状況に積極的に対応しておこなう教育を「社会教育」と名づけて，これを推奨した。そして，その対立物は国家による教育とした。事実上，伊藤博文が中心になって用意された天皇主権の大日本帝国憲法と翌年に発布される「教育勅語」を批判する意図をもっていた。

　福沢や山名がいう「社会教育」は，学校を含む，国家が直接的には支配しない，人々が自主的に組織し社会的な文脈でおこなわれる教育を指していた。それが「学校外の教育」，「地域社会教育」というような領域概念でなかったことは確かである。


「通俗教育」論＝「領域としての社会教育論」の原型
　『通俗民権論』『通俗国会論』などの書物を福沢諭吉も書いていたが，この場合の「通俗」とは，「俗に通じる」，つまり庶民にもわかりやすいという意味だった。そして，明治20年代以後，大正の初めごろまで，庶民を対象とする教育＝「通俗教育」という領域が，文部省の所管事務の1つとされた。この通俗教育は，高等学校，帝国大学などにおける高等教育とは区別されるものであり，また，尋常小学校などの普通初等教育とも，中学校，女学校などの中等教育学校における教育とも区別されるものであった。当時の日本社会が農業・農村を基盤としていた点に注目すれば，「通俗教育」は，地域とくに農山漁村という地域における教育，主として青年＝成人を対象とする「領域概念としての社会教育」の原型ともいえる。

　そして，福沢が主張したソサエティーがおこなう社会教育は，交詢社や学士会などエリートたちの社交クラブ，農業会や商工会などの同業者組合，青年会などの地方の年齢別団体などで実施された。しかし，近代的な市民のソサエティーがおこなうという文脈での社会教育は，日本の市民社会の未成熟ゆえに，この時点では普及しなかったといえる。

### 乗杉嘉壽・川本宇之介らの「社会教育＝社会的教育」論の成立

大正デモクラシーの時期に，文部省は普通学務局第4課を新設し，通俗教育担当課とした。そして，乗杉嘉壽第4課長らは，「社会的教育＝社会教育」という用語とコンセプトの下に，デモクラシー社会における自由な自己教育を軸とした，学校，地域，家庭などの教育を貫く教育改革を構想した。

それより少し前の明治32（1899）年に，アメリカではジョン・デューイ『学校と社会』が，ドイツではパウル・ナトルプ『社会的教育学』が刊行された。『学校と社会』は，文字記号の系統的な教授を欠かせない学校には実際の社会と乖離する傾向があると指摘した。そして，もう一度学校を社会の中に置き直し，知識習得・創造の論理と社会生活の論理との間の調整を不断にはかる必要があると強調した。『社会的教育学』は，教育が自立的であるためには，自由な社会を構築し，その論理に即して成人が自由に自己教育を組み立てることが教育の基本だと指摘。そしてそれを軸として，若者や子どもたちの自由な自己教育を組み立て，自律的な教育システムを構築すべきと述べた。ドイツではまだ帝政下で言論抑圧も強かったこの時期，ナトルプのこの立論は，ドイツにおける市民社会の確立と共に歩む自己教育，生涯教育の主張だったと言える。

このアメリカ，ドイツでの議論と日本の社会変化を背景に，乗杉は「社会教育＝社会的教育」という用語を使い始め，自ら「社会教育課」という看板を書いて第4課の入口に架けた。そして，乗杉の部下たちは，「生涯にわたる自己決定的な学習」（川本宇之介）を軸とし，「学校の社会化，社会の学校化」を合い言葉として，障害者教育も含めて，学校を社会的な文脈で改革し，社会の諸組織に内在する教育機能を強化することとを目標とした。そしてそのために，文部省の外側にいる人々とも協力して，積極的な研究と実践的改革を進めようとし，それは各地の学習教育運動とも呼応した。例えば，京都大学・西田幾多郎門下の文明批評家・土田杏村も同様の趣旨の発言をし，自ら長野県の農村地域の産業・文化振興を視野に入れた大人たちの学問の場である「上田自由大学」の運営に携わった。そして画家・山本鼎らの「自由画運動」をもサポートした。

(c) 「社会教育＝社会的教育」論の否定と「社会教育＝地域教育」論の成立

しかし，乗杉たちの「社会教育＝社会的教育」論は否定され，乗杉は旧制松江高校校長へと配転され，昭和4 (1929) 年に文部省に「社会教育局」が設置された。「課」から「局」へ昇格したが，その際に初代局長は「社会教育は社会的教育ではない」「社会教育は，"学校教育，家庭教育，社会教育"の一分野である」と強調した。これ以後「社会教育」は，地域教育論となり，学校を含む教育全体の改革・再編成の理念からは遠ざかることとなる。社会的教育論の挫折である。

社会運動と結びつくこと，霞が関の下剋上，領域概念の準備不足

なぜ社会教育＝社会的教育論は否定されたのか？ 理由は3つある。①「自由な社会における自由な自己教育」を軸とする教育改革理念としての社会教育＝社会的教育論は，社会全体の改革も視野に入れていた。それは地主小作制や財閥などといった，天皇制国家の根幹にかかわる制度の改革を支援する論理になりうるので，危険思想と見なされたのである。社会的教育が普選運動，小作争議，労働争議，女性運動，被差別部落解放運動，朝鮮独立運動などと結びつけば，天皇主権，地主小作制度，家族制度など，大日本帝国の根幹を揺るがしかねなかったのである。②社会的教育という視点で，今日では「学習組織化」といわれる「社会の学校化」を進めることは省庁横断的な取り組みになる。それに対して，「文部省の課長ごときが何を言うか」と，内務省，農務省，商務省など，霞が関では文部省よりも序列が上とされる省庁の反発を招いた，と言われている。これに加えて，③日本における市民社会の未成熟があった。当時は，地主小作制度の下で，家の貧しさから小学校を卒業できない生徒も多く，「学力の剥落」問題も深刻だった。社会の中間層が脆弱だったために，自由な社会と一定の識字率を前提とする「自由な自己教育」は，まだ実現の基盤が弱かった。そこで，勤労者の多数派がまだ農村に居住する現実を踏まえて，主として農村地域を基盤とする民衆教育を，「地域教育」「郷土教育」などの領域概念として設定する必要があった。この点で，乗杉らの立論には弱さがあった。そこを突いて，「社会教育は領域概念だ」と攻められて挫折することとなった。

再定義によって，「社会的教育」を抹殺する

　いわゆる三分法において，社会教育と言われているものの実体は，地域教育である。なぜ，「地域教育」と言わずに「社会教育」としたのか？　答えは簡単である。「社会教育＝地域教育」という，用語の再定義によって，社会的教育論を抹殺するためである。《「教育」＝「学校教育」＋「家庭教育」＋「地域教育」》という定式化で三分法は明確になる。しかしそれでは，「社会教育＝社会的教育」という定義が復活してしまうおそれがあったのだ。もちろん，「社会教育＝地域教育」の下でおこなわれた教育活動にも見るべきものがあることは，言うまでもない。


(d) 「社会教育＝地域教育」論がもたらしたその後の困難

総力戦体制から日本社会教育学会成立前後まで

　それ以後，今日に至るまで，文部省用語あるいは法律用語としては，「社会教育＝地域教育」，または「社会教育＝学校教育・家庭教育以外の教育」，という定義になっている。そしてその結果，さまざまな困難がおきた。例えば，戦争に突入し「総力戦体制」に入ると，地域教育としての「社会教育は軟弱」と批判された。そして，教育全体を再編して軍隊における教育を頂点とする一種の社会的教育を推進する新設の「教学局」に，社会教育局は吸収された。

　戦後，1946年に文部省社会教育局が復活するにともない，再び「社会教育＝地域教育」の用語が復活し，教育基本法において「社会教育」は「学校教育」と並ぶ「教育」の2つの柱の1つであるとされた。当時の教育基本法における社会教育は，「実際生活に即し」て「あらゆる場所，あらゆる機会におこなわれる」ものなので，文言上は，文部省・教育委員会管轄には限定されず，農林省や通産省，労働省などが管轄する学校以外の教育活動も包括されることとなった。

　しかし現実には省庁の壁は大きく，教育基本法の下に制定された社会教育法は，公民館に主眼を置き，同法の下に図書館法，博物館法が制定されて，「社会教育」は再び，教育委員会管轄の地域教育を指す言葉となった。そして，主に労働省が関係する職場教育・労働者教育は，「社会教育」とは疎遠な領域となる。そして，文部省が発刊に関与した雑誌『教育と社会』の内容もほとんど

が地域教育関連で，学校や職場における記事は少なく，1948年に『社会教育』へと改称した後に，その性格が固定した。

つまり，「普通学務局第4課・社会教育課時代」とは「言論の自由＋社会的教育＋地域教育時代」であり，「社会教育局時代」とは「言論抑圧強化＋地域教育時代」であった。そして「教学局時代」とは「言論抑圧＋社会的教育時代」であり，「戦後社会教育局時代」とは「言論自由＋地域教育時代」である，という変遷をたどった。ちなみに，現在は「生涯学習政策局時代」すなわち「言論の自由＋生涯学習＝（社会的教育？）＋社会教育（地域教育）」というねじれ状態にある。

1953年，東大社会教育主任教授であった宮原誠一が会長となって，社会教育主事講座をもつ各大学の教員や関連団体，現場の社会教育主事らを主な会員として，日本社会教育学会が発足した。そこでまず論点となったのは，「社会教育」とは何かということだった。多くの会員は，法制度として，「社会教育＝地域教育」論を受け入れていたが，大学の講義で「社会教育」を論じると，「社会教育」という用語と地域教育という実体との不整合が問題になった。そこから，住民の自己教育が社会教育である，社会教育は国家による国民教化の一環である等の議論が出たが，統一的な理解は成立しないままに今日に至っている。

その議論のなかで，『学校と社会』の研究家で，文部省初代社会教育調査課長として『教育と社会』刊行にも携わった宮原は，「教育の本質」「生産主義教育論」などで，教育には人間の能力や人格を育てる機能とともに，社会が持つ機能を人間という存在の中に再構成する，「社会の再分肢」機能があるとのべた。そして，敗戦で産業や社会システムなどが崩壊に近い状態だった当時，「生産復興」や「日本の独立」が急務であり，「あらゆるものの再検討が必要」であって，「健康」を焦点として学習領域・内容を配列する教育活動を，学校も含めてありとあらゆる場で展開することが大事だと述べた。この宮原の議論は，事実上の「社会教育＝社会的教育」論であり，乗杉や土田らの議論にきわめて近いものだった。

しかし，実際の法制度はすでに，社会教育＝地域教育論を採っており，それを前提に社会教育学会も成立している。そこで宮原は，1954年に「社会教育の歴史的理解」という報告を同学会でおこない，「社会教育」と「学校」や「社

会」との関係について見通しを述べた。宮原は，近代の「社会教育」は近代の「学校」成立以前の社会教育とは異なるものだと強調し，「学校」が十分普及していない状況下での①「学校教育の代位」，②学校が不十分な点での「学校教育の補足」，③学校がカバーできない「それ以外の教育」の総和が社会教育だと述べた。宮原の提起には，単純な「社会教育＝学校外教育」論ではなく，学校の機能の補足や改革を視野に入れ，学校外と学校内との両方にわたって教育改革をめざす論，といった色彩があった。しかし同時に，社会教育とは「学校以外」の教育であり，とくに文部省・教育委員会が管轄する地域の教育活動であるという理解を広げることにもなった。それは，教育を「人格・能力形成＋社会の再分肢」とする議論との間に，不整合も生んだ。

> 宮原自身もその矛盾は自覚していた。1950年代の宮原は日本教職員組合の教育研究全国集会の生みの親の1人として，学校での教育活動についての実践的研究をおこないながら，長野県の『農村青年通信講座』や青年団を基礎とする「年長青年」「年少成人」の学習に関する調査・分析に力を入れた。そのなかで，「年長青年のリアリズム」のコアが，自分と自分の家の営農の歴史の振り返りを前提とする「学習必要の自覚」にあるとした。そして，「ここには働くばかりでもなく，学ぶばかりでもなく働きかつ学ぶ，よりよく働くために学び，よりよく学ぶために働く新しいタイプの青年が生まれている」とのべ，教育とは「生涯学習＋自己教育＋社会的教育」であることを鮮明にした。ここから，『青年期教育の創造』『青年期の教育』において，成人教育と青年期教育，勤労青年と高校生の教育との結節点として，課題解決学習を焦点化した。だが，この基本的枠組みは，「社会教育＝地域教育」という概念と衝突するので，宮原は「社会教育」という用語を次第に使わなくなった。

「生涯学習」「生涯教育」と「社会教育＝地域教育」との不整合

　日本でも世界でも，「生涯教育」という用語が普及したのは，1965年のユネスコ会議におけるポール・ラングランの報告，"An Introduction to Lifelong Education"以後のことである。このラングラン報告は，産業社会の進展の中で変化する人間の暮らしや家族，学校，地域，職場環境やそこで求められる能力，具体的な学習方法，成人教育の重要性を強調するものだった。これ以後日本でも世界でも，ユネスコなどの国連機関だけでなく，ILOやOECD，ASEMなどの国際組織も，Lifelong Education, Lifelong Learningを頻繁に使うようになった。

この会議に出席していたユネスコフェローで社会教育学会副会長も務めた心理学者の波多野完治は，1960年代末から70年代に，『生涯教育論』『続生涯教育論』『生涯教育新講』などの著書や，小川剛の協力を得て翻訳したラングラン報告『生涯教育入門』『生涯教育入門第2部』などを世に送り，強い影響を与えた。また，宮原編の『生涯学習』も刊行された。

　生涯学習の内容理解にはさまざまな議論があるが，1970年代から80年代にかけて，中央教育審議会，臨時教育審議会が「生涯学習体系への移行」を打ち出して，文部省の機構改革で生涯学習（政策）局が筆頭局となった。そして2006年の教育基本法改訂によって，「あらゆる機会に，あらゆる場所において」おこなわれる学習・教育活動を指す「生涯学習の理念（第3条）」が，教育全体を統合するものとなった。この下で「社会教育」は，「学校教育」「大学」「家庭教育」「幼児期の教育」とならぶ「教育の実施に関する基本」の1つとして位置づけられ，事実上「社会教育＝地域教育」概念が継承された。

> 「（生涯学習の理念）第3条　国民一人一人が，自己の人格を磨き，豊かな人生を送ることができるよう，その生涯にわたって，あらゆる機会に，あらゆる場所において学習することができ，その成果を適切に生かすことのできる社会の実現が図られなければならない。」

　この「生涯学習」には，旧教育基本法第3条「社会教育」の「実際生活に即し」という文言がなく，学習権が示されず，職域での生涯学習振興も明示せず，教育振興計画における住民参加の位置づけも不明確である，などの弱点がある。

　しかし，国際人権規約・日本国憲法・教育基本法という法体系の一環なので，次のような解釈は可能である。すなわち生涯学習は，①1人の人間の一生涯にかかわるものである。②1人ひとりが自分自身で自らの学習を組織する「自己教育」を重視し，発達段階に応じて，年長者や社会的なサポートを必要とする。③人は社会で生きているので，「社会的な教育」という性格は当然持っている。④夫婦・家族，学校，地域，職場，遊びの場，国際社会など，多様な学習と教育の場を包括するものであること，⑤「学校教育」の上位概念に位置づけられているので，学校も含むすべての教育の改革理念となるものであることを求められている。

　問題は，このような「生涯学習」に関する社会からの要請に対して，「社会教育学」あるいは「社会教育学」はどのように処するかという点にある。現状

では,「社会教育」学は,法改正等のたびに翻弄される「地域学校外教育」学である。それでは「学校外」という控除的規定によって,自らの対象設定に自律性が働かず,研究にとっての固有の対象と固有の方法という,「学」の成立要件を充たしえない。

言いかえると「社会教育」学が成立するためには,固有の対象の設定が必要条件である。そして,「社会教育」という名称上,「地域教育」や「地域学校外教育」は固有の対象とはなりえず,必然的に,「社会がおこなう教育」「社会的文脈における教育」としての「社会的教育」となる。それは,学校,職域,家庭,地域,国際社会等をも含むものであり,生涯にわたる学習としての生涯学習と,その指導としての生涯教育,そしてその鍵となる自己教育とセットのものとして設定される。また,社会的教育と生涯学習が形成する人間の能力や人格,コア・コンピテンスに注目するとき,それはキャリアデザインの学となる。実際の実践現場では,近年,大学や大学院がキー・ステーションとなりながら,株式会社や協同組合などを含み,地域の農林漁業・工業や商業の担い手たち,学校の教職員や生徒・学生たち,「専業主婦」やシニアたちとの連携をおこなう実践が急速に増えている。こうした事実を分析し,その発展方向を予測するためには,現状の概念定義は役に立たないだけでなく,桎梏となっている。概念の再定義が急がれる所以である。

## 4. キャリアデザイン実践＝生涯教育実践＋社会的教育実践の構造

３つの実践と「自己教育」

以上述べたように,社会的な文脈,自己教育としての生涯にわたる学習とその指導としての教育が,すでに何ほどかおこなわれている。その実態のうち,積み上げられた個人の経験と,その結果として形成された能力と人格に対する自己指導過程に焦点を当てるものが,キャリアデザイン実践である。

それらは,富士山に登るときの,4つの登山道のようなものである。仮に,キャリアデザイン実践＝富士宮口,生涯学習実践＝須走口,生涯教育実践＝御殿場口,社会的教育実践＝富士吉田口である場合,富士宮口からは駿河湾が,富士吉田口からは河口湖が見えるなど,途中で見る景色は違う。しかし,どの登山口から登っても富士山には登れ,頂上で合流する。また,この４つの登山

道のどれを欠いても富士登山という概念は現実化しない。そして，その4つの登山道に共通する火口の下にあるマグマは，「自己教育」である。言いかえると，自己教育のメカニズムなしには，キャリアデザインも，生涯学習も，生涯教育も，社会的教育も成立しない。

### 大人のキャリア形成実践と子どものキャリア形成実践の相互乗り入れ

キャリアデザイン実践の世代間関係に着目すると，次のように言える。①子どもから大人へとキャリア形成を積み上げていく視点からは，子どもが大人になっていく，つまり〈発達は子どもから〉という過程が見える。②しかし，キャリアデザイン実践には常に，自己教育の機能に対して，外部からのアドバイスがおこなわれる。経験を多く持つ者が経験の少ない者へ，経験や技や知識を伝授し，助言し，指示することで成り立つ。これは〈教育は大人から〉という過程である。③また，それぞれの年齢層の内部で，相互に経験を伝えあい，助言しあい，磨きあう，相互教育の過程がある。そしてこれらの過程には，さまざまな生活実践を基礎に作られた，一般的でありローカルでもあるさまざまなアートや学問成果が「教材」「学習資料」として投入・活用される。

### 誰もがキャリアデザイン実践サポーター──直接支援者と間接支援者

お互いに顔が見える関係性でのキャリアデザイン実践をコアとして，キャリアデザイン実践の総体が形成される。このコアでは，先に述べたように，大人たちがフロンティアを開くことが大事で，それを子ども・若者たちに伝え，子ども・若者たちは，異和感をもちながらもそれを受け入れ，やがて大人たちを乗り越えていく。そこには，両親や保育士，学校教員，カウンセラー，医師・看護師，職場や学校の先輩や上司など，直接に関与する人たちがいる。

このコアの周りに，この関係を支える人々がいる。さまざまな意味で教材を作る，出版社，新聞社，放送局，作家，詩人，作曲家，作詞家，歌手，映画監督，役者，画家，彫刻家，デザイナー，エンジニアなどがいる。

キャリアデザイン実践の場を提供する農家，漁師，工場の人，貿易会社の人，シェフ，職人，自動車の組立工など，あらゆる職種の人がいる。

キャリアデザインの制度を設計し予算の段取りをする国家や地方の公務員や，もめごとが起きた時の裁判所関係者，問題を研究して次の発展方向を示唆する

研究者，大学・研究所関係者なども，キャリアデザイン実践を支える人々である。

そしてこれらの人々もまた，自分自身のキャリアデザイン実践を考えるさいには，支えられる側となる。このように，キャリアデザイン実践＝生涯学習実践＝生涯教育実践＝社会的教育実践では，すべての人が主体であり，サポーターである。

このシステムのなかで，学校も大いに変わっていく。従来，学校は子どもと若者のためのものというイメージが強かった。しかし日本でも近年，社会人のための大学の学部・大学院が急速に発展している。そして社会人である学生・院生のキャリアデザイン実践に大きな貢献をしており，また，そこから現場における研究者がたくさん育っている。

そして，必要に応じたこれらの人々の連携も前進している。この過程で，私たちの脳に現実を正確に反映させ，共有することによって，学問は人と人，人と自然，人と組織，組織と組織とをつなぐ社会的な存在意義をもつという認識が，徐々に広がりつつあるのである。

# III

## 生涯学習社会

# 第1章
# 生涯学習社会

## 1. 伝統型生涯学習社会

　生涯学習を促進する社会を「生涯学習社会」という。そして生涯学習社会は，工業革命以前から伝統的なものとしても存在していた。

### (a) 職住接近の学習社会——働くこと，学ぶことの意味が鮮明な社会

　江戸時代の日本を念頭においた場合，伝統型生涯学習社会は，一部の例外を除くと，その基盤が職住接近社会にあった。農業，漁業，工業，商業，武士＝治安維持業＋政府事務業のいずれも，生計を立てるための「生業（なりわい）」は家業として，家族総動員で営まれていた。そしてそれが，社会的な分担業務としての「職業」の形態だった。そこでは，業務空間は同時に，家族が生まれ，食事・寝泊りをし，年齢を重ね，成長し，結婚し，天寿を全うして，あの世へと旅立つ空間でもあった。

　家族を越えておこなう必要がある業務は，血縁・地縁の縁者たちによっておこなわれた。誕生祝いや七五三，結婚，葬儀などの人生の節目の行事，田植えや稲刈り，道普請，屋根葺きや消防などの基盤には，「結（ゆい）」などの共同労働組織があった。夏祭りや秋祭り，盂蘭盆会なども，労働をねぎらい成果を喜び，死者・先祖と交信する，大切な共同体行事だった。そこでは，儀式と共にそこで使われる道具が創られ，保存され，水や火によって昇華され，伝えられ，工夫された。

　そして子どもたちは，いつも祖父母や両親，年長の兄弟姉妹，親類縁者たち

の暮らしぶり，働きぶりを見，彼ら・彼女らの指導を受けながら，手伝いをし，必要な能力を身につけて一人前になった。ここでは仕事の成果が直接確認でき，学ぶこと，工夫することが日常生活に直結していた。働くこと学ぶことは具体的で，生きることそのものだったので，その意味は明快だった。

## (b) 生涯学習・教育を組み込んでいた社会

　伝統型生涯学習社会では，家庭でも共同体でも，その構成員を一人前に育てるための教育プログラムをもっていた。「産育習俗」と人生の節目での行事である。家族・親類には，妊娠とそのプロセスの節目で，お祝いの行事があり，安全な出産に向けた家族の協力を誓いあった。子どもの誕生においては，「胎教」が重視され，この世に生まれ出る以前から子どもを育てることに心が砕かれた。子どもがこの世に生を受けると，1歳のころ「お食い初め」や歩き始めの行事をおこない，その後順次，子どもが社会的能力を習得するプログラムが組まれていた。結婚，出産，家督相続・分家，還暦や古希などに際して，その立場や年齢に達したことを喜び，今後の元気な人生を祈る「祝い事」がおこなわれた。当事者はもちろん，関係者がこれらの行事に参加し，準備や当日の運営に携わって技や知識や智慧を受け継ぎ，人生の積み重ねを味わい，そのイメージを共有しあった。

　家業＝職業の場での丁寧な教育プログラムもあった。子どものころから，親や年長の兄弟姉妹の仕事ぶりを見て，「遊び」「手伝い」をした。6歳くらいから，家族の食事などにかかわる配膳や薪運び，水汲み，火おこし，庭掃き，作業の後片付けなどを始め，少しずつ家業の手伝いも始めた。そして，12歳ぐらいになると一人前の仕事の担い手として労働組織に組み込まれ，そのなかで職業的な技能を身につけた。

　家族や生業の場だけでなく，地域の共同体の教育プログラムがあった。その柱は，「年齢階梯制」と呼ばれるものである。それは，地域の者が年齢を重ねるに従い，「子ども組」「若者組」「娘組」「おとな組」「かかあ組」「年寄り組」などの組織に順次所属する。そして，組ごとに業務を請負い，構成員の教育訓練，自己教育・自己訓練をする仕組みである。「階梯」（はしご段）を上るように，個々の成員が組織を上に登るので，年齢階梯制と呼ばれる。ここでは，《年

寄り組⇒おとな組み⇒若者組⇒子ども組》と順次，指導するシステムがあった。それは，年長の組の者が年少の組の者を指導する，生涯教育の機能だった。

また，それぞれの組には自治の習慣があった。子ども組には子ども組の，若者組には若者組の自治があり，組の外から直接介入をすることは少なかった。それぞれの組の中で，年齢と経験が上の者がリーダーとなって年齢が若く経験が少ない者を指導する，一種のピアサポートのシステムがあった。また年齢や経験が似通っている者の間では，「共磨き」「切磋琢磨」という相互教育の方法が意識され，互いの工夫と学び取りを基礎とする訓練をしていた。

都市部の職人や商家にも，似た制度があった。例えば，料理人の世界に入ると，まず掃除，水打ちなどをおこない，次いで鍋洗いや調理場の整頓をおこない，その後に，野菜洗い，野菜や肉魚の下ごしらえ，簡単な調理などを経て，本格的な調理や盛り付けに携わることが許された。商家の場合，小僧・丁稚から入り，順序を経て，番頭，中番頭，大番頭，のれん分け＝独立に至る。

このように，伝統型の生涯学習社会では，家族にも，地域の共同組織にも，職場にも，すべての構成員を一人前に育てていく制度があった。基本的に，みんなを育て，誰も見捨てない社会システムである。そこでは，「事上練磨」による実務的教育と，人間を自然の一部としてとらえたうえで「職分」を尽くし，死を意識して生の世界に生きる朱子学的，仏教的な世界観が重視された。

武士や上層の農工商人以外でも，文字の読み書き訓練がなされていたが，それは，帳簿付けや伝票の処理，手紙文など，実務の一部として位置づけられていた。


(c) ネットワークと階層・性別等の分離——伝統型生涯学習社会の問題点

伝統型生涯教育社会は，他の共同体と緩やかなネットワークで結ばれていた。農業・漁業・工業の技術，徐々に展開する市場の動向，祭りや芸能，和歌・俳諧・狂歌や川柳，関学，国学，蘭学などの学問，お茶や生け花，剣術や柔術，念仏講，富士講や伊勢講，寺院や神社など，多様なネットワークがあった。俳諧師や絵師，医師や本草学者などは，地域を越えた交流をもち，松尾芭蕉『奥の細道』，鈴木牧之『北越雪譜』，大蔵永常『農家益』など，各地での見聞は書物や絵図などに著され，交流を促進する役割を果たしていた。

それぞれの家には，家業や家格に応じて，藩や村を越えた姻戚関係などのネットワークがあった。地域自治の中心的な役割を担う土地の有力者が，地域を越えた全国ネットワークをもつことは珍しくなかった。そして飢饉の折などには，この繋がりが機能して，近隣の村々が救済されることもあった。

　しかし，共同体を越えた政治権力を農工商の民はもっていなかった。だから，自治的な繋がりは強くないという制約はあった。また，男女の別，家柄，身分などの階層性が強くあり，すべての人が平等ではなかった。一定の年齢を過ぎると，「若者組」「娘組」のように，男のための教育組織と女のための教育組織は分離された。そこでは性教育もおこなわれていたので，生物体としての男女の違いに基づく合理性もあった。しかし，村共同体の表舞台を仕切る男と裏方を担う女との，性別役割分担を前提とする教育システムでもあった。とくに，武家や裕福な農民，商人，職人の家においては，「三従」「七去」という男中心主義・家中心主義があり，「嫁」「婿」の立場は弱かった。

　「七去」とは，妻を去らせてよい7つの条件である。「父母にしたがはざるは去る。子なければ去る。淫なれば去る。嫉めば去る。悪疾あれば去る。多言なれば去る。窃盗すれば去る」（貝原益軒『和俗童子訓』「女子を教ゆる法」）。

　障害をもつ人は必ずしも一人前扱いをされないこともあり，分家を出せない次三男は「オジ」「オンジ」などと呼ばれ，生涯独身で長男の使用人のような立場におかれることもあった。

## 2. 伝統型の解体再編

### (a) 近代化と職住分離社会，家族や地域組織の専門分化

　近代化過程で，伝統型の生涯学習社会は大きな変容を受ける。近代化は，職業を家業から個人契約へと変化させるので，共同体は職住接近から職住分離へと変化し始めた。新しく組織された「会社」など，それぞれの事業体・事業所が職業の場所＝職場になる傾向が強まり，人々は伝統的な地域共同体や家族から分離されることが多くなった。事業所の近くへの移住，従業員寮での居住，電車などの交通手段での通勤などである。

　農業や漁業，家内工業や個人商店などを除いて，家族は「家業」の舞台という機能を徐々に失い，人間の生産と再生産の場として純化されていく。地域共

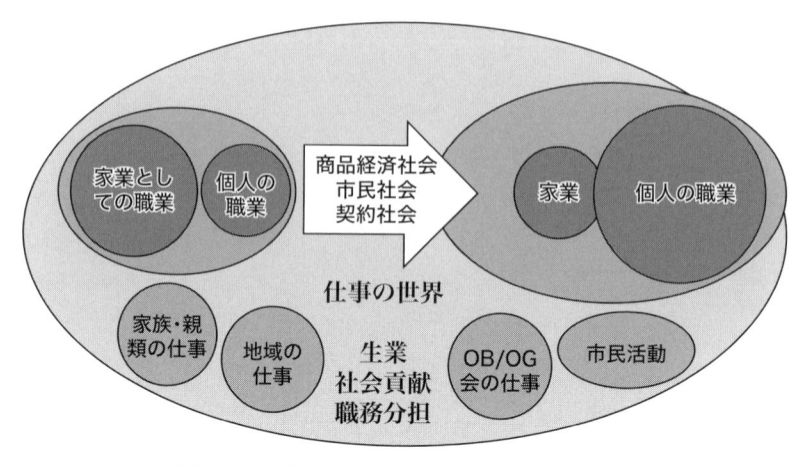

図20 家業としての「職業」の成立と個人契約による「職業」への移行

同体も生産活動組織としての性格を徐々に薄め，消防，道普請，村祭り，冠婚葬祭などへと，その機能を縮小する。代わって，農業協同組合，漁業協同組合，森林組合，水利組合，消費協同組合など，個人契約の産業別その他の共同組織が新たに作られる。そして地方自治体が創設され，その合併・広域化が進むと，地域維持の仕事が地方公務員に任せっきりになる傾向も生まれ，地域自治会，神社の氏子組織，寺の檀家組織も徐々に機能を低下させていく。

このような地域変容のなかで，人々は，それぞれの「専門的」能力を高めることになる。職住接近時代は，多くの人々が同じような能力を身につけた生活全般のジェネラリストだったが，近代化過程では，人々は各産業分野の業務，家族業務，地域業務のスペシャリストなどへと養成される。だが同時に，市民としての自覚の高まりが，地域自治や国家の主人公としての能力形成を求めていく。

(b) リテラシーと「国民」の共通教養普及のための「学校」

近代社会はまた，リテラシーと国民的共通教養という共通基盤を，スペシャリスト養成の根底に据える。工業革命を軸とした産業と消費システムの再編，個人契約制度を軸とした富の配分と人間関係の再編という近代市民社会化の特

徴は，すべての人に文字記号の読み書き・活用能力を求める。

　科学技術や契約行為が，設計図や海図，契約文書の作成とその活用・履行，情報収集・分析を，個人や事業体に求める。また，実際には「砲艦外交」と言われた国際関係のなかで，リテラシー能力とナショナリズムに裏打ちされた「国民」「国民軍」「国民経済」「国会」が創設された。

　それまでの人々には，「○○村の△兵衛」「△△町の○五郎」「長州人」「南部人」「薩摩人」などの自己意識はあっても，「日本人」「日本国民」などの自己認識はなかった。しかし，国家のせめぎ合いと戦争，工業や商業における競り合い，植民地化の危機の中では，「日本人」「日本国民」「大日本帝国陸軍軍人」などとしての自己意識と実態，能力を養成することが必要となった。これは日本に限らずフランスやドイツ，アメリカやシンガポール，朝鮮・韓国・中国・台湾などでも同様であった。

　そこで，すべての国民が共通に学ぶ「普通国民学校」の制度が作られ，およそ6歳から12歳ごろまで，誰もが「学校」で学ぶようになった。そこでは，学校の掃除や身体の鍛練，人としての心構えも重視されたが，文字を覚え文字を使って物事を表現すること，文字を介して「知識」を吸収すること，それによって「日本人」となることが，最も基本的なこととして重視された。

　イギリスなどに比べるとずっと後から工業革命を進めた日本や韓国，中国などでは，国家主導で学校や教科書を作る時期が続いてきた。国家主導による学校の整備は，インドクトリネーション（国家公認の知識の詰め込み）という弊害を強くもつ。その制約条件の下で，短期間で，人々が文字記号を習得し，それを介して知識を吸収，整理，創造する基盤が強化された。制約はありながらも，国民教育制度人々の視野が広がり，生涯学習やキャリアデザインの新しい地平が拓かれる基礎が形成されたことも事実である。


(c)　教育の場としての家庭，学校，職場，地域の独自の展開

　この変化の中で，しばらくは伝統的な生涯学習システムと新しい学校システムとのせめぎ合い，相互補完の姿が続いた。しかし，とくに第2次世界大戦後の「高度経済成長」によって，市場経済と契約社会化が進展，職業の分化，職住分離，学校重視が続き，「家族」「職業の場」「地域共同体における教育機能」

は，それぞれ独自の展開を遂げることとなった。

　国民主権と基本的人権を明確にした日本国憲法とともに改正された新しい民法の下で，新しい家族は，個々の家族構成員に光を当てた。家族としての助け合いと愛情表現をおこなう文化を育て，誕生日祝い，女の子の生理の祝い，両親の定年退職感謝イベント，家族旅行，家事や育児での協力をすすめてきた。これらは，大日本帝国憲法時代の「家」中心，男中心の時代には，きわめてまれだった。そして，夫婦や祖父母親戚の協力を組み合わせながら，子どもたちを個人的次元でも社会的次元でも「一人前」にする新しい教育の方法が模索されてきた。

　学校は，文字の読み書きや基礎知識の習得だけでなく，「調べ学習」など，自分たちの生活を含めた調査プロジェクト学習を導入し，作文や作品を作ることを通じて，自分たちの地域や学校，生徒1人ひとりの「開かれた私たちの世界」，コンピテンス形成に貢献してきた。また，自分たちが使っている校舎や校庭の清掃，学校給食の配膳などへの生徒の参加，運動会や学芸会・文化祭における児童・生徒の企画・立案・運営などの文化伝統も作り上げてきた。これらは，欧米の学校では必ずしも一般的とはいえないものであり，日本や東アジアのいくつかの国々の学校での教育活動のメリットとされる。

　日本の職場は，職人の世界や商店の伝統を受け継ぎながら，若い職人の卵，会社員の卵を責任を持って一人前に育てる文化を培ってきた。そこでは，仕事の質が重視され，「満足できる仕事」「納得できる仕事」が合言葉となってきた。それが「日本製品」の質の高さにもとづく信頼性と，「首は切らない」「みんなで仕事を分かちあい支えあう」「必ず一人前に育てる」という，"日本的経営"の源泉となってきた。

　地域社会は，国民主権の下での地方自治・住民自治の精神に基づいて，「地域住民運動」「行政と市民との協力・協働」に向けた市民教育をおこなってきた。

　イタリアのぶどう畑やスペインのイベリコ豚生産の規模は小さいが，その産物の質は，大規模農場が主流のアメリカ産に優るとも劣らない。それと同様に，日本の米や豆，野菜，果実も，また，漁業水産物やその加工品，工業・工芸品の質は世界の最高水準にある。そしてその質の向上・維持のために，品評会などにより，経験交流や新技術開発が奨励されてきた。それは，農協や漁協，工業会，商工会，国や地方自治体の水産試験場，農林試験場，地域振興部，産業

振興課，商工課，それを支援する大学・研究所，個々の研究者・技術者などによっても担われてきた。

　また，多くの人々が協力して地域の課題を発見し，その解決に当たってきた。離島や山間地をふくむ地域での健康診断。公園，保育園・学校，学童保育クラブ，公民館や図書館，博物館，敬老館，日本語教室などの地域施設やプログラムの充実。おいしく安全な飲み水の確保，下水道やごみのリサイクル処理。災害の防止や復興，防犯など，実に多くのことが含まれる。

　そのさい，地域の人々と行政担当者，保健師や医師，社会教育主事や司書，学芸員，学校教員などの専門家や，ときには中学や高校のクラブ活動なども協力しあって，調査活動や報告書の取りまとめ，住民憲章や計画の策定，実行などを担ってきた。そして，地域の諸課題を総合する祭りやイベント，地域総合計画などに，議会，行政，市民，NPO・NGO，専門機関や専門家たちが関与してきた。さらに，とくに環境問題や障害者問題を中心に，地元の企業や大企業が協力する取り組みも，だんだんと展開されてきた。

　そして，関連他地域への視察や日常的交流，全国的な交流ネットワーク，関連諸学会は，国際的ネットワークも含めて，現在網の目のように組織されている。そのなかで地域の大人たちの自己教育・相互教育が少しずつではあるが着実に進み，地域や学校での子どもたちの教育にも影響を与えている。

(d)　独自展開の弊害——連携の弱さ，教育目標の抽象化・形式化

　しかし，独自の展開には弊害もあった。1つは，それぞれの教育活動の連携が弱いことである。家族も学校も，職場も地域も，それぞれの取り組みを熱心におこなっているが，お互いに何をやっているのかが見えにくい。プライバシーの保護，「学校」における管理強化や教育内容に関する時代遅れの国の規制，「縦割り行政」などの問題がある。その結果，互いに他のセクターの取り組みに関心を持つ時間的・身体的・精神的な余裕がない。そして，皆が疲れ果て，一所懸命にすることがマイナスに作用することも珍しくない。

　セクター間の連携・協力が希薄ななかで，それぞれのセクターは抽象的な数字を「仕事」の指標とする傾向を強めた。家族は，日常生活の基本を教えながらも，子どもたちに学校に行かせる準備をする場となり，「模試」の点数や「入

れる学校」の偏差値に神経を奪われがちになった。

　「学校」は文字の読み書きや知識を教えるとともに、「よい高校」「よい大学」や「よい企業」に入学もしくは就職するための準備機関としての性格を強め、「進路指導」は、その生徒の成績を視野に入れて、そのなかでもっとも偏差値の高い上級学校や有名企業に入れるよう助ける傾向を強めた。

　職場は、正規雇用を減らし非正規雇用を増やすことで、非正規雇用の人を対象とする教育訓練機会を低下させている。正規雇用者については、企業業績を伸ばすための人材を採用しハイパフォーマンスを実現できるよう教育訓練・研修の場を設けているが、その外注化も進んでいる。

　地域社会は、会社をリタイアした人々が憩うための場となった。しかしそこでも「行政改革」の掛け声の下に、「効率化」「数値化」が強調され、「コストパフォーマンスのよさ」の名の下に、仕事の質を担保しないままに「低価格＝よいこと」という傾向が生まれている。例えば、図書館における蔵書の貸し出し回数が多いことが「住民のニーズの高い資料」だとされて、貸し出し回数は少なくても資料的価値が高い書籍や文書が廃棄される傾向もある。また、外注する場合に、「随意契約」がすべて悪いものとされて、価格一本の競争入札が広がる結果、専門性が軽視されて、質の悪い仕事が「納品」される傾向もある。

　このような、セクター間の連携が少なく、〈数字〉が唯一の指標であるかのような傾向が強まるなかで、多くの人々が翻弄されている。親は子の「将来」を思い、教員は生徒の「将来」を思い、上司は部下の「将来」を思い、地域は高齢者の「将来」を思って、それぞれが熱心に「教育」に取り組んでいる。しかし、その「将来」とは、「よい学校＝上級学校や『よい企業』に入学・就職しやすい学校」、「よい企業＝有名ブランドの利益率の高い企業」、でしかない。

　この「よい」は、「数値化できること」が中心となっている。そこでは、「仕事」や「遊び」「暮らし」や「学び」の質など、数値化になじまないものは捨象されがちである。「数値化」信仰が熱狂を引き起こすあまり、現在「アナログ狩り」が国際的に生まれている。その下で、母＝妻は育児・子育てと家事を専らおこなう「家庭人間」、子どもたちはテストの点数や偏差値という数字に追い回される「学校人間」、父・夫は「お金」という数字に振り回される「会社人間」になっている傾向を否定できない。祖父母は、偏差値や営業成績などの数字からは解放されて「地域人間」となっているが、年金支給額や「後期高

齢者医療費」，寝たきりや痴呆症になった場合の「介護施設」のための費用確保などの数字からは解放されていない。

　そして，一つ屋根の下に住んでいても，それぞれが忙しく，朝起きる時間，帰宅時間，寝る時間も食事時間もばらばらで，一人で食べる「孤食」，子どもだけで食べる「子食」，同じテーブルについていても，別々のものをバラバラに食べる「個食」が広がりつつあるともいわれている。

### 「教育」の学校への丸投げと「キャリア教育」の登場

　学校は，文字記号やそれを仲立ちにした一般的な知識や物事の観察，情報収集，分類，関連づけなどによる知識形成の技，身体運動や芸術活動の技を習得する場として展開されてきた。しかし学校のこの機能は，家族や地域社会における生活訓練を通じた技・知識・智慧の習得を前提としていた。だから，前提となる家や地域での生活訓練などを放棄して，「教育」を「学校」に丸投げしてしまうと，教えること＝年長者と年少者が経験や技や知識を共有することが難しくなり，若者が育つうえで支障が出る。その結果，「学校」で学べば学ぶほど，文字記号の基礎と基礎知識は習得しても，実際の生活における「仕事」「遊び」をおこなう能力，コンピテンス，教養が身につかなくなる。ここに今日，学校を舞台とした「キャリア教育」が推進される理由がある。つまり，「学校」という制約の下ではあるが，①実際の世の中を渡っていく＝生きていく「キャリア」の積み上げ方，②とくに「仕事」「勤労」「職業」の理解と体験，③それに必要なリテラシー力の強化を，キャリア教育は志向している。それは，単なる「職業」の解説でも，「職場体験」だけでもない。生活と人生のあらゆる場面で必要とされる，「仕事」と「遊び」と「学び」の3点セットを，「学校」という限られた場所で，最大限身につけることを助ける教育である。しかし，学校のキャリア教育も万能でないから，家族や地域でのキャリア教育を促しながら，それとの連携を図ることが大事である。

## 3．現代型生涯学習社会の構築

### (a) 分化を前提とした統合の論理としての「生涯学習」

学校での努力が貴重なことはいうまでもない。しかしそれは，「学校」では

完結しえないことはもちろん，地域，職場，家族だけでも完結しえない。そしてここに，学校，家庭，職場，地域社会の総体と，それぞれの改革とをふくむ「生涯学習の理念」と社会的教育としての「社会教育」が求められる根拠がある。伝統型と近代型とを踏まえ，その長所を生かし短所を補う，現代型生涯学習社会の創造が，現代の基本課題である。

(b) 学校を含む年齢階梯制の再創造

課題の1つは，いちど分離した家庭・親類縁者組織，職場，地域共同体，学校のそれぞれにおいて，「学問」「学習」「学力」がすべての人にふさわしく享受される生涯学習機能が回復されることである。

そこでは，それらの基礎組織に新しい形での「年齢階梯制」＝ピアサポートシステムが再構築される。また，実際の「仕事」「遊び」の経験に基づき，その能力を高めるための「学」の力が培われる。それらの基礎組織が，相対的に独立しながら一定の地域内で連携し，同時に，「家族生涯学習社会」「職場生涯学習社会」「学校生涯学習社会」「地域生涯学習社会」として他の地域と連携しあう。それは日本国内を重視するとともに，それを越えて，東アジア，アジア太平洋，アジア・ヨーロッパ，世界を舞台に連携する。

(c) 「国民」「東アジア人」「アジア太平洋人」「世界市民」の重層的な共通教養

このなかで，「教養」の内容も修正を求められる。それぞれの人のアイデンティティーが，重層的になる。〈地球の生命体〉，〈男と女，家族人，職業人，地域人，学校人〉であるとともに，〈北海道人，東京人，沖縄人＝琉球人〉，〈日本人，韓国・朝鮮人，台湾人，中国人〉でもあり，〈東アジア人，アジア太平洋人，地球人〉というように，である。そして，このアイデンティティーの重層性に対応する新しい教養が必要とされるのである。

# 第 2 章
# 生涯学習社会を支える制度と政策

## 1. 法制度とその運用

　生涯学習は個人的におこなわれるが，同時に社会的にもおこなわれる。そこで，法制度とその運用，国家と地方自治体の役割，国際化にかかわるルール作りが進みつつある。法とは，「公正」と「正義」の名において，人と人，人と自然のかかわりについて合意されたルールであり，文書化されたものとされていないものの両者を含む。それは，human rights＝人間として当然なすべきであり，互いに実行すべきこと＝「人権」に基づく。その下に，多種多様な法が実定法として制定され積み上げられ，実際の運用や判決によって具体化される。これらの法は，自分にも求め，他の人にも求める，共通行動基準である。

　生涯学習に関する法制度は，現在の日本では次のようになっている。

　まず，日本政府が署名し，国会で批准している，国連の国際人権規約がある。市民的政治的自由を規定するA規約においては，学問や思想，表現の自由の保障を，社会的文化的権利を規定したB規約では，教育にアクセスする権利や労働の権利を規定している。またさまざまな国際条約を受けつつ解釈される日本国憲法は，国民主権，基本的人権，平和主義，地方自治をふまえつつ，学問の自由，結社の自由，労働の権利等の文脈において，「等しく教育を受ける権利」を保障している。

　憲法の下に教育基本法があり，さらに学校教育法，社会教育法，図書館法，博物館法など，主として文科省が所管する法律がある。また，環境教育基本法などを含め，各省庁が所管する法律や条約のなかに，教育，研究，学習に関する条項が多く見られる。そしてこれらを受けつつ，各都道府県市区町村が条例

を定めており，施行規則，省令，通達なども法の一部を構成している。

　こうした重層的な生涯学習にかかわる法体系の下で，私たちの生涯学習についての制度が具体的に作られている。したがって，私たちはこれらの法体系や制度をよく研究して，それらを活用しながら，必要に応じて，法と制度，実態の矛盾を調整し改善するように，議員や首長の選挙に際して，また，議会への請願や当局への働きかけなどによって求めることができる。

## 2. 学習権の承認と実質化

### (a) 「杉本判決」と堀尾・兼子の「学習権論」，発達権論

　生涯学習を進めるさいには，学ぶ自由と学ぶ権利の承認が必要である。学ぶという行為に制約があってはならない。また，学ぶ権利は「教育を受ける権利」，初等中等教育にも高等教育にもアクセスする権利をも含むとされている。

　学習権が国際的に共通認識となったのは，1960年代以降のことである。日本では，教科書検定をめぐる裁判で，教育学者の堀尾輝久や行政法学者の兼子仁らが学習権の法論理を構築し，1970年の「杉本判決」でそれが採用された。

　これによれば，国民や親の教育権の由来は，子どもを含むすべての人がもつ，基本的な人権の1つとしての「学習権」にある。「学習権」は学問の自由，表現の自由を基盤として，自由に学び研究する権利であり，能力に応じた教育を受ける権利である。そして，「学習権」の根底には，自分の持つ能力を育て，社会的・自然的に展開・発達させる権利としての「発達権」がある。この文脈において，おとなたちは直接的に学習権，自己教育権，教育機会へのアクセス権を行使できる。しかし身体的・精神的に未成熟な子どもたちは，直接的に学習権を行使できない。そこで親が，子どもの学習権を「代位」して，国や地方自治体に対して，税金による教育のための機関を作ることを求める。したがってそこでの学習内容は子どもの権利を「代位」する親たちの要請を受けながら，専門家としての教師らが編成することが望ましい。言いかえると，国家や自治体が一方的に決めてよい，ということにはならないとされる。

(b) 国際人権規約とユネスコ「学習権」宣言

　こうした考え方は，この時期，国連を舞台とする世界の憲法ともいうべき「国際人権規約」にも採用された。同規約は，初等教育，中等教育，高等教育を，「漸進的に無償とする」べきであり，すべての人が高等教育機関における学問，学習，学力の充実を享受できるようにすべきだとした。この考え方には，現在も国立大学の授業料無償を実施している，北欧，ドイツ，フランス，イタリアなどのヨーロッパ大陸諸国の考え方が強く反映している。

　さらにその後，生涯学習，生涯教育と直接的な関係をもつユネスコの第4回成人教育世界会議（パリ，1985年）が「学習権宣言」を採択し，このことを鮮明にした。

　　　　学習権宣言
　　学習権を承認するか否かは，人類にとって，これまでにもまして重要な課題となっている。
　　学習権とは，
　　　読み書きの権利であり，
　　　問い続け，深く考える権利であり，
　　　想像し，創造する権利であり，
　　　自分自身の世界を読みとり，歴史をつづる権利であり，
　　　あらゆる教育の手だてを得る権利であり，
　　　個人的・集団的力量を展開させる権利である。
　　成人教育パリ会議は，この権利の重要性を再確認する。
　　学習権は未来のためにとっておかれる文化的ぜいたく品ではない。それは，生き残るという問題が解決されてから生じる権利ではない。それは，基礎的な必要が満たされたあとに行使されるようなものではない。学習権は，人間の生存にとって不可欠な手段である。
　　もし，世界の人々が，食糧の生産やその他の基本的な人間の必要を満たすことを望むならば，世界の人々は学習権をもたなければならない。もし，女性も男性も，より健康な生活を営もうとするなら，彼らは学習権をもたなければならない。もし，私たちが戦争を避けようとするなら，平和に生きることを学び，お互いに理解し合うことを学ばねばならない。
　　「学習」こそがキーワードである。
　　学習権なくしては，人間としての発達はありえない。学習権なくしては，農業や工業の躍進も地域の健康の増進もなく，そして，さらに学習条件の改善も

ないだろう。この権利なしには，都市や農村で働く人たちの生活水準の向上もないだろう。

　要するに，このような学習権を理解することは，今日の人類にとって決定的に重要な諸問題を解決するために，わたしたちがなしうる最善の貢献の1つなのである。

　しかし，学習権はたんなる経済発展の手段ではない。それは基本的権利の1つとしてとらえられなければならない。学習活動はあらゆる教育活動の中心に位置づけられ，人々を，なりゆきまかせの客体から，自らの歴史をつくる主体へと変えていくものである。それは基本的人権の1つであり，その正当性は普遍的である。学習権は，人類の一部のものに限定されてはならない。すなわち，男性や工業国や有産階級や，学校教育を受けられる幸運な若者たちだけの，排他的特権であってはならない。

　本パリ会議は，すべての国に対し，この権利を具体化し，すべての人々が効果的にそれを行使するのに必要な条件をつくるように求める。そのためには，あらゆる人的・物的資源がととのえられ，教育制度がより公正な方向で再検討され，さらにさまざまな地域で成果をあげている手段や方法が参考になろう。

　私たちは，政府・非政府双方のあらゆる組織が，国連，ユネスコ，その他の専門機関と協力して，世界的にこの権利を実現する活動をすすめることを切望する。

　エルシノア，モントリオール，東京，パリと続いたユネスコ会議で，成人教育の大きな前進が記されたにもかかわらず，一方には問題の規模の大きさと複雑さがあり，他方には適切な解決法を見出す個人やグループの力量の問題があり，そのギャップはせばめられてはいない。

　1985年3月，ユネスコ本部で聞かれた第4回国際成人教育会議は，現代の問題のスケールの大きさにもかかわらず，いやそれだからこそ，これまでの会議でおこなわれたアピールをくり返しのべて，あらゆる国につぎのことを要請する。すべての国は，成人教育の活動においても，サービスにおいてもたしかな発展をとげるために，大胆で想像力に満ちた努力をおこなうべきである。そのことによって，女性も男性も，個人としても集団としても，その目的や条件や実施上の手順を自分たちできめることができるようなタイプの成人教育を発展させるのに必要な，教育的・文化的・科学的・技術的蓄積を，わがものとなしうるのである。

　この会議は，女性と婦人団体が貢献してきた人間関係における新しい方向づけとそのエネルギーに注目し，賛意を表明する。その独自の経験と方法は，平和や男女間の平等のような人類の未来にかかわる基本的問題を解決するための中心的位置を占めるものである。したがって，より人間的な社会をもたらすこ

とは，ぜひとも必要なことである。

　人類が将来どうなるか，それは誰が決めることか。これはすべての政府・非政府組織，個人，グループが直面している問題である。これはまた，成人の教育活動に携わっている女性と男性が，そしてすべての人間が個人として，集団として，さらに人類全体として，自らの運命を自ら統御することができるようにと努力している女性と男性が，直面している問題でもある。

　この文書の特徴は，次の5点にある。

　まず，①日本も加盟し，事務局長も出したユネスコという国連の専門機関の公式会議において，日本政府代表も賛成して，この「宣言」は採択された。したがって，この宣言そのものやその趣旨を広く国内に普及し，その精神に沿って，日本国憲法第26条の「教育を受ける権利」の中核が「学習権」にあることを公式に表明することを，日本政府は求められている。

　次いで，②領域横断的・年齢横断的に学習権が重要だとした「宣言」が，成人教育の会議から出された。このことは，生活や文化の最前線を切り拓いている大人こそが全世代にわたる生涯教育を組織化していく責任と能力を持っていることを示している。

　また，③「読み書き」「問い続け，深く考える」「想像し，創造する」「自分自身の世界を読みとり，歴史をつづる」「あらゆる教育の手だてを得る」「個人的・集団的力量を発揮させる」ことと，学習権の内容を，幅広く端的に例示し，「学習の力」「学問の力」＝「学力」を広く設定している。

　さらに，④日常生活や社会の改善のために学習権が不可欠と述べる。同時に，それゆえにこれを基本的人権の1つとして，法体系の中に位置づけることを求めている。

　そして，⑤1972年の東京会議にも触れながら，この学習権の承認と活用，実質化が歴史的な課題だとして，各国政府やNGOに努力を要請している。

　隣国の韓国では，すでに学習権が法体系の中に位置づけられているが，生涯学習にかかわる日本の教育行政当局である文部科学省や臨時教育審議会答申は，この学習権を承認していない。そのために，社会全般とくに職域における学習権，そして学習者が学習権行使の主体である点が社会的に広い共通認識となってはいない。その結果，あらゆる場所あらゆる機会に奨励されるべき「生涯学習」の国家政策が，十分な広がりを見せていない。今こそ，国民・市民・住民

の学習権の承認と実質化が，日本国の歴史的課題として意識されるべき時期である。

(c) 生活権・労働権・キャリア権

学習権は基本的人権のうち生存権に位置づけられる。日本国憲法の場合，「健康で文化的な生活をおくる権利」(第25条) で生存権に関する包括規定を示し，その下に，「労働の権利」(第27条)，「適切な労働条件のもとで働く権利」「労働条件改善のための団結権と団体交渉権，争議権」(第28条) が，そしてそれを支えるものとしても，「教育を受ける権利」(第26条) が位置づけられている。

そして最近，職業的業務経験が一定の継続性をもって展開するような権利としての「キャリア権」が提唱されている。このキャリア権を拡張すれば，「父親としての子育ての仕事キャリアを継続する権利」「夫婦としてのキャリアを継続するための適切な配置転換を求めるキャリア権」「学習のキャリアを継続する権利」など，生活全般のキャリアへの展開も可能と考えられる。

(d) 主権者の育成

憲法による要請としての主権者育成プログラム

これらの基本的人権，学習権，生存権，労働権，キャリア権はいずれも，主権が国民にあること (日本国憲法前文) を前提とし，相互に支え合うものとして成立している。日本国憲法も，「この憲法が国民に保障する自由及び権利は，国民の不断の努力によつて，これを保持しなければならない」(第12条) と記している。したがって，学習権の定着・実質化について，国民が主権者として育つ学習プログラムが，家庭，地域，学校，職場など，あらゆる機会あらゆる場所で進められることを，日本国憲法は要請しているといえる。

それは，法律や条例，条約の条文を覚え，解説を受けることに止まらない。家庭などの社会の基礎組織で，構成員の1人ひとりが主人公になること。適切な組織構成で皆が働きやすく，その組織が社会的に固有の役割を果たすこと。それらの共有によって，1人ひとりの構成員も，組織も育っていくことを含む。そのような日々の実践，営みの習慣と積み上げ，「組織文化」の確立が大事であ

る。さらに，当事者同士での合意形成が難しい場合には，調停・裁判など，法を活用・展開して解決を図った，過去の法運用の実例に学ぶことも大切である。

### さまざまな主体による法制度の運用

　法制度の運用は，多様な主体によっておこなわれるが，個人や家族が法を運用する場面も多い。例えば，子どもが生まれて保育所に入れる必要があるとき，保育所が満杯で「待機児童」を強いられることがある。その場合，保育の「措置」に関する厚生省児童局長通達などを調べつつ，福祉事務所や事務当局と交渉する余地がある。待機児童が多く入所がかなり難しい場合には，自分たちで共同保育所を作り運営し，補助金支給を交渉することもありうる。

　その他，高齢者介護，夫婦別姓，公園づくり，地場産業振興など自治体と交渉すべきことは多い。そのさい，個人や家族だけではできない類の法の運用をNGO，NPOが支えてきた歴史も古い。失業保険給付，生活保護給付，労働関係法や環境関係法の改正など，生活のあらゆる分野に広がっている。

　事業所による法の運用も多彩である。税制，各種助成金，許認可の自由化と規制などである。事業所で従業員の生涯学習を促進するためには，生涯学習の必要経費を課税対象額から控除して使う方法，助成金を活用する方法などが考えられる。また，ILOの有給休暇条約を批准し，被雇用者による自由な研修を事業所に義務づける法を制定し実施することも重要である。これは一見，コスト削減に逆行するように見える。しかし，それで被雇用者が見聞を広めてリフレッシュし，自分の事業所の特長を把握して創造的提案をたくさんして，そこから新製品・ヒット商品が出れば，結果的にはコストパフォーマンスが上がることになる。

### 地方自治体

　江戸時代には約300の藩が独立採算制で地域経営をおこない，19世紀から，①特産物形成＝ブランド化，②人物養成・登用＝人づくり，③藩校の開設＝武士身分に限定した生涯学習システムの強化，という3つの政策を実施していた。

　しかし植民地化の危機への対応もあって，明治以後のおよそ140年間にわたって，内務省→自治省→総務省の下での「三割自治」がおこなわれてきた。そのために，地方自治体側もそれに慣れすぎて，財政危機に対する緊張感はある

ものの，職員たちの政策立案・実施能力が劣化していることは否定できない。その結果，生涯学習システムでも，これまでの政策の寄せ集めの域を出ない自治体が少なくない。教育基本法改訂により，地方自治体の「教育基本計画」策定が義務づけられた。そのなかで首長や議会が地域づくりの明確なビジョンをもち，教育委員会職員と他部局職員との連携ができている自治体では，その地域の実情に合った，創意ある計画を作り実施している事例もあるが，多くはそうではない。

　今日の税制では，税収の大半が国家に帰属し，そこから地方交付税などで地方自治体に交付されるが，そのさい，いわゆる「ひも付き」が多く，自治体の独自財源が弱い。そこで，税制改正が必要となる。同時に，現在の都道府県が必ずしも経済圏・文化圏として十分には機能していない面もあるので，実情に合わせて「道州制」へと移行し，ドイツやイギリス，アメリカのような連邦制になることは必然と思われる。そして，道州制の下で，県や市町村にも独自権限を与えて，実態に合ったきめ細かい施策をおこなうことが大切である。

　このような制度を創っていくためには，自治体職員とともに，市町村民・都道府県民が，自分たちの生活地点から積極的に考え，その主人公となって行動することが大切である。そのためには，自治町内会なども含めて，地域の新旧のNGOや地方自治体による，市民教育・公民教育の奨励が大事である。しかし，自治体・地域経営について，市民が日常的に語ることを忌避する傾向や，行政当局による権限独占意識が強いことも珍しくなく，課題は大きい。


　国　家

　現在の日本という国家の現実を直視し，国の独立を視野に入れた国家形成のための生涯学習システム構築も重要である。

　日本は江戸時代のほぼ終わりまで独立国家だったが，幕末の日米修好通商条約によって，関税自主権と外国人に対する裁判権を放棄したことを皮切りに，ロシア，オランダ，イギリス，フランス，ドイツ，オーストリアなどと，「不平等条約」を結んだ。そして，この時代に福沢諭吉は「一身独立して一国独立す」と，国の独立を第1の課題に掲げた。その後，日露戦争の後に条約改正をおこなって，不平等条約が解消され，名実ともに独立国となった。

　しかし，1941年の日米開戦を経て，45年8月には連合国軍に降伏し，それ

以後は連合国軍の占領，つまり実質的なアメリカ軍単独占領下に入った。日本国憲法は，「前文」で「主権が国民に存することを宣言し」「われらは……自国の主権を維持し，他国と対等関係に立たうとする」と述べているが，現実には，1951年の日米安全保障条約によって，日本はアメリカの従属国となったといえる。沖縄には今も，嘉手納・普天間をはじめとして多くの米軍基地がある。首都圏にも横田空軍基地，横須賀海軍基地があり，首都東京は米軍に包囲されている。そして，日本軍の解体後に編成された自衛隊は，軍事作戦行動ではアメリカ軍の指揮下にある。外交面でもアメリカに追随することが多く，独自外交の展開が難しい。アメリカの承認を得ないアジア重視外交は，首相の交代という結末を迎えることが多い。経済面では，農産物の輸入について一貫して関税自主権放棄の方向で調整され，パソコンの日本製基本ソフトであるトロンの開発やアジア通貨基金構想も，アメリカの圧力によって放棄させられた。そして現在は，TPP（環太平洋パートナーシップ協定）への強引な参加要請によって，再び関税自主権の全面放棄を迫られている。

　現在の日本国がアメリカ傘下の従属国家であることは，誰の目にも明らかであり，この状態は，同じ第2次世界大戦の敗戦国のドイツやイタリアの現状とは大きく異なっている。また，中国，インド，インドネシア，タイ等，他のアジアの国々が独立していることと対照的である。

　このような，従属国家としての状況を直視し，日本国という国家が独立国家となるための学習が，国民のレベルでは生涯学習の重要な柱となってよい。国家主義的ではない，主権者教育のイニシアティブを国家がとることは，憲法が要請する国家の責務の範囲内のことである。そしてこれは，1人ひとりが独立しながら互いに助け合うキャリアデザインをおこなう上で，精神的な基盤となる。国家が独立しておらず，アメリカに逆らうと一国の首相が首を飛ばされる現実を放置することは，個人や組織がそのキャリアデザインをする勇気を削いでいる。

　国家の独立，国民・人民の主権と幸福を至上命題とするアメリカ憲法にも記されている精神を，日本に沿って実現させて世界をリードするためには，従属国家から独立国家へのキャリアデザイン，それをわがこととして担う主権者としてのキャリアデザインが必要不可欠である。

NGO・NPO の役割

　国や自治体のきめ細かな施策にとっては，NGO・NPO が重要である。

　かつての藩は，弊害もあったが世襲制だったので，政策立案者も世襲的集団を形成し，そこに経験や調査データなどが蓄積されていた。これに対して，現在の国家や地方自治体の公務員は，誰に対しても開かれている必要があり，汚職を防ぐために，担当者はかなり広い範囲で，3 年をめどに異動する。それは担当者の視野の拡大という効果ももたらすが，経験が蓄積されにくいという弱点ももたらしている。そして担当者の異動のせいで到達点や課題が不明になり，政策が一貫性に欠けたり，当たらず障らずの行政が漫然とおこなわれていたりすることもある。

　このような状況をサポートする機関が，地域の大学・研究機関である。しかし研究者数や予算の量に限度がある。そこで，最近は，全国的・地域的 NGO・NPO が自治体や国家機関と連携して，専門的に経験や情報，智慧やノウハウを蓄積してサポートしているケースが増えている。まだ手探りの域を出ないが，認定 NPO への寄付が税制控除の対象となる法改正が 2012 年になされた。企業 CSR（corporate social responsibility＝企業の社会的責任）の一環として，今後，一定の寄付金が NGO・NPO に集まりうる。それによって，NGO・NPO が，新しい公共の一翼を担うものとして育っていく可能性が大きくなる。

　しかしながら，多くの NGO は所帯が小さいので，人材育成がきちんとされていないことも多い。そこで，大学や研究機関とともに生協，農協，漁協などの大規模 NGO との協力も視野に入れつつ，その人材育成を進める事業が大事になってくる。例えば，NGO がおこなう多様な分野での人材育成，ワークショップや地域の生活文化カタログ作りをサポートする人材育成，キャリア教育プログラムなどを，大規模組織が展開し，財政状況の厳しい NGO・NPO における研修機会の拡大などを活性化させることである。そしてそれは，生涯学習，キャリアデザインを社会のすみずみまで浸透させるうえで，積極的意味をもつ。

(e) 国際化のメリットとその活用

基軸言語を明確にした多言語政策

　経済活動や交通・通信手段の発達によって，国家と国家との壁は，かつてよ

りもはるかに低くなり，居ながらにしてさまざまなエスニックグループや国家の食べ物や芸能，言語情報などを享受できるなどのメリットが生まれた。しかし反面，「言葉がわからないと不安」という声も少なくはない。

　そこで，個人の次元でも，多言語化・多文化化に対応する努力が求められている。同時に，自治体や国家，NGO，企業にも，適切な方法で多言語化・多文化化への政策を練りあげ，実施することが急がれている。

　外から人を受け入れる際には，まず，最低限の言語的コミュニケーションができるように，多言語放送，多言語表示と多言語能力の向上が必要になる。また，日本語を第1言語としない人々を対象とする日本語学習プログラムの確立が必要であるが，国家のレベルでも都道府県のレベルでも，「第2言語としての日本語」教育システムが確立していない。制度として確立しているのは，国費留学生，中国帰国者，インドシナ難民だけである。文科省も1992年に『日本語で話そう』という教材を作成して以来努力はおこなっている。多くの小中学校では，自治体の努力で日本語教育がなされ，大学受験生については，民間の日本語学校が対応する状態にある。

　一般の住民を対象とする日本語講座・日本語教室は自治体や地域のNPOの努力によって，だいぶ数は増えてきたが，全体として言えばまったく不十分である。日本ではアメリカのESL（English as a Second Language）などにならってJSL（Japanese as a Second Language）プログラムを確立することが，否応なく進展する国際化に対する不安を取り除き，メリットを生かしていく上で，欠かせない。

　また，それと裏表の関係で，日本人の多言語・多文化能力を高めることが重要である。近年，文科省も国際化人材の育成に力を入れ始めたが，全体として，日本国政府の教育における国際化対応は鈍い。そのなかで，NGOや地方自治体・国際交流協会などの努力，「韓流ブーム」，外国旅行，留学生の増加，国際結婚などの効果も出ている。それらによって，日本人の言語運用能力が拡大し，英語，中国語（北京語），韓国語，スペイン語などを学ぶ人も多くなっている。そして，音楽，衣装，食文化などを中心に，多文化を楽しむ習慣をもつ人々も増えている。同時に，さまざまなエスニシティーの人々が，それぞれの言語や生活習慣としての文化を楽しみ維持することについての理解も，不充分ながら進みつつある。

　このような，日本国内での多言語化・多文化化を促進する際には，基軸とな

る言語・文化を設定しながら，言語的にも文化的にも多様性を楽しめる人を育てていくこと，「新しい日本列島・琉球列島の言語・文化」を育てていくことが適当であろう。例えば，2006年に沖縄県は沖縄をはじめとする旧琉球王国各島の伝統的なコトバ＝「しまくとぅば（島言葉）」を使い，保存するために，「しまくとぅばの日に関する条例」を制定した。「県内各地おいて世代を超えて受け継がれてきたしまくとぅばは，本県文化の基層であり……県民の……関心と理解を深め……普及の促進を図る」として，9月18日を「しまくとぅばの日」とした。そして市町村や関係団体に協力を求めている。また，アイヌ・ウィルタなどの北海道の先住民の言語・文化も重要な位置を占める。

ソフトパワー外交

　日本国家の外交の点では，ハードとともに，"ソフト"の輸出が重要である。古くは光琳・北斎・広重など，日本からの美術品の輸出がジャポニズムを呼び起こし，日本庭園，茶の湯，歌舞伎，柔道，剣道，俳句，禅も欧米文化に影響を与えた。近年は，漫画，アニメ，村上春樹などの小説，Jポップ，TVゲーム，回転ずし，ラーメン，日本食・うまみ出汁，日本酒，「おもてなし」なども，広く受け入れられている。そして，このようなハードやソフトにかかわる交流のために，現地語を学ぶ日本人や日本語を学ぶ外国人も一定数に上る。

　かつての大日本帝国は，他の欧米列強と同じく，軍艦と戦車で近隣諸国を占領し，日本語と日本文化を押しつけたが，日本・琉球列島で育まれた生活様式やその作品，ツールを，世界に広く知ってもらうよう働きかけることは，決して文化侵略ではない。「日本人」は，広く外国とくに近隣諸国から学びながら文化の日本バージョンを創る伝統を培ってきた。だから，近隣諸国との相互理解を伴いながら，今後もその作業を続け，新たな東アジア文化としての日本文化を創り続けていく「ソフトパワー外交」が望まれる。

ハイブリッドとしての日本人，日本語，日本文化

　その際，「日本」や「日本人」「日本語」「日本文化」といわれるものが，それ自体，ハイブリッドとして歴史的に形成されてきたことを再認識する必要がある。そしてこれを史実に即して明らかにして，共有することが大事である。例えば「日本語」は，発音＝マレー系，語彙＝多様，文法＝朝鮮・モンゴル，

文字＝中国系という複合的なものである。同時に，どの相手国に対しても，政治・経済史だけでなく，文化史・人類史的視点から理解しようとする研究・学習プロモーションが必要である。

(f) エリアにおける交流と協力

２国間交流

　国際化への対応において，世界交流も，隣近所の国との交流がその基盤となる。２ヵ国間交流は自由におこなえばよいが，かつては必ずしも簡単ではなかった。生涯教育に関する日韓交流では，次のようにおこなわれた。

　1990年にバンコクで開かれた国際識字年に関連する国際成人教育協議会の総会を機に，「日韓社会教育セミナー」が始まり，91～93年に４回の研究会合が開かれた。第１回「識字」（ソウル），第２回「平和教育」（大阪），第３回「産業社会と教育」（大邱），第４回「産業社会と教育Ⅱ」（川崎）である。これについては，別稿（笹川孝一「試行錯誤で拓いた日韓教育交流」，黄宗建ほか編『韓国の社会教育・生涯学習』エイデル研究所）に詳しいが，この有志による取り組みと重なる時期に，社会教育推進全国協議会と韓国社会教育協会との定期交流が1993年から始まり，規模を拡大して今日に至っている。また，2010年から日本社会教育学会と韓国生涯教育学会との間で，定期的な学術交流会議が始まった。現在，日本と韓国との間では，大学，研究チームなど，昔とは比較できないほど数多くの交流の網の目がある。また，日台，日中の交流も数多く存在し，今後も発展し続けていくと考えられる。

エリアにおける交流

　エリアの交流も大切である。東京・ソウル・北京，東京・ソウル・台北という交流がある。また日本，韓国，台湾，香港，マカオ，シンガポール，中国の大都市というエリアもある。「日韓社会教育セミナー」の後身である「東アジア成人教育フォーラム」（EAFAE）は，1993年以来20年間続いている。ここには，発足当時の「日本＋東アジアの四小龍（韓台港シンガポール）」という，経済的な共通点があった。また，漢字使用，朱子学＝宋学の伝統という共通性もある。このEAFAEは，「フォーラム」から「協会」「学会」への移行が検討されている。

当面，日韓学術交流会の折に，「EAFAE＝東アジア成人教育学会準備会」セミナー日程を一日付け加えることが現実的かと考えられる。さらに，今後，日台韓ハワイという交流もありうる。それは，アメリカと中国という2つの帝国の狭間で，両帝国に呑み込まれてきた歴史を持つ「小国」が，自立性・自律性を回復するための，教育的な交流である。

### エリアの拡大と世界規模での組織，条約関連の交流と協力

この漢字圏・儒学圏に，オーストラリア，ニュージーランド，カナダ，アメリカ，ヨーロッパ連合を加えるエリアの設定もある。これについては，さきのEAFAEとアジア太平洋成人教育協議会（ASPBAE）の初めてのセミナーが2012年10月に香港で開かれた。ここにはインドとオーストラリア，ニュージーランドも参加したので，今後，《ASEAN（東南アジア諸国連合）＋6》の生涯教育会議への展開，アメリカが正式メンバーになれる枠組みであるAPECでのLLL (Life Long Learning) 部会という展開もありうる。このLLL部会は，すでにASEM (Asia-Europe Meeting) で始まっている。

これらと並行して，世界的な規模の交流と協力がある。先に述べたユネスコの成人教育世界会議，ILO，OECD，UNICEFの他，ラムサール条約，生物多様性条約などの交流・教育・研究（CEPA）活動も，生涯学習の促進を求めている。

## 3. 生涯学習政策の現状と今後

### (a) ラングラン・レポートとジェルピ

1965年のユネスコの会議における「ラングラン報告」は，世界に大きなインパクトを与えたが，会議がいわゆる「先進国」に焦点を当てていた関係で，発展途上国のことは視野に入っていなかった。そこで，ポール・ラングランの後継者のエットーレ・ジェルピらは，発展途上国に焦点を当て，先進国との関係を組み直す新国際経済秩序や新国際情報秩序にも目を向けた。これによって，発展途上国と先進国の両者の関係，そしてそれらの内部に目を向ける，世界における生涯学習の枠組みを提示しようとした。

(b) 臨時教育審議会答申——「生涯学習体系への移行」と学習権の未承認

　日本でも 1970 年前後から，改めて生涯教育についての議論が始まったが，それを国家全体の政策に格上げしたのが，1984 年に設置された臨時教育審議会（「臨教審」）だった。これは首相の直属諮問機関で，明治初年の「被仰出書」と中期の「教育勅語」の枠組みを修正した大正時代の「臨時教育会議」，教育勅語体制を刷新し教育基本法の準備をした戦後の「教育刷新審議会」に続く，教育国家戦略を審議する近代日本の教育政策史上 3 番目の大きな会議だった。

国家目標となった生涯学習体系への移行
　臨教審は 4 つの答申を出したが，1987 年の第 4 次答申「個性尊重，生涯学習，変化への対応」で，「国際化への対応」「情報化への対応」と並んで「生涯学習体系への移行」を打ち出した。この答申によって，「生涯学習体系」が国家目標となったのである。答申は，「学歴偏重の社会」を問題視し，学歴に頼らないやり直しのきく教育システムとして，大学入学資格検定（「大検」）や大学への社会人入学，社会人大学院の奨励など，学校制度の課題，職域にかかわる生涯教育政策として，研修制度の充実などを提案した。1988 年，この答申に基づいて，社会教育局を再編して生涯学習局（当時，現在は「生涯学習政策局」）を新設して文部省（当時）の筆頭局とし，今日の文科省と厚労省，経産省などとの連携を容易にした。この改組は，生涯にわたる自己決定的な学習，自己教育を軸に，学校や地域社会，事業所を含む社会における教育全体を改革し統合する社会的教育の推進を目指した乗杉嘉壽や川本宇之介の構想が，1929 年の「社会教育局」設置から 59 年ぶりに復活したものだとも言える。

学習権の未承認と「学問」不在——臨教審答申が遺した課題
　だが，第 4 次答申は，さまざまな課題を残した。①その 1 つは，学習権を承認しなかったので，「生涯学習体系」の方向性に関する法的なバックボーンがはっきりしていないことである。また，②学歴偏重を問題視した学校改革において，「学習」「学問」「学力」の内容やその習得のための方法に立ち入ることがなかったので，生涯学習体系を内容・方法上で繋ぐ筋道が提示できていない。そして，③職域における研修の充実をうたったものの，ILO の有給教育条約の

署名・批准など，その法的裏付けを提起していないので，言いっ放しの結果となった。さらに，④「個性重視の教育」の名の下での普遍性の軽視，教育費の自由化などに道を開き，結果的に「学力」向上をおろそかにし，教育における格差を拡大する導線ともなった。

(c) 政策修正の視点

臨教審答申が以上のような課題を残したので，生涯学習政策は大きな修正を求められている。その視点として，少なくとも次のことが必要である。

まず，①生活の抽象化による人間の動物的身体能力と人間的思考・表現能力の劣化への対応。②長寿化社会への対応，とくに，高齢者が自分の楽しみを追求するだけでなく，その楽しみの一部として，自らの人生経験や技・知識・智慧を若い世代に伝え，若い世代とともに新しい文化，暮らし方を創っていくこと。③高学歴化への対応，大学の大衆化を前提とする大学教育プログラムの検討，学部および大学院における社会人プログラムの充実と現場の研修者養成。④小中学校教育における「学問」運用能力としての学力・リテラシーの空洞化への対応。とくに，「唯一の正しい答え」を示そうとする現在の検定教科を，論点とそれについての複数の見解およびその論拠を示す，考えさせる教科に転換すること。⑤職域における当面必要なことについての研究とともに，自由な研修を可能とする制度の充実。⑥それらを貫くコンピテンス形成，「人格の完成」のためのキャリアデザインの推進，それを基盤とする産業や社会の創造と提案。⑦それらを可能とする，自由な活動時間の保障と労働時間の短縮，ワークシェアリングの推進。⑧学問・表現・思想信条の自由を前提にした，生存権の一環であり，労働権・労働基本権と結びつき，「教育を受ける権利」を実質化するための学習権の承認と主権者教育の徹底。⑨教育関係予算の抜本的な増額。⑩以上の視点から，多文化・多言語政策の充実を視野に入れた国際交流・連携の推進，そしてそれを担う人の育成と環境循環型の産業の創造と提案力の向上，である。

## 4. 私たちの生涯学習政策

　これを政策風に述べれば次のようになる。
　人類の歴史のなかで日本国民および日本国在住者は，歴史を深く振り返りながら，飢えや戦争のない生活と，それを支える社会や科学・技術・産業を培ってきた。そこでは，1人ひとりが，さまざまな組織の成員として自立を志向しながら，互いに助け合い，貢献しあいながら，自分の持つ能力を伸ばし，発揮し，またそのような社会を作りたいと願っている。そして，その願いを実現するためには，次のような内容をもつ生涯学習についての施策の取りまとめと実施が強く望まれている。

### (a) 人間という動物としての能力を充実させる

　人間は便利な生活を実現してきた反面，動物としての身体能力や身体を通して得られる感覚を基礎とするイメージ力，それに基づく創造力，思考力を劣化させつつある。そこで，乳幼児から高齢者までの，自然と親しむアウトドアライフ，里山保育，学校における冒険体験，自然学校などの取り組みを，安全面に十分配慮して奨励する。また，その体験をもとにした，コトバをふくむ多様な表現による作品作りを奨励する。そのための多様な表現方法の技・知識・智慧の習得＝活用訓練を独自におこなうことを重視する。それによって，自分の意見を持ちつつ他の人々と共通点で一致し，人々と協力してプロジェクトや作品を作る能力を不断に養う。そのさい「老人力」を積極的に位置づける。

### (b) 世代間交流と家族，地域，職場，学校，国際社会とのつながりの充実

　高齢者と子ども・若者との交流で技・知識・智慧の継承を進める
　長寿化が進み，高齢者自身がさまざまな楽しみを実現できるよう，多様な「元気回復・レクリエーション」プログラムを奨励する。そのさい，老人＝成熟した人の自尊心を大切にしながら，年寄りが持っている人生経験とそれを通して身につけた技や知識・智慧を若い世代に伝え，共有する取り組みを奨励する。これにより，若い世代が年寄り＝人生の達人が溌剌と生きられるとともに，

世代間継承のなかで自分を捉え，自分自身の役割を見つけることができ，安定した発展を実現する社会を作ることができる。

家族，地域，職場，学校，国家，国際社会の学習型組織化とその連携
(1) 家族

　現代社会における家族形態は多様である。しかし，どのような形態における家族であっても，それぞれが協力しあって日々の生活を成立させるために，働くこと，楽しみ遊ぶこと，祈ること，振り返ることなどによって，互いの経験の共有をすることが可能である。そして，それによって家族の成員が絆を深めること，そのための能力を培うことができる。そのために，家族に，経済的安定と自由な活動のための時間を保障し，共有活動のためのノウハウを普及する。

(2) 地域

　地域では，防犯や防災，子育て，介護，環境，産業，雇用などのまちづくりと結びつき，祭り，芸術祭，スポーツ祭などやその表現活動のために，学習・研究活動が広く取り組まれている。しかし，核家族化，高齢化に伴って孤立しがちな人々も少なくない。そこで，これらの人々が参加しやすいように，公民館，図書館，博物館，観察館，植物園，動物園，公園その他の施設に，1人で，何も用がなくともぼんやりできる居場所があり，そこから人と人，人と地域とのつながりができて役割や絆や志が生まれていくような方策が求められる。楽しく役に立つ情報・表現講座・ゼミ，地域にあるさまざまな課題の解決のための経験交流と新しいツールづくり。また，地域には興味深い人々の歴史があるので，地域の歴史を発掘し，展示し，書いてまとめる作業，イベントも必要である。そこには自分史も含まれる。さらに，課題ごとに日本の内外と繋がっていける他地域との交流プログラムが必要である。これらには，社会教育主事，司書，学芸員，保健師，学校教員などの地元の専門家と外部の専門家との協力も必要である。

(3) 学校

　すべての人の創造的な能力を育成するために，学問の習得・活用・創造の能力としての学力を，系統的に身につけることを支援する。それは①課題解決過

程の場を運用する能力，②課題設定の領域を運用する能力，③直面する問題について，歴史や他地域での事例を知る能力，④知識の領域を運用する能力，④道具を使って作業をおこなうスキルと，コトバや文字・記号のスキルを自己訓練する能力，⑤経験知を整理し，一般知と照合し，両者を共に更新する能力，からなる。それらは関連させながらも，相対的に独自なものとして身につけることが適切である。①②③は演習問題を通して，④⑤はドリルと演習問題の両方によって習得することが望ましい。そのさい，唯一の正解を示して記憶することと思考停止を強いる，明治中期以後に国家が権力的に関与してきた現在の検定教科のスタイルを，重要な論点を提示して，複数の見解とその論拠を提示する欧米型のテキストに変えることが最重要政策の1つである。これなくして日本人の創造性の回復は望めない。

　また高学歴化は，社会人と大学との距離を縮めている。近代化における学校普及過程で，「学校＝子ども」という，歴史的には特殊な常識と"世代間の断絶"が作られた。社会の最先端を拓く大人が学び研究し，子ども・若者はその大人たちと共に働き学ぶことが学問・教育の基盤だという，教育と学校の本来の姿がいま，取り戻されつつある。そこで，社会人に対する学部・大学院を充実させ，仕事と暮らしの現場での研究者を養成し，企業を含む社会での待遇を整える。そのために必要な法的・財政的措置をとる。

　一方，大学大衆化時代に伴う大学生の学力低下が指摘されているので，大学教育の内容と方法を充実させる。とくに，日本の私立大学における専任教員一人当たりの学生数は40人以上で欧米と比べてとても大きいので，これを国立大学並みの10人以下とするための法的・財政的措置をとる。また，図書館，博物館，キャリアセンター，学生センターなど，大学の他の機関がおこなうプログラムを充実させ，正課授業との相乗効果を高める。これにより，ゼミナール，講義やフィールドワーク，実験などを含む，大学の教育・研究プログラム全体の充実度・満足度を上げる。

　また，文理融合・知識基盤社会に必要な，市民・職業人・家庭人・国際人などとしての創造性を身につけるための基礎的リテラシーを強化するため，大学入試は，5教科9科目による基礎資格認定試験をおこなう。そしてその上に各大学の選考システムを実施する。入試問題としては，OECD型の基本的発想や思考力を計るものも積極的に取り入れる。

⑷ 職域における制度の充実

　職域では，当面必要なことを知るために，就業時間内でさまざまな研修・研究の機会が設定されることが好ましい。また，オプションとして就業時間外ではあるが，無料もしくは低い受講料での外国語研修などの講座が設けられることも推奨される。同時に，自由な自主研修のための有給教育休暇は，労働者の権理でもあり企業にも貢献するものとして，制度化される必要がある。そこでILO有給休暇条約の早期の署名と批准が望まれる。また，失業中，転職考慮中の人に対する，職業再訓練制度の充実が望まれる。そのさい，大学の学部または大学院への通学による研修も，含まれるべきである。


⒞　コンピテンス形成，「人格の完成」を基盤とする産業や社会へ

個人と組織のキャリアデザインの推進

　人間が社会的に必要とされる仕事をするさいには，個別的な諸能力と，プロジェクトを遂行する能力とともに，両者をつなぐ臨機応変の能力，智慧やコンピテンシー，コンピテンス，あるいは人格と呼ばれる能力が求められる。この能力は自分と外界との関係を意識の中の認識システムに反映させる能力であり，仕事や気晴らしなどに必要な人間の自律的な行動にとって欠かせないものである。そこで，この能力の構造，「仕事」の能力や新しく創造的なものごとを提案する能力との関連，この能力の育成を軸とする社会の構成について研究をおこないながら，この能力をすべての人が強化できるように支援する。


情報の集約

　コンピテンスの理論的・実証的な研究を含めて，生涯学習についての実践と研究についての情報を集約し，広く社会的に役立つように，また闊達な議論がおこなわれるように発信し，国際会議を含めて議論を促進する。


自由な活動時間の保障と労働時間の短縮，ワークシェアリングの推進

　以上のことを実行するためには，自由な活動時間の保障とそのための労働時間の短縮が必要となる。日本社会において残業時間が減らない大きな原因の1つとも言われる，霞ヶ関の省庁における長時間労働を変えるために，国会質問

通告締め切りを原則的に質問の3日前までとする。これによって，社会全体の労働時間の短縮を促進する。また，その前提としての雇用の機会を増やすことに力を入れるとともに，ワークシェアリングについて罰則を伴う法の整備をおこなう。

### 学問の自由，労働権と結びつけた学習権の承認

国民主権と学問・表現・思想信条の自由を前提にした生存権の一環として，また，労働権・労働基本権の結びつきにおいて，「教育を受ける権利」を実質化するために，学習権についての法整備を進める。その際，先住民，外国籍住民らの権利を明記する。

### 環境循環型の産業の創造と提案力の向上

人間が生きていくためには，①地球という居場所の持続性，②生業や産業，人と人との支えあいの持続性，③人間が自殺したりせずに楽しく天寿を全うできる生命の持続性という，3つの持続性が必要である。そのためには，それぞれの地域の実情に合った産業の持続性，つまり循環型で持続可能な産業の創造・展開が欠かせない。したがって，この循環型・持続可能な産業を，歴史と現代的ニーズを踏まえて提案していけるプロジェクトや機会を創ることも，生涯学習政策に関係する重要な柱の1つである。

### 人材育成，施設整備，教育関係予算の抜本的な増額

そのためには，それを推進することができる人材が必要である。それを社会教育主事，司書，学芸員，学校教員，保健師，医師，介護士，臨床心理士，カウンセラーの上級資格としての，「地域学習コーディネーター」「地域学習支援士」などとして学会認定資格で設置する。このコーディネーターや支援士は，地域の諸課題や企業，学校，国際社会についても一定の見識を備えていることが不可欠である。

しかし現実には，1人でそのすべてをできる人材はありえない。そこで，学芸員が事実上，学会員の資格と共に美術，歴史，文学などの各専門分野の見識をもっているように，「地域学習コーディネーター（産業）」「地域学習支援士（高齢者）」「地域学習支援士（生物多様性）」などとして認定し，それらの人々の協

力によって，物事を進めていくシステムが望ましい。

また，地域の多様な施設に，その施設特有の専門分野を置くとともに，たとえば「地域センター（歴史）」「地域学習センター（保健）」などのように，同一の名称の下でそのネットワークを作ることが重要である。

これらを進めるためには予算が必要だが，日本の教育関連予算は，先進国の中で最下位に位置する。小中学校の 35 人学級，私立大学のゼミあたりの学生数の軽減のために，また，企業も視野に入れた地域学習支援を進めるために，抜本的な予算措置を講じる。

### 国際交流・連携の推進と担い手の育成

これらのことを国内で充実させながら，国際的に発信し，また国際的共同研究を促進する。加えて，国内の「外国人」日本語学習などの支援，途上国支援，先進国交流，アジア太平洋エリア交流を進める。「生涯学習コーディネーター」「地域学習支援士」らの，国際交流能力のアップグレイドを奨励して実施する。とくに東アジア・太平洋地域における国際共同プロジェクトを調査・研究・推進する。

### 人材育成と生涯学習政策集約システム

各地でおこなわれている生涯教育実践を踏まえた政策集約の基本は，現場でおこなわれている日常会話や情報交換であり，それを踏まえた現場における研究会である。それを，研究集会として地域レベルから積み上げ，県やブロック，全国的に集約する。そして将来的には，東アジア，アジア，アジア太平洋レベルで集約し，ユネスコ，ILO，OECD 等における集約を強化していく。そのさい，学会，大学，研究機関の役割を重視する。そして，「アジア・太平洋生涯学習研究センター」を設置する。

# 第3章
# 生涯学習における国際協力と
# 東アジア・太平洋学習権共同体

## 1. 生涯学習における国際協力と東アジア

### (a) 生涯学習に関する「国際化」の歴史

　日本列島上の人々の生活スタイルは，①南からのマレー系，②東北からのモンゴル系，③次いで揚子江流域をはじめとする西からの大陸・中国系，④そして北西からの朝鮮系の文化＝生活スタイルが合流して成立したものと考えられている。また，「日本」という国家が成立する頃，唐・百済・新羅・高句麗・渤海などの国家と「倭」「大和」などとの，戦争を含む交流があり，漢字・漢籍，儒学，老荘思想，仏教，青銅器，鉄器，米，絹，茶，庭園など，多様な文化の流入があった。大航海時代以後は，ルソン，シャムなどの東南アジア，ポルトガル，スペイン，オランダなどのヨーロッパ諸国，19世紀になるとイギリス，フランス，ロシア，アメリカなどとの交流の道も開かれた。

　なかでも，日本の文字の基盤となる漢学，朱子学・宋学は，死生観，宇宙論・自然論・人間観，社会秩序意識・規範意識，認識論などに強い影響を与えた。近世・近代になると，宋学の伝統と蘭学，洋学，国学とが重なりあい，福沢諭吉の『学問のすゝめ』に象徴される，近代日本の秩序意識，学問論，人生論が，近代的学校の発展を伴って展開した。19世紀末から20世紀には，欧米的なものの影響を日本なりに摂取し，「開かれた日本文化」が形成された。音楽の滝廉太郎，絵画の浅井忠，彫刻の荻原碌山，小説の夏目漱石，詩の高村光太郎，哲学の西田幾多郎，法社会学の末広厳太郎，教育行政の乗杉嘉壽などである。

　こうした「開かれた日本文化」形成の努力は，日本中心主義や国粋主義という，権力に支持された「閉じられた日本文化」にいったんは敗れ去った。しか

し第 2 次世界大戦後には，ユネスコ，OECD などの影響も受け，日本からも影響を与え，日中韓をはじめとする東アジア諸国とも交流しながら，今日の開かれた生涯学習の実践や政策が形成されてきた。そしてそれは今日も続いている。

### (b) 中華帝国としての「大日本帝国」「大東亜共栄圏」の反省

#### 東アジア近代史についての認識のズレが引き起こす交流上の妨げ

今日，東アジアにおける生涯学習やキャリアデザインの国際交流を考えるとき，その「棘」となっているものに，「大日本帝国」「大東亜共栄圏」と「中華帝国」，欧米の帝国主義などとの関係をめぐる歴史認識の問題がある。

必ずしも，それぞれの国の全体の雰囲気を代表しているとは言えないが，日本が「大日本帝国」「大東亜共栄圏」と名乗っていた時代のできごとに関係して，中国や韓国で反日デモなどがあることは事実である。これに対して，日本の教科書では，これらのことをあまり取り上げていない。しかも学校の授業では，現代史がスキップされる傾向がある。その結果，多くの日本人は，「無知」による一種の「思考停止」状態に陥ってしまう。そして，経緯をほとんど知らない日本企業の駐在員たちや留学生たちも，対応に苦慮する場面がある，と言われている。

#### 「進んだアジア」から「遅れたアジア」へ

現在も，少なくない日本人や韓国人，台湾人などには，欧米人に対するコンプレックスがある。そしてその根底には，「戦争に負けた」「植民地支配された」「欧米は進んでいる」という認識がある。

しかし今から 3000 〜 2000 年ほど前，農業革命の時代にさかのぼるならば，ギリシャ人たちから見て東方をさす「アジア」は先進地帯だった。東方＝アジアは水が豊かで，麦や米などの穀物が豊富で，それが人口増を支えていた。そして，この豊かな農業地帯と乾燥地帯の牧畜グループとの接点において，食糧をめぐる攻防があり，農業グループが城壁都市を作り，機動性のある牧畜グループは軍備を整え，農業地域を征服して巨大国家を作った。ペルシャ，秦，漢や隋唐，匈奴や蒙古，オスマントルコ，ムガール朝，清朝など，世界史の大帝国の多くは，東方＝アジアで展開した。国家の広がりに従い，軍備，徴税法，

度量衡や貨幣の統一，宮殿などの大規模建築，服装や音楽，儀式，詩歌，身分秩序の整備，文字や記録文書の統一，商取引に伴う契約関係の強化，航海や農業を支える天文学，数学などが盛んになった。

　東方優位の時代は 17 世紀まで続いた。ヨーロッパでアラベスク（アラビア風）が流行った。ジェノヴァ，ヴェネツィア，ピサ，フィレンツェなどアラビア地域に近いヨーロッパからルネッサンスは始まり，それが，フランス，ドイツ，ベルギーなど大陸内部へ浸透した。そして，オスマントルコの成立によって東地中海経由の貿易が難しくなったことをきっかけに，大航海時代が始まった。胡椒や磁器，絹や日本の石見の銀を含む東方の産物を目的とするアジアとの直接貿易を目指して，ポルトガル，スペイン，オランダなどが，インド洋航路，大西洋・太平洋航路を拓いた。食糧や水が豊富で凍死や飢餓の心配もないために大規模国家を作って戦争をする必要がなかった今日の東南アジア一帯は，その豊かさゆえに，これらの国々の植民地となった。とくに，イギリスの工業革命による大量生産・輸出貿易システムのもとで，アジア諸国は原材料供給地・製品輸入地の立場を，武力によって押しつけられた。

　一方アメリカも，スペインなどの植民地を戦争その他の手段で手に入れつつ，次第にアジア進出を始めた。東部 13 州から始まったアメリカ合衆国は，植民地本国であるイギリスとの関係では，自由のための革命，貧しいものでも勤勉さによって富を得られる「アメリカンドリーム」実現の地となっていた。しかし，先住民からみれば，領土拡張のために古くからの居住者を追い払って殺戮する侵略者だった。アパラチア山脈を越え，フランス領ルイジアナを買収し，スペインとの戦いでカリフォルニアなどを手に入れて，太平洋に進出。ハワイ，琉球を経由して，日本の浦賀に到達し，1898 年にフィリピンとグァムをスペインから奪って，アジアの拠点とした。

　こうした欧米の進出のなかで，アジアの諸帝国は一挙に没落した。オスマン帝国がイギリスとロシアに侵食され，ムガール朝はイギリスの植民地に，清朝の首都北京は 1860 年にイギリス・フランス連合軍に占領され，今日のベトナム，ラオス，カンボジアはフランスの保護領となった。


大日本帝国の成立と教育勅語
　このような背景の下に，1853 年のペリー艦隊来日以後，薩英戦争などを経て，

アメリカ，イギリス，フランス，ロシアなどと日本との不平等条約締結と「開国」が実行された。欧米の圧力の背景が，工業革命，大量生産大量消費システム，海軍力，金融力などだったので，日本もこれに対応する必要に迫られた。地方分権制，朱子学的実学＝蘭学と特産物形成，人事登用・育成を背景に，明治維新が起き，国家と社会のあり方をめぐって自由民権運動などをめぐる激しい国内論争が起きた。そして，守旧派と妥協した伊藤博文らは，1889（明治22）年に大日本帝国憲法を公布，翌年には施行し，教育指針としては天皇を神格化し，天皇を支えることを至上命題として，1人ひとりを大切にした「被仰出書」とは正反対の「教育勅語」を発布した。

### 中華帝国の論理の採用

そのさいに注目されたのは，大日本帝国が「中華帝国」の論理を採用した，中華亜帝国だったことである。

　少なくとも 2000 年以上にわたり，中国大陸に断続的に君臨した「中華帝国」の構造は，三重になっている。①「中華」＝文化センターである帝国＝皇帝が統治する国。この地上の皇帝は，天にいる皇帝＝「天帝」によって選ばれた者であり，「天子」と呼ばれた。この「中華」は，長安＝西安⇒南京⇒北京へと移動したように，文化概念であって地理的概念ではない。他の周辺諸国よりも水準の高い生活をしていて，周辺から人が集まる場所で，自ら皇帝を名乗るものが実効支配できれば，それは「中華」となる。②この文化センターの周囲に，帝国に服属し，朝貢し，書面で国王として承認＝「冊封」された「小中華」の王国がある。「大清」と呼ばれた清帝国時代には，朝鮮，琉球，越南，西蔵（チベット），蒙古などが小中華の王国だった。③この「小中華」の外側に，「北狄」「南蛮」「東夷」「西戎」という野蛮人，すなわち「中華」帝国に服属しない「蕃族」がいる。これらの国は，やがて中華に服属するべき対象とされた。「邪馬台国」の卑弥呼は，『魏志倭人伝東夷伝』に記されているように，「東夷」のリーダーの1人として認識されていた。百済系の蘇我一族の血筋を引く「聖徳太子」は隋の皇帝に「日出ところの天子」が「日没するところの天子」へと対等の立場で書簡を送ったとされる。これは，自ら〈天子〉＝皇帝を名乗り「東夷」の立場を拒否したという意味だが，天武朝以後の創作と考えられている。その後，大内氏と日明貿易の主導権を争った足利義満が，明の皇帝に対して「日本国王　源義満」という署名で書状を送ったことを例外とすれば，日本のリーダーたちは，「中国」に服属することがなかった。

文化センターとしての「中華」は，自分たちの生活様式が優れていると判断するので，2つの方法で，それを周囲の人々に普及して「同化」しようとした。1つは，非暴力的な「文」による同化＝「文化」である。この「文化」を受け入れた国々は小中華と認定され，王国と国王の地位，暦や龍紋衣装の使用などが認められる。もう1つは，武力による同化である。平和的方法での同化が不可能な場合，その国の民のために武力で同化する，という論理である。

　2000年近く，東北アジアに君臨してきた中華帝国の中でも最大規模の「大清国」が，アヘン戦争でイギリスに敗れて1842年に香港を割譲し，1860年には，英仏連合軍に首都北京を占領・破壊された。それを受けて成立した明治維新政府内外では，2つの路線が対立した。1つは，「明治維新＝立憲君主制＝朝鮮との対等な連携」という，大隈重信・福沢諭吉に代表される路線。もう1つは，「明治維新＝開明的絶対君主制＝日本がアジアの盟主」という，伊藤博文に代表される路線である。そして後者は，欧米を大中華，日本を小中華と位置づけて，清，朝鮮，蒙古，越南，チベットを蛮族として見下したのである。《「大清＝中華帝国」＋「朝鮮，蒙古，越南，チベット＝小中華」＋「日本＝東夷」》から，《「欧米＝中華帝国」＋「日本＝小中華」＋「清，朝鮮等＝新東夷」》へという，東アジアの図式である。

　結局，大隈重信が下野する「明治14年の政変」を経て権力を掌握した伊藤の路線が，日本国家の路線となり，「大日本帝国」の国号の下で，「大日本帝国憲法」が発布された。その席上，中華皇帝への呼びかけ用語である「萬歳」を用い，「天皇陛下萬歳」を唱えた。この瞬間こそが，日本の天皇が大清皇帝に代わって，中華世界の皇帝になるという意志を示した瞬間だった。それゆえ，翌1890年(明治23)年に発布した「教育勅語」には，「之ヲ中外ニ施シテ悖ラズ」として，日本天皇への忠誠心は日本の外に広げても何の問題もない，と言い切ったのである。

　　「日本」という国号は，1つの対外的美称である。それは，地上で最も太陽に近く，太陽神に祝福された土地を意味し，朝鮮半島国家や中国大陸国家への対抗関係に発している。7世紀の朝鮮半島をめぐる新羅と百済との抗争，新羅＝唐連合，百済＝大和連合への最終戦によって，唐＝新羅連合は朝鮮半島，百済＝大和連合が日本列島を実効支配する形で決着した。この過程で，「日本」が成立する。すなわち，「朝鮮」(朝が鮮やか，美しい＝太陽が昇る所)，「神州」

（神々が祝福する土地＝中国大陸）に対抗して，太陽に最も近い所，太陽神が祝福する土地としての「日本」が対外的名称（国号）として浮上し，『日本書紀』で公式に宣言された。

他方で，「大和（ヤマト）」（偉大で戦がなく平和な所）が，先住民である「熊襲」や「蝦夷」を征服し支配する美称として形成された，と考えられる。『古事記』に登場して「神武天皇」とされる「カムヤマトノイワレヒコ」は，難波で「ナガスネヒコ」（長髄彦）に撃退される。ナガスネヒコは，狩猟民で足が長く体が大きかったらしい。そこで，中国の史書にある「倭」（体の小さい人），すなわち「倭人」の住むところという名称を嫌って発音が同じという論理で「倭」→「和」と改め，さらに「和」→「大和」へ変化させた。それは，「倭」（小さい）⇒「和」（戦がない・平和）⇒「大和」（戦がなく平和で，大いに豊かな所）へという，意味の変化も伴っていた。この意味づけによって，文による先住民の同化路線を敷き，それに従わないときにはやむをえず武力で征服し，その後は文治に転じる，という方式を定着させた。そこに，山が多い日本の呼称「ヤマト」が結びつく。すなわち，『古事記』で，今日も活火山である霧島連峰付近に天から下ったのが，神の子孫とされる神武天皇＝「カムヤマトノイワレヒコ」である。「ヤマト」とは「山戸」「山門」「山都」であって，火山が多い日本列島の特徴をさした。この「ヤマト」と「倭」「和」「大和」が結びついて，「倭（ヤマト）」「和（ヤマト）」「大和（ヤマト）」となったのである。そしてカムヤマトとその子孫による蛮人にたいする，文と武力による同化を正当化する美称としての「大和」（やまと）が成立した。

「天皇」という美称もこの時期に生まれる。中国皇帝と天帝との間には血縁関係はなく，天帝が特定の一族を地上の皇帝に指名する。これは，さまざまなエスニックグループが覇権を争って王朝が入れ替わる大陸の実情を反映している。これに対して，天帝と血縁関係にある地上の皇帝が「天皇」である。太陽神である「天照大神」の孫の「ニニギノミコト」が地上に降りて（「天孫降臨」），その子孫が天皇になったとされる。大陸・半島と列島とを隔てる海はいわば，天然の「万里の長城」であった。そのために，7世紀以後は異なるエスニックグループ間での王朝交代が起こりにくかった。やがて，「天皇」家には実権をもたせずに継続させ，実権を持つ藤原，源，北条，足利，織田，豊臣，徳川の各王朝を交代させるという日本のシステムができる。このシステムによって，天帝・太陽神の子孫である「天皇」は，新羅国王はもちろん中国皇帝よりも崇高だという意味づけがなされた。

勢いのある火山が多く，金銀に恵まれ，水が清く，人＝統治者と民＝被統治者が力を合わせて国を豊かにしてきた文化センターであり，先住民＝蛮人を武

力と文化によって同化してきた「大和」。太陽が昇る所であり，太陽神を戴く「日本」。太陽神の子孫である「天皇陛下」。この3点セットが大日本帝国のアジア進出の道具立てだった。そして，新たな夷狄としての朝鮮・琉球・越南・蒙古・清を同化して，「大日本帝国」を築く。それは，"欧米への従属から脱したアジア人のアジアを築く道"。当面は大中華＝欧米に逆らうことを回避しつつ「大東亜共栄圏」へと歩み出した。清朝からの朝鮮分離を目指して日清戦争を起こし，台湾を植民地とする。南下するロシアによる朝鮮への影響を断ち切るために日露戦争を起こし，1905（明治38）年と1910（明治43）年に朝鮮を保護国・植民地とする。大陸中国への権益を拡大するために1931（昭和6）年に「満州事変」を起こし，事実上の植民地である「満州国」を作り，日本人，満州人，漢人，朝鮮人，蒙古人の「五族協和」を唱え，「日華事変」以後，本格的な旧中華帝国解体に乗り出した。

### 欧米＝新中華との衝突と大東亜共栄圏

ところが「満州国」設立の段階で，新大中華＝欧米と利害衝突を起こす。

1933（昭和8）年に日本の後押しでできた「満州国」は，欧米諸国の権益を侵すものとして認められず，これを引き金に日本は国際連盟を脱退。日本が中国全土への占領政策を実施すると，アメリカは在米日本資産凍結や石油の禁輸で対応し，これにイギリスやオランダが同調。この経済制裁を突破しようとして日本は戦線を拡大し，真珠湾攻撃をはじめ，アメリカ，イギリス，中国，オランダとの全面戦争に突入し，アメリカに西太平洋地域＝東アジアへの武力進出の口実を与えた。

そして，「亜細亜人による亜細亜の統治」とともに「八紘一宇」（世界の凡てが一つ屋根の上で暮らす）という中国起源の用語をスローガンとして，大日本帝国の拡張版である「大東亜共栄圏」建設を唱えた。

### (c) 「大東亜共栄圏」の崩壊，対米従属と「アジアの時代」

#### 「大東亜共栄圏」の崩壊とその原因

大東亜共栄圏は，日本の無条件降伏で終焉し，大日本帝国も解体した。その原因には次のようなものがあった。まず，①日本も常任理事国であった国

際連盟では，軍事行動で新たな国境線を変えないという暗黙の了解があったが，事実上の植民地である「満州国」を設立したことによって，ABCD（America, Britain, China and Dutch）包囲網ができ，日本が軍事行動を中国大陸全体に拡大したこと。また，②日本と中華民国を戦わせて双方の力を削ぎ，日本および朝鮮・台湾，可能であれば中華民国も勢力下に入れる，そのために真珠湾をあえて攻撃させる，というアメリカの戦略・戦術を見抜けなかったこと。③「五族協和」「大東亜共栄圏」「アジア人によるアジアの統治」という美しいスローガンと実態が，インドネシアなどの一部を除いて乖離していたこと。拷問や日本語の強制によって，とくに中国系住民の恨みを買い，日本統治を内部から崩させたこと。④植民地統治では本国と植民地でのダブルスタンダードはつきものだが，本国が民主主義の欧米と本国が強権主義の日本とでは，同じダブルスタンダードでも，日本の方がより強権的だったこと。⑤日本が，時代遅れの中華帝国の論理を国家の論理として採用し，アジアの盟主を志向したために，中国系アジア人からも欧米からも反発を受けたこと。その結果のABCDに対して，日本を大中華，朝鮮・台湾・中華民国・インドネシアを小中華，欧米を夷狄とする中華帝国の論理に従って構造図を書き換え，「鬼畜米英」のスローガンを出したこと。そしてその論理が，大日本帝国崩壊にまで突き進ませたのである。

だが，こうした動きに反対し，朝鮮人留学生を受け入れた慶應義塾，清国留学生受け入れで清国近代化に貢献した法政大学，孫文の辛亥革命を支援した宮崎滔天や梅谷庄吉などの動きもあった。それは，大日本帝国とは異なる「大アジア主義」の立場からであった。


人と文化，言葉の交流，視野の拡大，思考停止

大日本帝国や大東亜共栄圏が他のアジア諸国との関係で引き起こした出来事に，否定的なことが多いのは言うまでもない。しかし，それを大前提としたうえで，地域によって濃淡はあるが，否定的な現実を通して肯定的な要素に転化しうることも少なくはなかった。

それは，あれだけ広い空間において人々が出会い，言葉を交わし，自分たちの日常生活とは異なる食べもの，着る物，建物，暮らし方，音楽，風景や気候などを体験したことで，多くの人々が視野を広げたことによる。上質のウーロン茶やバナナは台湾から，キムチやチマ・チョゴリは朝鮮から，餃子や上海文

化は中国から，ジャワ更紗（バティック）はインドネシアから，ガムラン音楽はタイ，インドネシアなどから日本に入ってきた。台湾へは畳や学校制度，砂糖産業の整備，規則正しい時間管理が，朝鮮や中国へは，「電話」「哲学」などの近代化を表わす単語が，モンゴルには現地で「女性解放の歌」となっている「鉄道唱歌」のメロディーが，インドネシアには組織的な行動訓練が入ったと言われる。また，闘いの中で少なくない人が，友達や恋人として意思疎通するために，互いの言葉，音楽，詩や物語を学び，新たな物語も作った。

それらを通して，人々はアジアの広さ，世界の大きさ，庶民の優しさやしたたかさや狡さ，わが身の視野の狭さ，戦争のくだらなさと悲しさ，平和への希求などを感じ，それらがより合わさって，戦後の平和や開かれた生活態度，文化の大切さを学ぶことになった。同時に，思考停止状態の恐ろしさとマスメディアによるキャンペーンを鵜呑みにすることの恐ろしさも，身にしみた。

「遅れたアジア」が絶対的に遅れていたのではないことも学んだ。長年君臨していた欧米人が植民地から排除されるのを目の当たりにした現地の人々の衝撃は大きく，日本人は嫌いだが，「日本人だってできるんだから自分たちにもできると思った」と証言する人は少なくない。もちろん，だからといって，日本の植民地統治や占領が人道的見地から見て正当化されるものでないことは言うまでもない。しかし，交流や学びあい，相互の技術移転や協力が，否定的なものを通しても起きていたことは，記憶されてよい。


### アジアの台頭と日本の「反省」，中華思想の反省

今日，日本と「亜細亜の小四龍」に加えて中国の台頭が著しく，2010年にはGDPの総額で中国は日本を超えた。ASEANも含めて東アジアの域内貿易は，東アジアと北米，東アジアと欧州との貿易額を超えた。そして，ASEANはすでに「ASEAN憲章」を発効させ，ジャカルタに代表部を設置して，地域国家としての歩みを始めている。そして，台湾海峡・南北朝鮮・日本との歴史的軋轢を抱える東北アジア地域でも，「東アジア共同体」の議論が持続している。この時にあたり，日本は「大日本帝国」「大東亜共栄圏」時代の反省をふまえた，積極的な貢献を求められている。

反省すべき最大の点は，《中華帝国－小中華－夷狄》という構図と「同化」における武力行使の正当化，言論抑圧による思考停止状態，という中華帝国の

論理を日本が採ったことである。そして，そうだとすれば，日本だけが「反省」すればよいのではなく，永年にわたって「中華思想」「中華帝国」にかかわってきた，中国や台湾，韓国，北朝鮮，ベトナムやモンゴルとともに，歴史を振り返ることが大事だろう。そのような眼で見れば，旧中華帝国だった国が旧属国の越南に対して「懲罰」として軍事行動をおこしたり，独立運動を弾圧したりする，大日本帝国時代の日本と同様の行為が現在もおこなわれていることに，大きな危惧を表明しないわけにはいかない。それは，南沙諸島をめぐるASEAN各国との緊張関係についても同様である。
　そしてこの「反省」は，ヒロシマ・ナガサキへの原爆投下に批判的なオバマ大統領やケネディ大使を含むアメリカのリベラリストたちとともにおこなう必要がある。アメリカは，人としての自由と権利と正義の実現のために，先住民への虐待や黒人奴隷制度や差別，ハワイ併合の問題性，戦争中の日系人への隔離政策と市民権剥奪などについて公式謝罪をしている。しかし，第二次大戦後のフィリピン独立戦争にさいしてかつての抗日ゲリラ組織フクバラハップを弾圧したこと，非戦闘要員を大量に殺戮した東京大空襲や原爆投下，ベトナムでの枯れ葉剤使用などについては，公式謝罪をしていない。また，「大量破壊兵器がある」いう架空の前提に基づく，バグダッド爆撃と軍事占領，フセイン大統領の逮捕・処刑についても同様である。このようなアメリカという国家のご都合主義的なやり方については，最近，『プラトーン』『JFK』などの映画監督が制作したドキュメンタリー『オリバー・ストーンが語るもうひとつのアメリカ史』にも描かれている。日本人としては，人類共通と認識されているhuman rightsの視点から，自国に関する反省と同様の反省を求めることが必要である。
　こうした過去の反省を含む日本などのアジア太平洋国家のキャリアデザイン，東アジア・太平洋地域のキャリアデザインをぬきに，私たちの働き方，楽しみ方，祈り方，学び方，生き方は存在しえないし，設計できない。そしてそのためには，フランクリンや福沢，金玉均，孫文，ホセ・リサールやスカルノ，ホーチミン，ガンジーなどの独立論者，独立運動家や梅谷庄吉などサポーターの人々を知ることも大事である。そして，独立運動家や支援者たちの自伝や伝記の研究も，キャリアデザインや生涯学習の連携を図るうえで，大いに意味がある。

## 2. アジアからのメッセージと東アジア共同体・アジア太平洋共同体

### (a) 水と生命の思想，自然の中の人間，「愛」

#### 水と生命の思想

アジアには誇るべきもの，アジアだから発信できることがたくさんある。その1つは，『老子』という書物に代表される水と生命の思想である。水の思想は他の生命と共に生きる思想である。そこから『老子』は，"欲望を際限なく拡大することはよくない""足るを知ることが大事である"と述べ，地位や権力，金銭や物などに関する，人間の欲望の無軌道な拡大よりも，自然と調和しながら生きることを勧めている。また，国家については，"領土が大きく人口が多い国家よりも，小国寡民が望ましい"と述べ，戦争＝暴力によって領土を拡大する「中華帝国」の手法を戒めている。これは，今日の過度の商品化社会と資源などをめぐる紛争の解決のためにも有効な視点と言える。また人は自然の一部であり死によって自然に還るという視点も「老人」を大切にすることによって，若者も子どもも自分たちの命を浪費しないというキャリアデザインの展望を得るうえで有効だと，エリクソンも見なしているといえる。

#### 「愛」「仁愛」「仁義」の思想

世俗世界に身をおきながら「愛」を実践しようとしたのが儒学である。『論語』の中心概念は「仁」，すなわち人が2人で向かいあうこと，である。孔子は，「仁のためには愛すればよい」，人と人がきちんと向きあって，尊大にならず，卑屈にならずに共に生きていくことだと述べた。「義」は仁という価値基準に照らして，人として当然すべきことを指す。だから「仁愛」「仁義」は，人と人がきちんと向かいあって，人として当然なすべきことをなすこと，である。今日，商品や貨幣を仲立ちにした人間関係の比重が大きくなっているが，face to face の人間関係の重要性を強調した仁愛・仁義の思想，そしてそれに基づく国際的な商道徳も，アジアから発信できるものだろう。

#### 非侵略・不戦の思想と学習権

東南アジアの伝統的稲作地帯は，米だけでなく，果物や魚介類が豊かな土地だった。そこでは，食べ物をめぐる大規模な戦争も，大きな国家も必要がなか

った。そのために軍備に対する関心が少なく，乾燥地帯を基盤に発達したインドや中国の帝国やポルトガル，スペイン，オランダ，イギリス，フランスなどに植民地とされ，日本にも3年8カ月間，軍事占領された。それらの経験から，ASEAN（東南アジア諸国連合）は，自衛はするが侵略のための戦争をしないことを確認している。すなわち「ASEANの目的は……(1)平和，安全及び安定を維持し強化し，かつ地域の平和志向の価値を強化する」ことにあるとのべている。そしてそのために，「(10) ASEAN内の人々の権利拡大のための教育及び生涯学習分野並びに科学技術の分野において，より密接な協力を通じて人的資源を開発する」と宣言している。同様の趣旨をもつ日本国憲法第9条や学習権を認定した韓国教育基本法第3条などとならんで，世界に発信しうる成果といえる。

### (b) リテラシーの活用と「学問」伝統

　自然の中の人間を強く意識しながらも，世俗的な世界で生きるためには，現実を分析し，政策を立て，実行することも必要である。そしてそのためには，文字や学問が必要となる。東アジアではそのための概念装置がつくられ，その実践がおこなわれてきた。「知る」「学ぶ」「教える」こと。世界を構成する「気」と「物」の変化と循環，変化のわけをしめす「理」。その総体世界の「道」とそのなかでの人の生き方原則としての「徳」。認識＝実践過程としての「格物致知窮理」。そして，これらに基づく「知識」の生産・再生産過程が「学問」とされてきた。

　今日の「学問」では分析が先行するために全体構造が見えにくくなっており，また，学業結果の評価の数値化により，学問の過程や「解ること」の楽しさよりも偏差値や点数が問題になる「学習」が一部の国家では蔓延し，学業意欲と仕事の能力を低下させている。このときに，全体構造を見据えた「学問」の構造や装置，内容を解明することの楽しさを大事にする，東アジアの伝統は今日の状況をふまえて復興され，世界に発信される価値がある。

### (c) 東アジア共同体とASEAN，APEC，ASEMとアジアからの発信

　今日，東アジア共同体の議論が徐々に現実味を帯びている。前述したように，

食糧や水が豊富で帝国をもつ必要がなかった東南アジア諸国による東南アジア諸国連合（ASEAN）は，「侵略及び武力の威嚇，もしくは行使はいかなる方法であれ国際法に違反する行動」だと明記して，互いに侵略しないこと，助け合うことをその旗印としている。これに対して，東北アジアでは日本の中にもまだ根づよくある中華思想が災いして，その結束には障害も多い。また，「東アジア共同体」の枠組みは，ASEAN＋日中韓の13カ国枠組みと，さらにインド，オーストラリア，ニュージーランドを加えた16カ国枠組みとの間で綱引きがおこなわれており，その背後にはアメリカによる強い希望がある。さらに，アメリカを正式メンバーとするTPPの動きやアジア太平洋全体を視野に入れたAPECもある。またかつてアジアを植民地とした国々を含むヨーロッパ諸国とアジア諸国との会議体「アジア・ヨーロッパ会合（ASEM）」も活動している。

そのなかで，東アジアは世界に向かって何ができるのか？　それは，①水と生命の思想，自然との共生のライフスタイルや産業展開，および国家経営，②人と人とがきちんと向き合ってなすべきことをなす仁愛・仁義の思想，③自然や人の死生，世俗世界や人の実践的な認識過程とそのストックや活用方法を含む「学問」と「学習」「学力」，④不戦の誓いと帝国との決別，ではないだろうか？

これらは東アジアの伝統であるとともに，現在の世界が抱える問題解決の鍵となりうるもの，東アジアがその内部で共有し，豊かにし，世界に発信することを期待されているものでもある。

## 3.　東アジア・太平洋学習権共同体

### (a)　世界の中での東アジア・太平洋地域で生きていくこと

過去に捉われて結束が難しい東北アジアでも，経済的相互依存は互いに容易に関係を解消できないほど拡大している。私たちは，好むと好まざるとにかかわらず，「日本海」「東シナ海」「南シナ海」「太平洋」を共有する人々とともに，働き，遊び，祈り，学びながら生きていくことになる。そして，ちょうど，幕末から明治にかけて人々のアイデンティティーが「薩摩人で日本人」となったように，「日本人で東アジア人」「日本人で東アジア・太平洋人」へと私たちのアイデンティティーは変化しつつある。

(b) 東アジア・太平洋人の共通基礎教養（basic common sense）を作る

　そこで，東アジア・太平洋人としての共通教養を作りだし，共有することが大事になる。「教養」とは，ある物事を見たときに，他のものと関連づけてとらえられる知的能力である。例えば，日本の煎茶を見たときに，茶の世界が広がり，日本の煎茶を茶の世界の中に位置づけてとらえられる能力である。茶は，東アジア原産であり，広く世界で飲まれている。その茶について多様な経験と知識があると，さまざまな茶を見，飲み，話すときに，その茶を茶の世界に位置づけられ，楽しみが増え，他の人との接点を作りやすくなる。

　「教養」とはまた，目の前にあるモノを味わい，関連する相手の文化についての情報を引き出し，鑑賞機会を増やす感性的能力である。例えば，目の前にあるお茶が「苦丁茶」の一種，「青山流水」であるとする。仮にそれが初体験でも，「わー苦い，これやだ～」と言わずに，地元四川省の人の楽しみ方を観察して，ガラスコップの中で開いた茶葉の緑の鮮やかさを鑑賞し，一口飲んでほのかな甘さを感じ，次第にさっぱりとした苦みを味わっていく。そうできれば，茶を介して，自然や人の世界も広がる。できなければ自ら世界への扉を閉ざすことになる。

　「教養」とはさらに，ちがいと共通点を認識しあい，共通の利益のために一致点で協力し，ちがいを保留できる判断・行動・協働の能力である。こういう能力があれば，ちがいを楽しみながら一致点を大事にできるので，長期的には，東アジア・太平洋地域の多様性を，「まとまりがない」と考えずに楽しむ，人と文化が形成される。

　共通の認識を作る近道は，旅行をし，土地の人々や暮らし方に接することである。また，会議やパーティー，留学生との出会い，旅の途中での出合いなど，さまざまなきっかけで友情が育まれることも珍しくない。友達になれば，交流が増え，協力しあうこともでき，ケンカもして仲良くなることもある。ときに，そこから国際結婚・「国際家族」も出てくる。

(c) 共通の取り組み

『東アジア・太平洋全書』と共通テキスト作成を試みる

　東アジアについては，平凡社の東洋文庫や『朝鮮・韓国を知る本』『東南ア

ジアを知る本』をはじめ書物も多い。それを前提に，「東アジア・太平洋を知る100冊の本」「東アジア・太平洋クラシックス30選」などを，生涯学習・キャリアデザインにかかわる国際チームで選定し，簡単な解説が書かれてもよい。

また，国際チームによる分野別『東アジア・太平洋全書』が構想されてもよい。人類学，民族学，民俗学，教育学，技術史，産業史などの協力による，東アジア・太平洋教育史，キャリアデザイン史などの編纂も価値がある。

### 4言語＋α人間，5言語＋α人間

これからの東アジアでは《4言語＋α人間》が大事になる。日本人なら日本語，英語，北京語，韓国・朝鮮語＋α，韓国・朝鮮人なら韓国・朝鮮語，英語，北京語，日本語＋αになる。中国人・台湾人・香港人・マカオ人なら，台湾語・広東語などの地域中国語や少数民族語＋北京語＋英語＋日本語または韓国・朝鮮語＋α，シンガポール人は現行の4公用語＋α，インドネシア人の場合はインドネシア・マレー語＋英語＋タイ語＋北京語＋αかもしれない。フィリピン人の場合を含めて太平洋を視野に入れるとき，そこにフィリピン語，インドネシア・マレー語とともにスペイン語が加わり，5言語＋αとなる。

互いに多言語能力を磨く努力をすることで，言語コミュニケーションの幅が広がって情報量が増えるだけでなく，互いの生活・文化の伝統や発想の仕方・価値観を理解しやすくなる。また，努力して互いの言語を学んでいるという共通基盤が，相互の信頼性を高める結果につながる。

### 中央政府による学習権の承認と地域政府による具体化

学習権を国家として承認しているのは韓国（韓国教育基本法第3条「学習権」）など少数だが，ASEAN，日本も含めて，徐々に拡大されるだろう。そのさい，学問・表現の自由の面では，いくつかの国では不安がないわけではない。だが，市場経済は人を自由にするので，職業訓練を受ける権利など生存権的な文脈での学習権を先行させながら，自由権的学習権を広げ，総体としての学習権の承認へと進むのが現実的であろう。

日本の場合，学習の自由はほぼ確立しているが，職場に関する自由な議論については検討の余地がある。「教育を受ける権利」も一般的には定着している。しかし文部科学省が学習権を承認しないのは，高等教育の漸進的無償化のため

には財源が不足しているという，財務省との関係に原因があると考えられる。

　だとすれば，一般的承認を政府がおこない，その実質化は，経済・財政とのプラスの循環が成立するような仕方で，各自治体がおこなう方法が適切である。「楽しく賢く学ぶ→産業活性化→助け合い→税収拡大・コスト削減→学習環境改善」という循環をつくる。それにより，大都市部での「孤立・無縁化→犯罪→社会的コスト→財政危機→格差拡大・孤立・無縁化」や，「失業→失業給付，生活保護給付→社会的コスト→財政危機→格差拡大」という，悪循環を避けられる。

　また，農業地帯でも，兵庫県豊岡市のコウノトリの野生復帰と結びつけた「環境経済基本戦略」，宮城県大崎市の「マガンの里」プロジェクトなどは，積極的に学ぶ必要のある事業である。そしてその背後には，国際的な共通課題であるラムサール条約の「湿地」や生物多様性条約にかかわる，「保全・再生」「ワイズユース，持続的な活用」「対話，学習，教育，参加，気づき」のトライアングルがある。

　国境を越えた人の移動がますます活発になるなかで，各国の基軸言語・文化の設定の上に，多言語・多文化政策が徐々に進められていく。この点では，シンガポール，インドネシア，香港，中国，台湾，カナダ，アメリカなどが先行し，日本や韓国がやや遅れた状態にある。しかし，一歩立ち入ってみると，《多言語状況⇒近代化過程での国語・公用語の普及と地域語抑圧／公用語普及と地域語使用の自由⇒経済的・政治的成熟社会での国語・公用語＋地域語・少数民族語の復活・奨励》という過程の中には，さまざまな課題がある。

　この挑戦は，多様に進んでいる，国境を越えた交流と協力の確実な定着・活用の上に，「東アジア・太平洋　生涯学習・キャリアデザイン研究センター」が，NGO ベースで立ち上がってもよい。そこで，楽しみ，悩みながら，私たち1人ひとりが，それを担える人材として育っていく。そして，若い時期からこの仕事に参画する機会を広げ提供することで，将来を担う世代が育ってくる。そのセンターが，ブロックごと，課題ごとの交流ができるとよい。

(d)　東アジア・太平洋学習権共同体のイメージ

「東アジア委員会」における「生涯学習・キャリアデザイン省」
　今から20〜30年くらい後には，ASEAN の拡張という形で，東アジア共同

体（East Asian Union：EAU）が発足するだろう。東アジア共同体委員会，東アジア議会が設置され，東アジア憲法草案が審議され，修正・採択され，通貨統合も課題になる。

そして，東アジア委員会には，学校も含めて広い視点から学習教育・キャリアデザインを管轄する「東アジア生涯学習・キャリアデザイン省」が設置されるだろう。「キャリアデザイン生涯学習省」には，地域ブロック別，年齢別，分野別の組織が作られ，各国の取り組みの情報交換，交流・評価，支援，EAU全体の重点施策が実施される。

EAU の下での統合的な状況評価や施策の他に，地方自治体等の交流・協力が重視される。交流・協力事業には継続性が求められるが，行政・企業関係の担当者には交代がつきものである。そこで，継続性のある研究者や実践家，専門職，NGO の人々の交流が重要になる。

地域別ブロックは，東北アジア，東南アジア，南太平洋，南アジアの４ブロックとする。年齢別機構は，乳幼児課，少年少女課，青年課，成人課，高齢者課という枠組み。分野別には，女性課，障害者課，先住民・エスニックマイノリティー課など，課題別機構には，地方公共団体課，農林水産業課，産業・通商課，労働課，福祉厚生課，環境課，家族課などを位置づける。

## ASEM と APEC と UN・UNESCO・ILO

東アジアの間での交流・協力は，ASEM や APEC などでの交流と重ね合わされる。ASEM には Life Long Learning についての交流・教育プロジェクトがあり，少しずつ成果を上げ始めている。東アジア域内の国連関係機関や ILO などの地域事務所との連携を進め，世界全体の動きへと合流し，北欧・カナダ・南米と連携して，「水と生命の生涯学習・キャリアデザイン」の視点からリードする。

このような課題の取り組みは，組織的であり，かつ個人的なものである。個々の人は個々の歴史を持ち，それはその人の両親・親類縁者や友人たちと，またその人の出身の地域や所属している企業等との関係を持っている。

1 人ひとりの人にはさまざまなきっかけがあり，それをあまり気負わずに進めていくことで，友情やプロジェクトが生まれてくる。だから今後は，誰でも，自分の日々の暮らし，仕事や遊びや学びを大切にしていれば，その中から東アジア，アジアとヨーロッパ，アジア・太平洋の遊びや働きを通して，交流・協

力のきっかけをつかむことができる。まずは，友達になること，そこからさまざまな道が開けてくる，というのが私の実感である。

　だが同時に，日韓あるいは東アジア交流で解決できない問題もある。その1つは，「教育実践」の概念がなかなか浸透しないことである。長い間，科挙と結びついた受験勉強が学問だと錯覚されてきた国とのあいだで，このコンセプトの共通理解形成に努めたい。そのさい，日本における「教育実践」とその概念の形成過程を整理して提示する必要もある。これが進めば，東アジア交流でも，実践家，政策決定者を含めた，より重層的な組織的取り組みが作れるだろう。

　また，「東アジア学習権共同体」を実質的に構築していくためには，アメリカのプレゼンスを無視できない。『聖書』に片手をおいて大統領が就任の宣誓をする USA という若い国家は，自分たちを自由と正義の守護神と位置づけて，カリフォルニア，ハワイを呑み込んできた。そして太平洋戦争を機に，その影響力を日本，韓国，台湾など西太平洋全域にまで広げている。しかし，アメリカの生涯教育関係者には，リベラリストでアメリカ国家の意思とは一線を画している人も多い。

　他方，中国は，人口が日本の10倍であり，GDP 総額で日本を抜いて2位になり，国家としての悲願である清朝の最大版図を復活させて，アメリカと太平洋地域を2分して統治することを目標としているようにも見える。

　このなかで重要なことは，人々の仕事と遊び，祈りと学びの実際に即し，リテラシー，コンピテンス，生涯学習，社会的教育，キャリアデザイン，学習権，キャリア権の視点から，実践と実践の批評，基礎研究を，アメリカ人・中国人をともに含むネットワークを構築しながら，活動の成果を地道に積み上げていくことである。その際に，中華帝国とアメリカの双方の影響を受けてきた，韓国，日本，台湾，ベトナム，フィリピン，ハワイなどの連携が軸になる可能性が大きい。

　私たちが作る生涯学習の実践とその研究とが，現実に根差し，それを的確に反映していれば，私たちの実践と研究は，人々から学び，人々を応援し，適切な制度設計と実施を支えるだろう。その歩みがゆっくりであるとしても，その道をそれぞれの持ち場で探り，皆でそれを持ち寄って，祝祭をおこなうのがよい。そのときが，「東アジア・太平洋学習権共同体」あるいは「東アジア・太平洋学習権・キャリアデザイン共同体」が具体化された時である。

# 補論
# 大学におけるキャリアデザイン学の伝統と
# 展開の可能性

## 1. 法政大学キャリアデザイン学部開設と展開

### 法政大学キャリアデザイン学部の開設

2003年4月,理事会のイニシアティブと教職員の努力,学生・卒業生の支援によって,法政大学キャリアデザイン学部が発足した。キャリアデザインに関する歴史と現状と理論と実践に関する教育研究が,その目的であった。この目的の達成のために,「教育学・心理学」「生活文化論」「経営学」の三領域を重ね合わせ,中心の重なり部分に「自分研究」「人間研究」を置いて,「芯柱」とした。これまでの学問・文化の総体を「キャリア」＝多面的な人生とそれを可能にする社会という視点から再編統合し,自らの多面的な人生を切り拓き,他の人々のキャリア形成をサポートする人材が育成される過程を研究する学問を創り,それを実践し担う人材を育てることが目標とされた。

学問の統合の場である「人間」について,次のような議論をおこなった。すなわち,近代化の中で生まれる「個人」は,家族,職業,学校,居住地,遊びなどを選択しつつ,自分の人生を築く。その際,形式的な自由と実質的な不自由との矛盾に揺れ動き,外に向けた奮闘と内における葛藤という struggle を伴いながら,キャリアをデザインする。職場,家庭,学校,居住地,病院や矯正施設など,人間が生きて働くすべての場が,その舞台である。

カリキュラムは3つの部分からなる。①振り返りと意味づけのプログラム。入学時の1年生に,今後4年間この学部で学ぶ自分を振り返り,意味づけ,勉学の心理的認識的準備を整えることを目的とした。そのさい,多様な領域でキャリアを積んだ人々の経験から学ぶことを重視した。②キャリアデザインに

ついての専門的知識を吸収する講義と，仕事の現場での研修によって，キャリアをサポートする能力を培う。③3年生から始まるゼミで，卒業論文を意識した具体的な研究に着手し，卒業論文を書き上げる。テーマ設定，先行研究批判，資料収集・分析・整理，論文の構成・執筆，補足資料収集，加筆訂正，提出という作品制作のプロセスを経験し，何ほどかの創造行為をおこなう。

### キャリアデザインの大学院とキャリアデザイン学会

　学部発足の2年後，2005年に「法政大学大学院経営学研究科キャリアデザイン学専攻」が発足し，2013年には「キャリアデザイン学研究科」となった。主に社会人が対象の修士課程で，院生は自分自身の経験を踏まえながら研究テーマを設定し修士論文を作成する。定員20名，民間企業人，公務員，大学教職員，専門学校・高校教員，NPO職員などが主である。100余名が「修士（キャリアデザイン）」の学位を取得し，キャリアデザインにかかわる見識を深め，職場や他大学の博士課程で活躍し，同窓会で情報交換をしている。

　大学院発足と同じ2005年に，日本キャリアデザイン学会の発足を支援した。同学会は，キャリアデザインにかかわる学校，職場，地域における実践に関する研究交流をおこない，書籍を編集刊行して，日本におけるキャリアデザイン研究のセンター的な役割を果たしている。

### キャリアデザイン学の専門性における「コア」と広がり・分化

　学部は，2007年に第1期生が卒業し，12年に10周年を迎え，学部所属の全専任教員による『キャリアデザイン学への招待』を上梓した。現在，第2の10年間を迎えている。07年には，創設時カリキュラムを補強する改革をおこなった。12年度には，「専門性」強化の改定をし，発達・教育キャリア系，ライフキャリア系，職業キャリア系という「緩やかなコース制」の設定，調査法の拡充，2年生後半からのゼミ所属をはじめ，キャリアデザイン学の「芯柱」のカリキュラム上の表現として，入り口と出口で，キャリアデザイン学入門，キャリアデザイン学総合演習を設けた。

　この，専門性とコアについては，「日本初のキャリアデザイン学の創造が必要」という意見や，キャリアデザイン学としての統合されたカリキュラム構成の努力が必要，コアを強化して「仕事と学びを科学するキャリアデザイン学

部」を打ち出すべき，という指摘もある。これについては，開かれた率直な意見交換と実践的チャレンジの継続が必要である。また，2012年度から，「ビジネスコース」「教育コース」というコース制を採用した「キャリアデザイン研究科」についても，同様の課題があるとみられる。大学院については，博士課程進学者は現在，法政大学の他の研究科や，筑波大学，慶應義塾大学などの他大学の博士課程に進学しており，博士課程を作ってほしいという修了生からの声もある。重要な検討課題の1つである。

## 2. 法政大学の伝統とチャレンジ

### 国民主権を意識した民法典の編纂と法律専門家の育成

キャリアデザイン学部の創設に当たっては，これと関連する，法政大学の伝統を受け継ぐことを大事にした。法政大学の創設者である九州・杵築藩（現大分県）の元藩士，金丸鐵と伊藤修は，三浦梅園や帆足万里など，豊後・豊前での，生活現場を踏まえた漢学・蘭学の伝統を受け継ぎ，新時代に国民1人ひとりが主人公になるために必要な「代言人」（裁判における法律サポーター，今日の弁護士）養成の学校として東京法学社を創設した。東京法学社から「和仏法律学校法政大学」と展開するなかで，お雇いフランス人ボアソナードが「教頭」となった。日本政府に招かれて，不平等条約解消のために国民主権に基づく民法草案を作って「日本近代法の父」と呼ばれた人物であり，日本・清・朝鮮の三国同盟によるアジア主義を提言した外交顧問でもあった。天皇主権を明記した大日本帝国憲法施行の時期に，ボアソナード草案は守旧派から批判されて葬られたが，ボアソナードの友人だった薩埵正邦の友人・梅謙次郎が，明治民法をまとめ上げ，法政大学の学監，校長，初代総理となった。

### 人生論と人生の表現・楽しみの研究

日本社会の近代化と，近代的個人に必要な法整備や法運用サポーターの養成という社会のニーズに応えた創設者たちを継いで，大正〜昭和期には，キャリアデザイン学の重要な構成要素となる学問が，法政大学を舞台に展開した。

京都大学・西田幾多郎門下の三木清と戸坂潤は，フランスやドイツの古典哲学を研究しながら日本の現実を検討し，ベストセラー『人生論ノート』や論

文「教養について」などを著わし，上田自由大学など地域の学問研究の展開に協力した。三木も戸坂も，国民主権論に加担したとして治安維持法違反とされ，戸坂が1945年8月に長野刑務所で，三木は同年9月に，今日池袋サンシャインがある豊多摩刑務所で獄死したが，その影響は今も大きい。

　夏目漱石の弟子で戦後に総長を務めた野上豊一郎は能楽の研究をおこない，世界一の能楽研究所の基礎を築き，豊一郎の妻で付属女子高の名誉校長も務めた小説家・野上弥生子は，『秀吉と利休』『真知子』などで，人の心の葛藤を社会的な背景を踏まえて描写した。1960年代前半に総長を務めた谷川徹三は，美の日本的伝統をヨーロッパ美学を踏まえて解き明かす努力を重ね，徹三の子・詩人の谷川俊太郎は，野上夫妻の影響も受けて育った。

### 企業経営，国家財政とヒューマニティ，実際生活に根差す学問

　倉敷紡績や中国銀行の経営者・大原孫三郎は，「東洋のロバート・オーウェンになる」ことを目指し，労働者や農民の幸せに役立つ，倉敷市民病院，大原美術館，大原農民問題研究所，大原労働科学研究所，大原社会問題研究所などを作った。現在は移管されて「法政大学大原社会問題研究所」となっている世界的な労働運動の研究所があるが，これは第6代総長大内兵衛が，かつて大原社研創設・運営に深く関与していたことによる。経済・財政学者の大内は，日本のファシズムと戦争拡大を食い止めようと努力したが，「人民戦線」を構想したとして1938年に逮捕され，東京帝国大学を休職となった。戦後は，日本経済の復興と日本国憲法の実質化のために努力し，憲法問題研究会を組織して『憲法と私たち』『憲法を守るもの』などを刊行した。教え子で，住民福祉の推進を掲げた美濃部亮吉の東京都知事就任に貢献したが，法政大学総長としては，「市民を作る大学」が使命だと学生に訓示し，「われらの願い」を遺した。

　　　われらの願い
　一，願わくは，わが国の独立を負担するに足る自信ある独立自由な人格を作りたい。
　一，願わくは，学問を通じて世界のヒューマニティの昂揚に役立つ精神の高揚を振作したい。
　一，願わくは，空理を語らず日本人の生活向上発展のために，たとえ一石一木でも必ず加えるような有用の人物を作りたい。

1984–88 年に総長を務めた労働法学者の青木宗也は,『職場の労働法』など現場に即した労働法の研究によって, 日本における労働条件の改善に努めた.

## 現場に即した心理学と生涯教育学

　日本の心理学の草分けで法政大学高等師範部教授だった城戸幡太郎は, ドイツ心理学を研究しながら,「教育の科学的研究」を目指して教育科学研究会創設を主導し, 法政大学を会場として, 教育現場の教員や保母たちとともに実践的な教育研究を展開した. 城戸も 1943 年に治安維持法違反で法政大学を鹹首されたが, 戦後は北海道大学教育学部の創設学部長となり, 北海道の地場産業と結びついた教育活動の研究センターとしての学部を設計した. 1970 年代に入って東京の正則高校の校長となり, 高校における課題解決学習の実践を推進し, 生涯学習体系における高校教育の位置づけと, 成人教育と子どもの教育をつなぐ青年期教育の可能性を探った.

　城戸の教え子で, 高等師範部教授・心理学者の波多野完治は『文章心理学』などを著わし, 大人から子どもまでの文章表現と思考・思想との関係を考察し, 生活記録運動や生活綴り方運動における文章指導に影響を与えた. 波多野も治安維持法違反で法政を退職したが, 戦後はお茶の水女子大の学長, 日本社会教育学会副会長を務めた. ユネスコフェローとしてラングラン・レポートのユネスコ会議に出席し, 1960 ～ 70 年代に生涯教育に関するオピニオンリーダーとなった. 96 歳で亡くなったが, 自らの体験を込めた著作『我老いる　ゆえに我あり』を刊行するなど, 自らの体験をふまえて, 高齢者における生涯学習の研究をポジティブエイジングの立場から続けた.

　新興教育運動や教育科学運動に加わりながらデューイ『学校と社会』などを研究していた宮原誠一も城戸の招きで高等師範部教授となり, 同じく治安維持法違反で法政を退職した. その後,「生産力理論」に基づく文化政策研究に携わり, 戦後は文部省社会教育調査課長となり雑誌『教育と社会』の編集に関与した. 東京大学の社会教育研究室創設時の主任教授となり, 日本社会教育学会初代会長などを務め, 勤労青年, 成人の学習, 高校教育における課題解決学習可能性を探求し続けた.

　法政における城戸の教え子・乾孝は, 城戸とともに保育研究に携わり, 保育問題研究会を舞台に, 現場の実践に即して, 社会的関係を自分の中に取り込み,

社会的関係をとり結ぶ人格形成を図る「伝え合い保育」を提唱し，多くの著作を遺した。城戸・波多野・宮原・乾の学問伝統は，人間心理，文章や文化を扱い，地場産業や家庭，小中学校・高校・大学などの学校，職場，乳幼児，少年少女期，青年期，成人期，高齢期の学習をつなぐ生涯教育計画の実質を構成しようとするものである。そしてそれは，日本全国や他国に今日も影響を与えている。

大人が学ぶ法政大学の伝統──自分にかかわる歴史をつづること

法政大学は，社会人を対象とする通信部教育を日本で最も早く開設し，諸学部の第Ⅱ部，文学部日本文学科などの昼夜開講制，人間環境学部・キャリアデザイン学部や大学院での社会人入学などにより，職業をもつ人々の勉学・研究をサポートしてきた。大人が学ぶ法政大学の伝統のなかで，法学部教授の歴史学者・石母田正は，1948年に「村の歴史工場の歴史を書こう」と呼びかけた。農民，漁民，労働者など働いて世の中を支える人が，自分が生きて働いてきた村や工場の歴史を自ら書くことで，1人ひとりが主人公の地域・工場・社会が形成されるという呼びかけに応じて，『母の歴史』『鉛筆をにぎる主婦』『月の輪古墳発掘』などが日本各地で取り組まれた。その伝統は，その後の「東北学」「沖縄学」「葛飾学」などの地域学・地元学や自分史執筆などに生かされ，個人や地域・職場などのコンピテンシー形成に貢献している。

## 3. キャリアデザインに関する教育・研究の広がりの可能性

時代の要請としてのキャリアデザインに関する教育・研究

法政大学キャリアデザイン学部やキャリアデザイン研究科は，現代社会で主体的に生きたいと願う人々の要請と法政大学の伝統に基づいて作られ，いま発展途上にある。この学部や研究科は学内のキャリアセンターやエクステンションカレッジ，他学部・研究科と協力して，法政大学全体におけるキャリア研究・教育のキーステーションになっている。法政大学がポジティブに受け止めた要請は，すべての大学が受け止めつつある。ほとんどの大学に「キャリアセンター」が設置され，学生に対する教育実践を軸とするキャリアデザイン研究も，すべての大学で着手されている。

どこでもできるキャリアデザイン研究

　それぞれの大学の建学の精神や教育・研究の伝統のなかに，キャリアデザインの教育・研究を育てる芽が胚胎している。すべての「建学の精神」には，人間として，市民や職業人，家庭人として自らを鍛え，他を支える人材として育つために，学問をおこなうという趣旨のことが述べられている。

　学内の各地には，キャリアデザイン学構成する要素が，授業として，教職員による理論的・実践的な研究として，すでにあるに違いない。教職課程があれば，「日本国憲法」を踏まえた法律の授業がある。教育原理では，教育基本法や生涯学習にも論及されている。基礎教育科目では，動物としてのヒト，人間の仕事，遊び，祈り，学びの意味づけなどを扱う総合科目がある。いわゆる専門の各分野では，その分野の基礎的な知識とスキルの教授，実習や実験，演習・卒業論文，卒業研究の方法が伝授される。そこには分野の特殊性とともに学問の方法の普遍性があるので，学生たちは，特殊なものに習熟するとともに，汎用性のある方法を身につける。そこには，テーマ設定，先行事例・研究の検討，新規の調査や実験，データの解析と総合を実際におこなうので，いわゆる「PDCAサイクル」が間違いなく含まれる。これらの卒業研究・論文の専門性と結びつけて，PDCAを説明することが適切であろう。これらと関連づけて，キャリアセンター主催の「キャリアデザイン論」などを洗練させていけば，どこでもキャリアデザインの研究はできる。


ささやかな取り組みを持続させ結びあう

　そして，大学生活を含めて，学生たち自身の経験の振り返りと，それを踏まえた将来の見通しについて，教職員や先輩も交えて語り合えれば，絆が深まり，継続的なキャリアデザインの支えあいが成立する。この点では，ゼミや学科，学部の同窓会が大事な役割を果たす。あちこちにある，ささやかな試みを持続させ，連結することで，動きが出る。そのプロデューサーとしての大学理事会のイニシアティブと，ディレクターとしての教員・事務部門責任者，アドバイザーなどの実務的な戦略・戦術が，その機能を活性化する。

## 4. キャリアデザイン学，キャリアデザイン研究の可能性

固有の研究対象と基礎概念の研究

一般に，ある事柄の研究が「学」になるためには，固有の研究対象とそれにふさわしい研究方法をもつことが必須である。そこで，「キャリアデザイン学」の成立には，固有の研究対象として「キャリアデザイン」が設定され，それに対応する研究方法が必要になる。

基礎概念の研究と定義

「キャリアデザイン」を固有の研究対象として設定するには，「キャリアデザイン」を定義づけ，限定する必要がある。そのためにはまず，個々の研究者・実践家が，「キャリアデザイン」や関連する用語について，これまでの研究を批判的にふまえながら，自分自身で定義をおこない，それを公表することが大事である。そしてそれらを，学者としての良心と手続きにもとづいて，率直に批評しあい，参考にしあうことによって，学問的研鑽が進んでゆく。これは学問上の交流なので，知的刺激を楽しむことが重要であり，無理に統一見解を出す必要もない。一致点を大事にして，違いを楽しめばよい。その際，「キャリア」「キャリア形成」「キャリアサポート」「キャリア教育」などの定義とともに，関連用語の定義も必要になる。その例を次に示す。

①仕事，役割，職業，家業，生業，社会貢献
②働く，遊ぶ・楽しむ，祈る，学ぶ・意味づけ
③作る・加工，働きかけ，実践，素材，道具・装置，設計図，協力，意思疎通，産業
④能力，個別能力，abilities，臨機応変の能力，key competencies，core competence，プロジェクト遂行能力，capability，生きる力，人間力，社会人基礎力，就職力，就業力，学士力
⑤人格機能。もう1人の私，自己意識，自己認識，自己効力感，自己肯定感
⑥学力，リテラシー，学習，学問，学，気，物，理，知，芸術，技術，技能，知識，智慧，知の創造，想像力，創造力，self esteam，self rilience
⑦自己表現，笑う，泣く，おこる，自己表現手段，ことば，文字・記号，アート，スポーツ，気晴らし・レクリエーション，自分史・家族史・地域史・社史，研究集会・研究大会・ワークショップ，展覧会，博覧会

⑧地球生態系，動植物，ヒト，ホモ・サピエンス，人間，男性・女性，市民，国民，勤労者・職業人，父・母，外国人，移民・移民労働者
⑨ライフステージ，ライフサイクル，胎児期，乳幼児期，少年少女期，思春期，青年期，成人期，壮年期，老年期，熟年期，高齢期，終末期
⑩誕生，産育習俗，入学，転校，中途退学，卒業，進学，恋愛・失恋，結婚・離婚・死別・再婚，金婚式，妊娠・流産・死産・出産，就職，異動，昇進，出向，転職，リストラ・人員整理，失業，退職，再就職，メンタルヘルス，職場復帰，倒産，起業，年寿式，還暦，古希，米寿，卒寿，年金受け取り，マネープラン，遺言，死亡，葬儀，遺産分割，墓・記念碑，伝記，記念館
⑪子育て，教育，訓練，啓発，研修，人事労務管理，カウンセリング，コンサルティング，人材育成，資格試験，自己教育・鍛錬・啓発，生涯学習，生涯教育
⑫キャリアデザインサポーター，両親・祖父母・兄弟姉妹，隣人，友人，先輩・後輩，助産師，保育士，学校教員，社会教育主事，図書館司書，博物館学芸員，生涯学習コーディネーター，地域学習支援士，カウンセラー，職業カウンセラー，メンター，コンサルタント，医師・看護師
⑬家族・家庭，地域社会，地域団体，年齢階梯制，協同組合，企業，学校，病院・ホスピス，デイケア・センター，老人ホーム，職場・事業体，労働組合，公民館・市民館，図書館，博物館，ビジターセンター，NGO，地方自治体，国家，国際社会，地球生態系，キャリアデザイン社会，生涯学習社会，知識基盤社会
⑭主権，基本的人権，学問・言論・表現・出版・思想信条の自由，生存権，学習権・教育権，労働権・労働三権，国際人権規約，日本国憲法，労働基準法，教育基本法
⑮ILO, UNESCO, OECD, APEC, ASEM, ASEAN, EU, 東アジア共同体，日本キャリアデザイン学会，キャリア教育学会，日本教育学会，日本社会教育学会，生涯教育学会，産業心理学会，産業カウンセラー協会，ベンチャービジネス学会，日本社会学会，東アジア成人教育フォーラム，アジア南太平洋成人教育協議会，国際成人教育協会，成人教育世界会議。

## キャリアデザインの実証的研究の方法

「キャリアデザイン学」は時代と社会と人々の要請に従って，いま生成しつつある学問である。だから，対象にふさわしく「キャリアデザイン」の概念を再定義し，キーワードを関連づけながら，対象を適切に限定する学問的手続きをとりさえすれば，設定するテーマや対象は多様であることが望ましい。また，研究手法の多様性も歓迎される。文献調査，フィールドワーク・聞き取り調査，

参加型・実験型の"参与観察"，数量的調査，既存の統計の加工など，設定した対象に即して，多様な方法が選択され，組み合わされてよい。

今を生きる私たちにとっての最重要課題は現在の研究だが，そのためにも，現状を相対化する歴史研究，比較研究，学説史研究などは欠かせない。学問は，問題となる事柄の矛盾構造とその自己運動の解析に主眼があるので，必然的に将来展開を示唆する。そして，この将来予測とシナリオ提示能力が，自己のキャリアデザインにとってのコアを形成する。将来予測シナリオでは，最良シナリオと最悪シナリオが示され，その中間に多様なシナリオが設定される。状況に応じて必要な修正をおこない，より適切なシナリオが選択される。

キャリア研究には心理学の他に歴史学や経済学など多様な学問から学ぶ必要があるとシャインものべているように，多様に展開した個別科学の成果の活用によって，「新しい人間学」としてのキャリアデザイン学は創られる。例を挙げれば，次のようになる。

① 人間の自然的・文化的・社会的な存在の歴史と今日の特徴を捉えるには，生物学・動物学，自然人類学，文化人類学，社会人類学などが役立つ。市民社会と近代的個人の成立，キャリアデザインの歴史性には経済史，政治思想史の成果が役立つ。
② 仕事や遊びなどの人の行為が，生み出した仕事，遊びや学び，文字記号やアートや身体表現などの多様な表現手段については，労働論，仕事論，職業論，遊戯論，余暇論，芸術論，言語論などが役立つ。
③ 不安を抱えながら，自分自身を人生というプロジェクトにengage（投機）していく近代人の心理状態を知るには，心理学や社会心理学，「実存主義哲学」，精神分析学の方法も参考になる。人々の「学習」「教育」のあり方を検討するには，学習心理学，人格心理学，「東洋哲学」「インド哲学」や知識論，学問論，科学史，認識論，文章心理学などが必要になる。
④ 家族におけるキャリア形成の研究には，家族論や女性論，フェミニズム論，子育て論，家族社会学などが必要である。学校でのキャリア形成の研究には，学校論，教育心理学，教育課程論，教育方法論，教師論，学校職員論，学校建築論などが必要になる。職場でのキャリア研究には，経営学，経営戦略論，人材育成論，成人教育論，社員研修論，労働科学論，労務管理論，福利厚生論，職場のメンタルヘルス論，職場復帰支援論，労働組合論，労働法研究，CSR（企業の社会的責任）論なども必要である。
⑤ 地域や国際社会におけるキャリア形成の研究には，地域＝生活空間論，地域

産業・経済論，地域文化論，若者文化論，青少年育成論，高齢者教育論，専業主婦論，地域人材活用論，地域活用施設論，公民館論，図書館論，博物館論と並んで，地域学習コーディネーター論，社会教育主事論，図書館司書論，学芸員論が必要である。

⑥また，祭り・フェスティバル研究，異文化間コミュニケーション論，第二言語教育論，多文化・多言語社会論，言語政策論，NGO/NPO論，国際ボランティア論，国際連携論，多国籍企業論なども役立つ。

⑦地球環境とキャリア形成とのかかわりでは，生態学，生物多様性論，市民参加の自然調査論，保全・活用計画論，天文学，水文学，人文学，文化人類学なども必須である。

⑧そして全体を通して，ワークショップ論，研究集会論，生涯発達心理学と生涯学習学・生涯教育学とが必要になる。

　キャリアデザイン学は，学問の個別分化をふまえた総合の学なので，自分が背景とする学問研究の蓄積と方法をふまえて，また，多様な分野の実践家，1人の生活者としてその拡充に参画することが，すべての人に期待される。実践家・生活者は，キャリアデザインに関する自分の生活経験を言葉や文字や絵画などの方法で述べ，表現する。この表現・作品は，類似の経験を持つ他の人々とともに認識・検討され，共通点やちがいが整理される。実践の場のリーダー，現場出身研究者，専門研究者も参画し，意見交換し，すべての参加者が，それぞれの日常生活での「宿題」を持ち帰り実践・研究し，従来の学問を修正する。宿題の経過と結果は，多様な手段・方法で交流・紹介され，論争もおこなわれる。

　これを前提に，①人物研究を通じたライフサイクル，ライフステージとその移行期の研究，②キャリアデザインサポート実践の研究，③キャリアデザインサポートシステムの研究などの，基盤的研究が設定できる。


## 学問総体におけるキャリアデザイン学の位置と可能性

　近代をリードした西欧生まれの学問の基盤には，神がこの世を統べる中世神学の神の地位に人間を置いた，近代人間学がある。そして，人間が宇宙のすべてを認識・加工して人間中心の世界を作るために，近代科学が展開した。

　近代科学は，人間や人間にかかわる事柄を要素に分解し，要素ごとに1つの「専門」（Fach）を形成する。そして，観察・実験等によるデータ収集・分析・

総合をおこなうことを基本として，工学化による現実加工の基礎を作る。しかし，総合の前には必ずデータ収集と分析が，詳しく知るためには細部への立ち入りが必要であることと，商品生産に結びついて利潤を生む可能性を持つ工学化が優先されて，重要だが商品化の可能性の小さい総合は，軽視されがちになった。そこから，「科学」の神髄はデータ収集とその分析にあり，総合・全体像再構成にはないという「科学主義」信仰も生まれた。人間についての各パーツに関する認識は急速に深まったが，人間の全体を叙述する学問は，緩やかな展開にとどまった。その結果，個別科学が深まれば深まるほど，全体が見えにくくなるという，科学・学問のパラドックスが生まれた。

### 人と組織の一生の視点で個別科学を再構成するキャリアデザイン学

それゆえ，個別科学の展開を踏まえ，現代に生きる人間とそれにかかわる多様な組織の全体像を捉える新しい人間学が求められるのである。それは，「キャリア」の多義性によって可能になる，重層的な人生の表現を踏まえて，個別科学の成果の積極的活用と，個別科学のさらなる進展を促す。異なる領域の個別科学の融合，アートと科学との協力，人間中心主義の相対化を促す。自然の中の人間，身体をもった人間の回復，自然の中での人間の全体的把握を強調する東アジアの学問やアートと，近代ヨーロッパ科学との交流・融合を励ます。さらに，「デザイン」という主体性を意味する用語を加えて，「重層的な人生＝キャリア」を，自ら主体的に担うことの大切さをアピールする。

したがって，キャリアデザイン学の創造・展開は，近代人間学と個別科学の帰結として必然的なものなのである。

# 参考文献

## I　キャリアデザインの時代

### 第1章
シャイン『キャリア・ダイナミクス』白桃書房
九鬼周造『「いき」の構造』岩波文庫
五木寛之『21世紀仏教への旅』全6巻，講談社
セーガン『COSMOS』朝日文庫
ダーウィン『種の起源』岩波文庫
『新版　岩波生物学事典』岩波書店
日高敏隆『人間はどういう動物か』ちくま学芸文庫／『生物多様性はなぜ大切か？』昭和堂
エンゲルス『猿が人間になるについての労働の役割』大月書店
レビンソン『ライフサイクルの心理学』講談社学術文庫
エリクソン『アイデンティティとライフサイクル』誠信書房／『老年期』みすず書房／『アイデンティティ，その完結』みすず書房
山本思外里『老年学に学ぶ』角川学芸出版
フリーダン『老いの泉』西村書店
ボーヴォワール『人はすべて死す』岩波文庫／『老い』人文書院
ベルクソン『笑い』岩波文庫
ホイジンガ『ホモ・ルーデンス』中公文庫
坂井建雄・久光正『ぜんぶわかる脳の事典』成美堂出版
大島清『なぜ，脳はセックスで活性化するのか？』実業之日本社／『脳と性欲』共立出版
ダイアモンド『人間の性はなぜ奇妙に進化したのか』草思社文庫
斉藤道子・岡本央『里山っ子が行く──木更津社会館保育園の挑戦』農文協
小原秀雄・羽仁進『ペット化する現代人──自己家畜化論から』NHKブックス
尾本恵市『人間の自己家畜化と現代』人文書院
マルクス『経済学・哲学草稿』岩波文庫
松沢哲郎『想像するちから──チンパンジーが教えてくれた人間の心』岩波書店

### 第2章
『論語』岩波文庫
『大学・中庸』岩波文庫
世阿弥『風姿花伝』岩波文庫
大塚久雄『近代化の人間的基礎』（『大地久雄著作集』）岩波書店

丸山真男『日本の思想』岩波新書
ルソー『社会契約論』／『人間不平等起源論』／『エミール』岩波文庫
ゲーテ『ヴィルヘルム・マイスターの修業時代』／『ヴィルヘルム・マイスターの遍歴時代』岩波文庫
カント『道徳形而上学原論』岩波文庫
トマス・モア『ユートピア』岩波文庫
ヘーゲル『精神現象学』上下，岩波書店
アダム・スミス『諸国民の富』岩波書店
マルクス『経済学批判要綱』第3分冊，大月書店／『資本論』全5巻，青木書店
ウェーバー『プロテスタンティズムの倫理と資本主義の精神』岩波文庫
フランクリン『フランクリン自伝』岩波文庫
ミル『ミル自伝』岩波文庫
福沢諭吉『福翁自伝』岩波文庫
福田英子『妾の半生涯』岩波文庫
夏目漱石『私の個人主義』講談社学術文庫
平塚らいてう『元始，女性は太陽であった——平塚らいてう自伝』国民文庫
野口誠一『生きてこそ』すばる舎
『環太平洋連帯の構想』大蔵省印刷局
村上春樹『1Q84』新潮社／『ノルウェイの森』講談社／『ねじまき鳥クロニクル』新潮社
村山由香『ダブルファンタジー』文春文庫／『放蕩記』集英社／『ダンス・ウィズ・ドラゴン』幻冬舎
池井戸潤『下町ロケット』小学館／『空飛ぶタイヤ』講談社／『鉄の骨』講談社
桜木紫乃『ホテルローヤル』集英社
志賀櫻『タックス・ヘイブン』岩波新書
シャクソン『タックス・ヘイブンの闇』朝日新聞出版
ドーア『日本型資本主義と市場主義の衝突』東洋経済新報社
Galtung, *Peace and Peace Research*／ガルトゥング『構造的暴力と平和』中央大学出版会
山田泉『多文化教育』法政大学出版局

第3章
小倉千加子『松田聖子論』朝日新聞社
波多野誼与夫『生涯発達心理学』岩波新書
宮城まり子『キャリアカウンセリング』駿河台出版社
中西信男『ライフキャリアの心理学』ナカニシヤ書店
渡辺三枝子編『キャリアの心理学』ナカニシヤ出版
金井壽宏『働く人のキャリアデザイン』PHP新書／『仕事で「一皮むける」』光文社新書
笹川孝一編『キャリアデザインと生涯学習社会』法政大学出版局

川喜多喬『人材育成論入門』法政大学出版局
武石恵美子『雇用システムと女性のキャリア』勁草書房
佐藤厚『キャリア社会学序説』泉文堂
小門裕幸『キャリアデザインという自己変革・社会変革』泉文堂
『「生き方」と「働き方」の授業』『ハーバードビジネスレビュー』別冊 2012 年 4 月，ダイヤモンド社
『キャリア研究ハンドブック』SAGE 出版
ハヴィガースト『人間の発達課題と教育』玉川大学出版部
塩野七生『海の都の物語――ヴェネツィア共和国の一千年』中公文庫
井上ひさし『イーハトーボの劇列車』新潮文庫

## II　学習のパラドックスとリテラシー，コンピテンシー，生涯学習実践

### 第 1 章
谷川俊太郎『わたし』／『あな』福音館
ヘーゲル『精神の現象学』岩波書店
サルトル『実存主義とは何か』白水社
見田石介『見田石介著作集』大月書店
ブラッケン『自己概念研究ハンドブック』金子書房
梶田叡一『自己意識の心理学』東京大学出版会
北田耕也『自己という課題』学文社
牧野篤『認められたい欲望と過剰な自分語り』東京大学出版会

### 第 2 章
貝原益軒『楽訓』(『貝原益軒全集』) 国書刊行会
波多野完治『文章心理学』(『波多野完治全集』) 小学館
小沢有作編『識字をとおして人々はつながる』明石書店
フレイレ『被抑圧者の教育学』亜紀書房
チョムスキー『生成文法の企て』岩波現代文庫／『自然と言語』研究社
ハンセン『「ローマの休日」を仕掛けた男――不屈の映画人ダルトン・トランボ』中央公論社
新藤兼人『追放者たち――映画のレッドパージ』岩波同時代ライブラリー
本多勝一『子供たちの復讐』朝日新聞社
斎藤茂男『ルポルタージュ　父よ母よ！』講談社文庫
世界の文字研究会『世界の文字の図典』吉川弘文館
日本社会教育学会編『国際識字 10 年と日本の識字問題』『多民族・多文化共生社会と生涯学習』東洋館出版社

関根政美『マルチカルチュラル・オーストラリア』成文堂
苅谷剛彦『学力と階層』朝日文庫
Jarvis, *Paradox of Learning*

## 第3章
『老子』講談社学術文庫
『荘子』岩波文庫
『大学・中庸』岩波文庫
『般若心経』岩波文庫
木下鉄矢『朱子学』講談社選書メチエ
笹川孝一監訳『現代語対訳 「学問のすゝめ」』泉文堂
太田堯『学力とは何か』国土社
勝田守一『能力・発達と学習』国土社
中内敏夫『学力とは何か』岩波新書
坂本忠芳『子どもの発達と生活綴方』青木書店
無着成恭編『山びこ学校』岩波文庫
佐貫浩『学力と新自由主義』大月書店
志水宏吉『学力を育てる』岩波新書
佐藤学『学力を問いなおす』岩波ブックレット
笹川孝一・辻井達一編『湿地の文化と技術——人々・地域とのかかわり』日本国際湿地連合
教育科学研究会青年期教育部会『生活史・自己形成史の検討』
川島武宜『日本社会の家族的構成』岩波現代文庫
松本清張『半生の記』新潮文庫
穐吉敏子『ジャズと生きる』岩波新書
群馬県文化協会『上毛かるた』
葛飾区教育委員会『かつしか郷土かるた』
山口幸男・原口美貴子『郷土かるたと郷土唱歌』近代文芸社
日本キャリア教育学会編『キャリア教育概説』東洋館出版社
上西充子編『大学のキャリア支援』経営書院
日本社会教育学会『高等教育と生涯学習』東洋館出版社
児美川孝一郎『キャリア教育のウソ』ちくま新書／『大学生はなぜ就職できなくなったのか』日本図書センター
諏訪康雄『キャリア・チェンジ！——あきらめずに社会人大学院！』生産性出版

## 第4章
ナトルプ『社会教育学』玉川大学出版部
デューイ『学校と社会』／『民主主義と教育』岩波文庫

ラングラン『生涯教育入門』／『生涯教育入門 第Ⅱ部』全日本社会教育連合会
ジェルピ『生涯教育』東京創元社
松田武雄『近代日本社会教育の成立』九州大学出版会
小川利夫編『社会教育基本文献集成』大空社
乗杉嘉壽『社会教育の研究』同文館
川本宇之介『社会教育の体系と施設経営』最新教育研究会
土田杏村『土田杏村著作集』日本図書センター
宮原誠一『宮原誠一教育論集』第1巻，第3巻，国土社
碓井正久編『日本社会教育発達史』亜紀書房
藤田秀雄・大串隆吉編『日本社会教育史』エイデル研究所
藤岡貞彦『社会教育実践と民衆意識』草土文化
笹川孝一解説『復刻「農村青年通信講座」』日本図書センター
江幡亀寿『社会教育の実際的研究』博進館

## Ⅲ 生涯学習社会

### 第1章
大日本聯合青年団『若者制度の研究』
『柳田國男全集』ちくま文庫
『有賀喜佐衛門著作集』未來社
宮本常一『宮本常一著作集』未來社
貝原益軒『和俗童子訓』岩波文庫
中内敏夫・勝田守一『日本の学校』岩波新書
山住正己・園部三郎『日本の子どもの歌』岩波新書
山住正己『日本教育小史』岩波新書

### 第2章
渡辺洋三『法というものの考え方』岩波新書
堀尾輝久『現代教育の思想と構造』岩波書店
兼子仁『教育裁判』学陽書房
藤田秀雄編『ユネスコ学習権宣言と基本的人権』教育史料出版会
山住正己編『文化と教育をつなぐ』国土社
大森和夫『臨時教育審議会3年間の歴史』光書房
堀薫夫編『教育老年学の構想』／『教育老年学の展開』／『教育老年学と高齢者学習』学文社
ノウルズ『成人教育の現代的実践』鳳書房
リンデマン『成人教育の意味』学文社

第 3 章
岡正雄『異人その他』岩波文庫
岡正雄ほか監修『民族の世界史』第 1, 2, 3, 6 巻，山川出版社
小林文人・黄宗建・伊藤長和編『韓国の社会教育・生涯学習』エイデル研究所
『月刊社会教育』編集部編『日本で暮らす外国人の学習権』／『公民館 60 年　人と地域を結ぶ「社会教育」』国土社
日本図書館協会多文化サービス研究委員会『多文化サービス入門』日本図書館協会
金山喜昭『日本の博物館史』慶友社
バーダマン『アメリカの小学生が学ぶ歴史教科書』Japan Books
ジン『学校では教えてくれない本当のアメリカの歴史』上下，あすなろ書房
ストーン『オリバー・ストーンが語るもうひとつのアメリカ史』1-3，早川書房
『新版　アメリカを知る事典』平凡社
池上彰『そうだったのか！アメリカ』／『そうだったのか！中国』集英社文庫
マックウィリアムス『日米開戦の人種的側面　アメリカの反省 1944』草思社
佐藤優『日米開戦の真実』小学館
チョムスキー『アメリカを占拠せよ！』ちくま新書
孫文『三民主義』岩波文庫
申維翰『海遊録』平凡社
『朝鮮を知る事典』『東南アジアを知る事典』『アメリカを知る事典』平凡社
山中速人『ハワイ』岩波新書
山影進編『新しい ASEAN』アジア経済研究所

補論
金山喜昭ほか編『キャリアデザイン学への招待』ナカニシヤ出版
法政大学『法政大学百年史』
尾辻紀子『法学事始――ボアソナードと門弟物語』新人物往来社
城山三郎『わしの眼は十年先が見える』新潮文庫
兼田麗子『大原孫三郎――善意と戦略の経営者』中公新書
憲法問題研究会『憲法と私たち』岩波新書
谷川俊太郎『愛ある眼――父・谷川徹三が遺した美のかたち』淡交社
城戸幡太郎『城戸幡太郎著作集』学術出版会
波多野完治『波多野完治全集』小学館
乾孝『私の中の私たち』いかだ社
大内兵衛『現代・大学・学生』法政大学出版局
石母田正『歴史と民族の発見』（『石母田正著作集』）岩波書店
バナール『歴史における科学』みすず書房

# あとがき

　1968年の日本では，国際的な広がりの中でのベトナム戦争反対運動や，アメリカへの従属を固定化する日米安保条約更新への反対の運動が高揚していた。その年に，東大医学部のインターン制度や日大の不正経理問題をきっかけとする学生・院生のストライキや一部の建物封鎖がおき，翌年にかけて，他大学や高校にも広がった。そして同年12月29日，坂田文相が東京大学と体育学部を除く東京教育大学（現筑波大学）の入試中止を発表した。これら一連の出来事は，「大学闘争」「大学紛争」「高校紛争」などと呼ばれている。そこには，当時の大学の権威主義的に対する民主化要求も，生活に根差した高度な学問＝「大学」を，「universitas」＝普遍的で全宇宙をカバーするものとして創る過程への学生・院生の参加要求もあった。また大学大衆化前夜に，エリートでなくなりつつある大学生たちの，将来への不安といらだちもあった。

　この1968-69年に，私は東京都立両国高校の3年生だった。東大の渦中の人，大河内一男総長や上田英雄病院長が共に卒業生であったという事情と，"権力の象徴である東大に君たちは来るべきではない"という東大全共闘議長のメッセージとの間で揺れながら，私は卯木誠，矢作正，松本賢二，和泉仲子らの友人たちと岩波新書などを読み，大学に行くことや高校生活の意味を語り合った。文化祭で「高校教育を考える」展示を，晩秋には教員と共に「高校教育を考える対話集会」をおこなった。その席上で私たちは制服・制帽の義務づけの廃止を求め，大学へ行く意味について教員の考えを求めた。「大学の良さは行ってみないとわからない」「今そんなことを考えていたら，大学に受からなくなるぞ。それでもいいのか」という教員たちからの答えは，私たちを落胆させた。明けて1969年3月18日，卒業式に校長が警察に私服刑事の配置を要請したことが判った。学校の前にある朝日新聞江東支局に取材と報道を依頼したうえで，私たちは校長に説明を求める集会を開き，私は議長も務めたが，その様子の一部分は『朝日新聞』の同日夕刊や『朝日ジャーナル』でも報道された。

　その年の4月，私は東京都立大学に入学し，同じような経験や問題意識をもつ友人たちに出会い，大学生協やゼミ活動に参加した。小沢有作先生のゼミで教育学の手ほどきを受け，アジア諸国の教科書の日本関係記述を検討し，"大

状況と小状況をつなぐための自分史"を両親と在日朝鮮人たちとの関係について書き，1人の人物の歩みを内在的に読み解く作業をおこなった。そして，社会も変えながら自分自身を育てる「学生たちの取り組みの理論」を創りたいと考えていた。そのなかで，宮原誠一先生の『青年期教育の創造』（国土社）と出会い，「働く人が学ぶのが教育の基本だ」と気づかされた。20歳のときだった。

　それ以後，地元の葛飾労働学校や長野県連合青年団の集まりに参加し，岩手県の生活記録運動の調査に出かけ，修士論文での「主体性論争」における認識論的なアプローチ，『学問のすゝめ』『精神の現象学』などについて，古川原，山住正己，小川利夫，藤岡貞彦，坂元忠芳，城戸幡太郎，五十嵐顕ら諸先生の薫陶を受けた。また，長野県の『農村青年通信講座』成立過程などの研究で，多くの地域の人々や，渡辺成美，玉井袈裟男，古島敏雄，丸山真男，中村哲の諸先生にも教えていただいた。さらに，教育科学研究会，社会教育推進全国協議会，日本青年団協議会，『月刊社会教育』，日本社会教育学会，日韓社会教育セミナーや東アジア成人教育フォーラム，ASPBAE，ICAE，ASEM，ラムサール条約関連事業などで，先輩や友人に恵まれた。大串隆吉，渡辺顕治，太田政男，梅原利夫，増山均，乾彰夫，島田修一，佐藤一子，長澤政次，金信一，南相瓔，森実，板本洋子，池田恵理子，エレナ・サモンテ，元木健，黄富順，梁肖華，崔寶峰，韓崇熙，韓萍，辻井達一らの人々と議論し，実践や作品を創ってきた。そして，法政大学キャリアデザイン学部創設で，清成忠男，平林千牧，児美川孝一郎，岡本義行，神谷健司，勝俣浩，川喜多喬，平山喜雄，梅崎修，八幡茂美，山田泉，荒川裕子，碓井正博など，多くの人と共に働く機会を得た。

　これらの経験を経て，この書物に述べた見取り図を描けるようになった。それは，17歳の高校3年生の私が知りたかったことでもある。45年を経て，自分自身と同学年の友人たちにレポートを提出し，もう少し前に進めそうな気分である。それは，導きを受けた諸先輩，諸先生，日本を含むアジアやヨーロッパ，アメリカの友人たち，若者たちへのレポート，メッセージでもある。そして，長年にわたり，私を導き支えてくれた両親や姉と妹，妻や子どもたち，親類の人々，「東京都立大学・法政大学の笹川ゼミ同窓会」の皆さんへの報告でもある。

　最後に，本書の制作にあたって著者を叱咤激励して下さった，キャリアデザイン学部の教職員，法政大学出版局の皆さん，とくに，丁寧に校正を指導してくださった郷間雅俊編集長に，心から感謝申し上げる。

〈著者紹介〉

笹川孝一（ささがわ こういち）

1951年，東京都生まれ。東京都立大学人文科学研究科博士課程（教育学専攻）修了。法政大学文学部教授を経て，現在同キャリアデザイン学部教授。同学部設置準備委員長，学部長を務める。日本社会教育学会，日本キャリアデザイン学会，日本湿地学会会員。東アジア成人教育フォーラム名誉会長。アジアヨーロッパ会合コアコンピテンス部会員。国際成人継続教育殿堂受賞者。編著書『生涯学習社会とキャリアデザイン』（法政大学出版局），『図説 日本の湿地』（朝倉書店），『湿地の文化と技術 東アジア編』（日本国際湿地保全連合），『社会教育としてのESD』（東洋館出版社），『復刻「農村青年通信講座」』（日本図書センター），『現代語対訳「学問のすすめ」』（泉文堂，近刊）他。共著書『キャリアデザイン学への招待』（ナカニシヤ書店），『国際識字10年と日本の識字問題』（東洋館出版社），『日本で暮らす外国人の学習権』（国土社）他。

《キャリアデザイン選書》

キャリアデザイン学のすすめ
仕事，コンピテンシー，生涯学習社会

2014年3月25日　初版第1刷発行
2017年4月12日　　　　第2刷発行

著　者　笹川孝一
発行所　一般財団法人　法政大学出版局
　　　〒102-0071 東京都千代田区富士見2-17-1
　　　電話 03(5214)5540　振替 00160-6-95814
　　　整版・緑営舎／印刷・三和印刷／製本・根本製本
　　　© 2014, Kouichi Sasagawa

Printed in Japan　ISBN978-4-588-68009-0

＊日本音楽著作権協会（出）許諾第1315686-301

| | | |
|---|---|---|
| 笹川孝一編 | 生涯学習社会とキャリアデザイン | 2600 円 |
| 川喜多 喬 | 人材育成論入門▼ | 2000 円 |
| 佐貫 浩 | 学校と人間形成▼ | 2500 円 |
| 児美川孝一郎 | 若者とアイデンティティ▼ | 2300 円 |
| 八幡 成美 | 職業とキャリア▼ | 2300 円 |
| 小門 裕幸 | アントレプレナーシップとシティズンシップ▼ | 2600 円 |
| 山田 泉 | 多文化教育Ⅰ ▼ | 2400 円 |
| 筒井美紀・遠藤野ゆり | 教育を原理する▼<br>――自己へとたち返る学び | 2400 円 |
| 梅崎修・田澤実 編著 | 大学生の学びとキャリア<br>――入学前から卒業後までの継続調査の分析 | 2800 円 |
| 坂本 旬 | メディア情報教育学▼<br>――異文化対話のリテラシー | 2500 円 |
| 笹川 孝一 | キャリアデザイン学のすすめ▼<br>――仕事，コンピテンシー，生涯学習社会 | 2800 円 |
| 清成 忠男 | 21世紀の私立大学像 | 1800 円 |
| 清成 忠男 | 21世紀 私立大学の挑戦 | 1800 円 |

（消費税抜き価格で表示）

法政大学出版局

▼は《キャリアデザイン選書》